W9-CDS-118

Activities Manual

Dicho y hecho

EIGHTH EDITION

Beginning Spanish

Activities Manual

Dicho y hecho

EIGHTH EDITION

Beginning Spanish

Laila M. Dawson

Kim Potowski
University of Illinois at Chicago

Silvia Sobral
Brown University

BICENTENNIAL 1807 WILEY 2007 BICENTENNIAL

John Wiley & Sons, Inc.

PUBLISHER Jay O'Callaghan
DIRECTOR, MODERN LANGUAGES Magali Iglesias
DEVELOPMENTAL EDITOR Elena Herrero
EXECUTIVE MARKETING MANAGER Jeffrey Rucker
SENIOR PRODUCTION EDITOR William A. Murray
PRODUCTION MANAGEMENT SERVICES Camelot Editorial Services
COVER IMAGES (left to right) Pacific Stock/SuperStock; Superstock/Punchstock; Corbis/MediaBakery; (border) Cindy Miller Hopkins/Danita Delimont
BICENTENNIAL LOGO DESIGN Richard J. Pacifico

ILLUSTRATORS
Escletxa Studio; Carlos Castellanos; Peter Graw; Paul McCusker; Josée Morin

PHOTO CREDITS
Page WB 34: Paul Barton/Corbis Images. Page LM 30: Michael Newman/PhotoEdit. Page LM 30: John and Lisa Merrill/Danita Delimont. Page LM 30: Robert Frerck/Woodfin Camp & Associates. Page LM 30: David McNew/Getty Images News and Sport Services. Page LM 30: Courtesy Laila Dawson. Page LM 90: Mug Shots/Corbis Stock Market. Page LM 106: Photolibrary/Getty Images. Page LM 106: Digital Vision/Media Bakery, LLC. Page LM 106: Riser/Getty Images. Page LM 107: Photographer's Choice/Getty Images. Page LM 107: Photonica/Getty Images.

This book was set in ITC Highlander Book by Creative Curriculum Initiatives and printed and bound by Bind-Rite Robbinsville.

This book is printed on acid-free paper. ∞

Copyright © 2008 John Wiley & Sons, Inc. All rights reserved. No part of this publication may be reproduced, stored in a retrieval system, or transmitted in any form or by any means, electronic, mechanical, photocopying, recording, scanning or otherwise, except as permitted under Sections 107 or 108 of the 1976 United States Copyright Act, without either the prior written permission of the Publisher, or authorization through payment of the appropriate per-copy fee to the Copyright Clearance Center, Inc., 222 Rosewood Drive, Danvers, MA 01923 (Web site: www.copyright.com). Requests to the Publisher for permission should be addressed to the Permissions Department, John Wiley & Sons, Inc., 111 River Street, Hoboken, NJ 07030-5774, (201) 748-6011, fax (201) 748-6008, or online at: www.wiley.com/go/permissions.

To order books or for customer service please call 1-800-CALL WILEY (225-5945).

ISBN: 978-0-471-76106-8

Printed in the United States of America

10 9 8 7 6 5 4 3 2 1

Contents

Preface

The *Activities Manual* that accompanies ***Dicho y hecho, Eighth Edition,*** consists of three sections: *Cuaderno de actividades, Manual de laboratorio,* and *Cuaderno de actividades Answer Key.*

Cuaderno de actividades

The written exercises in the *Cuaderno de actividades* practice and reinforce the vocabulary and structures presented in the main text. Each chapter offers a variety of exercises and activity types in a consistent chapter structure. Students and instructors can choose from the many activities in the *Cuaderno:*

- Crossword puzzles for practice of theme vocabulary through word definitions
- Grammar-specific exercises that practice language structures within a context
- Realia-based exercises for the purpose of further developing reading skills
- Chapter review through questions that relate to the students' lives
- Structures and vocabulary recycled throughout

Manual de laboratorio

The *Manual de laboratorio* accompanies the lab recording program, which is available on audio CD and in *WileyPLUS*. The audio program supports learning through practice and reinforcement of the vocabulary and structures. Together, the audio program and lab manual offer:

- A highly effective visual component based on the vocabulary-related and structure-related illustrations from the text
- Guided listening exercises (students listen with a particular focus and respond in writing to the information presented) based on authentic realia and a variety of other materials
- Guided oral/aural exercises that reinforce the structures presented in the main text
- Personalized question exercises in the *Preguntas para ti* sections

The *Answer Key* to the written responses in the *Manual de laboratorio* is available as an electronic file on the Instructor's Resources section of the ***Dicho y hecho*** Book Companion Website at www.wiley.com/college/dawson, and in *WileyPLUS*.

Cuaderno de actividades Answer Key

The *Cuaderno de actividades Answer Key* at the end of the *Activities Manual* encourages students to monitor and evaluate their work. Answers are not provided for the realia-based reading exercises, the review questions at the end of each chapter, or creative writing activities. Thus, students are provided with a combination of controlled exercises that may be self-corrected and opportunities for self expression.

The ***Dicho y hecho*** classroom text with its ancillary workbook, lab manual, audio program, and Web-extended components, offers a solid, comprehensive, and engaging program of language study.

Cuaderno de actividades

Nombre ______________________ Fecha ______________ Clase ____________

CAPÍTULO 1

Nuevos encuentros

Words of advice . . .

To gain maximum benefit from these writing exercises:

a) Study the section in the textbook that corresponds to the exercise(s);

b) Try to complete the exercise(s) within each section with minimal reference to the text;

c) Consult the *Answer Key* at the back to *correct* your work, making corrections with a pen or pencil of a contrasting color. Corrections in a different color ink will stand out when you later review your work, helping you identify and focus on potential problem areas needing further study as you prepare for classroom practice and testing. Answers are not provided for reading, chapter review, or creative writing exercises. Apply what you have learned!

Así se dice

Nuevos encuentros

1-1 What would you say in the following situations?

1. You want to learn your instructor's name.

____

2. You want to learn your classmate's name.

____

3. You want to tell your name to a classmate.

____

4. You want to introduce your friend Octavio to the teacher.

Profesor/a, ____

5. You want to introduce your friend Octavio to your classmate José.

José, ______________________________

6. You have just been introduced to a classmate. How do you respond?

____

7. Professor Linares from Granada, Spain, has just stated that she is pleased to meet you. How do you respond?

____

1-2 Write a question to inquire where the following people are from. Then write the response according to the information provided. Don't forget to use Spanish punctuation (**¿ ?**).

Modelo: Elena / Colorado *¿De dónde es Elena?*

Es de Colorado.

1. la profesora Guzmán / España

____

____

2. usted / Texas

____

____

3. tú / Arizona

____

____

4. ellas / Chicago

____

____

Copyright © 2008 John Wiley & Sons, Inc.

Así se dice

Las presentaciones (Greetings)

1-3 What would you say in the following situations?

Modelo: You want to greet Mrs. Gutiérrez. It is 10:00 A.M.
Buenos días, señora Gutiérrez.

1. You want to greet Mr. Gutiérrez. It is 2:00 P.M.
____
2. You want to ask Mr. Gutiérrez how he is.
____
3. You see your friend Lisa at a party and want to greet her.
____
4. You want to ask Lisa how she is.
____
5. You want to ask Lisa what's happening.
____
6. You leave the gathering and plan to see your friends again tomorrow.
____

Así se forma

Subject pronouns and the verb *ser*

1-4 Indicate what pronouns you would use to talk . . .

1. about yourself ______________________________
2. about you and some friends ______________________________
3. to a good friend of yours ______________________________
4. in Spain, to several friends ______________________________

5. in Latin America, to several friends ____________________

6. about two female friends ____________________

7. to a stranger older than you ____________________

1-5 Complete the descriptions with the correct form of the verb **ser**.

1. Nosotros ____________ estudiantes.
2. Yo ____________ responsable y puntual.
3. Marta y Camila ____________ creativas y generosas.
4. Carlos ____________ independiente y extrovertido.

1-6 Does your best friend fit the following description? Answer the questions affirmatively or negatively. Don't forget to use Spanish punctuation (**¡ !**) if you want to make your response more emphatic.

Modelo: ¿Es egoísta? *Sí, es egoísta. o ¡No, no es egoísta!*

1. ¿Es pesimista? ____________________
2. ¿Es inteligente? ____________________
3. ¿Es irresponsable? ____________________
4. ¿Es sentimental? ____________________

Así se dice

Expressions of courtesy

1-7 What would you say in the following situations?

1. You are dancing with a friend and accidentally step on his/her toe.

____

2. A friend gives you a birthday present. What do you say to him/her? How does he/she respond?

____

Copyright © 2008 John Wiley & Sons, Inc.

3. You want to pass by some people who are blocking the refreshment table.

____

4. You would like to ask a question and you want to get the professor's attention.

____

Así se dice

Numbers from 0–99 and exchanging telephone numbers

1-8 Do the following math problems. Spell out your answers.

1. 8 + 7 = ______________________
2. 15 + 12 = ______________________
3. 25 + 35 = ______________________
4. 38 + 42 = ______________________
5. 50 – 4 = ______________________
6. 70 – 15 = ______________________
7. 40 – 26 = ______________________
8. 100 – 7= ______________________

1-9 First write your telephone number. Remember that in Spanish the digits of phone numbers are usually given in pairs: 4-86-05-72. Then write out your number in words (**palabras**).

Número: ______________

Palabras: ______________________________

____

Así se dice

Days of the week

1-10 First fill in the missing days on the calendar. Then complete the sentences to indicate Ana's schedule for the week.

lunes	______	______	______	______	______	______
clase de español	clase de historia gimnasio	clase de español	clase de historia	clase de español	fiesta de Sancho	concierto

1. Ana va (*goes*) a la clase de español ___el___ ______________________, ______

   ____________________ y ______ ____________________.
2. Va a la clase de historia ______ ____________________ y ______

   ____________________.
3. Va al gimnasio ______ ____________________.
4. Va a la fiesta de Sancho ______ ____________________.
5. Va al concierto ______ ____________________.

Así se dice

Months, dates, and birthdays

1-11 Write the months that correspond to the given seasons in North America.

1. Los meses del invierno (*winter*) son diciembre, ____________________ y

   ____________________.
2. Los meses de la primavera son marzo, ____________________ y

   ____________________.
3. Los meses del verano son junio, ____________________ y

   ____________________.
4. Los meses del otoño son septiembre, ____________________ y

   ____________________.

Copyright © 2008 John Wiley & Sons, Inc.

1-12 First indicate what dates correspond to the following events. Then write out the dates.

Modelo: el día de la independencia de los Estados Unidos.

4 / 7
día mes

El cuatro de julio.

1. cumpleaños de mi amigo/a

___ / ___
día mes

____

2. las vacaciones del Día de Acción de Gracias comienzan (*begin*)

___ / ___
día mes

____

3. el aniversario de mis papás/ mi aniversario con mi pareja (*partner*)

___ / ___
día mes

____

4. las vacaciones de primavera comienzan

___ / ___
día mes

____

5. la graduación de la universidad

___ / ___
día mes

____

6. mi cumpleaños

___ / ___
día mes

____

1-13 Read the following information on the origin of the name for each month.

Reading hint: *When reading, you do not have to understand the meaning of every word. Find the words you understand and try to guess the meaning of other words by the context.*

LOS MESES

enero: Del latín *januarius.* Para los romanos el mes del dios Jano.

febrero: En latín *februa* significa sacrificio, el último° mes del año. — *last*

marzo: En honor de Marte, el dios de la guerra°, el primer mes del año en el calendario romano. — *war*

abril: Del latín *aperire.* Mes consagrado a la diosa Venus.

mayo: Proviene de Maia, hija de Atlas, el gigante que sostenía al mundo°. — *world*

junio: Viene de Juno, diosa romana del matrimonio.

julio: En honor al emperador Julio César.

agosto: En honor al emperador Augusto.

septiembre, octubre, noviembre y diciembre: Están relacionados con la antigua posición en el calendario romano: séptimo°, octavo, noveno y décimo. — *seventh*

Palabra útil: dios *god*

From the description of each month, pick out one or two words that you recognize or can guess. Write the words and their English equivalents.

Modelo: enero: latín = Latin; romanos = Romans

febrero: ______________________________

marzo: ______________________________

abril: ______________________________

mayo: ______________________________

Copyright © 2008 John Wiley & Sons, Inc.

Nombre ______________________ Fecha ______________ Clase ____________

junio: ____

julio: ____

agosto: ____

septiembre, octubre, noviembre y diciembre:

____

____

____

Así se dice

Telling time

1-14 Write the time of day according to each clock.

¿Qué hora es?

1. Son las ____
2. ____
3. ____
4. ____

General review

1-15 Answer the questions in complete sentences.

1. ¿Cómo te llamas?

____

2. ¿De dónde eres?

____

3. ¿Cómo estás?

____

4. ¿Qué días vas a la clase de español?

Voy los ____

5. ¿Cuándo es tu (*your*) cumpleaños?

Mi ____

6. Disculpa. ¿Qué hora es?

____

Remember to check your answers with those given in the *Answer Key* at the end of the workbook and make all necessary corrections with a pen or pencil of a different color.

Copyright © 2008 John Wiley & Sons, Inc.

Nombre ______________________________ Fecha ______________ Clase ______________

CAPÍTULO 2 La vida universitaria

Así se dice

2-1 Crucigrama

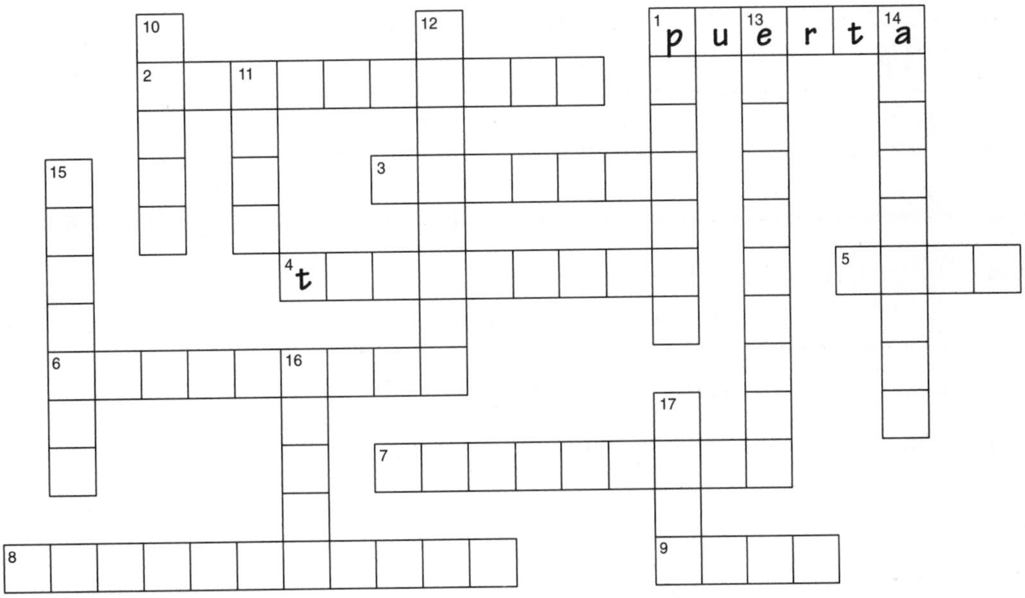

Horizontal

1. ventana
2. profesor
3. puerta
4. el video
5. el examen
6. imprimir
7. lápiz
8. matemáticas/ números
9. estudiantes/ profesor/ pizarra...

Vertical

1. tiza
10. hora/ minutos
11. borrador
12. hojas de papel
13. Camila, Manuel, Linda, Inés, Esteban,...
14. CD/ escuchar
15. libros/ cuadernos/ lápices...
16. mesa
17. geografía/ Sudamérica/ México/ Europa

2-2

For each numbered word or expression in the following exercise, write a word from the box that you associate with it.

la composición	el sitio web	el teclado	el cuaderno
el ratón	la tarea	la red	la nota

1. ______________________ el trabajo escrito
2. ______________________ buscar información
3. ______________________ las hojas de papel
4. ______________________ la página web
5. ______________________ las letras a, b, c,...
6. ______________________ la computadora, *click*
7. ______________________ el vocabulario/ los verbos/ estudiar
8. ______________________ el examen

2-3

Read the following course description.

Reading hints: *When reading the course description, first examine the words that you already know. Then look for cognates (words that look the same and have similar meanings in both English and Spanish).*

Can you guess the meaning of the following words?

signos = ______________________

iniciación = ______________________

certificado = ______________________

Guess the meaning of other words by their context (i.e., the words that surround them). What do the following words mean?

matrícula = ______________________

niveles = ______________________

horario = ______________________

Copyright © 2008 John Wiley & Sons, Inc.

Nombre ______________________________ Fecha ______________ Clase ______________

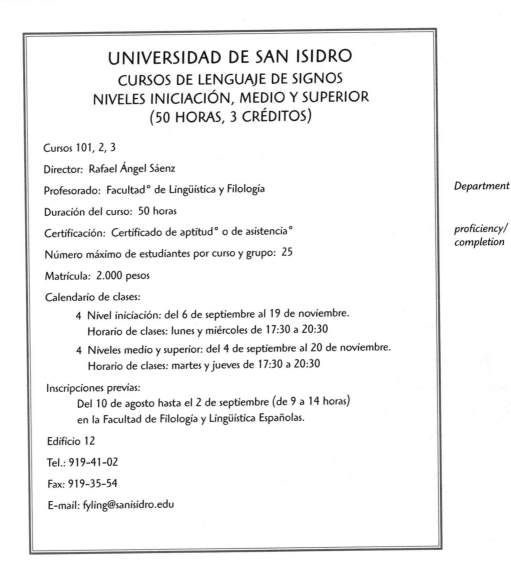

UNIVERSIDAD DE SAN ISIDRO
CURSOS DE LENGUAJE DE SIGNOS
NIVELES INICIACIÓN, MEDIO Y SUPERIOR
(50 HORAS, 3 CRÉDITOS)

Cursos 101, 2, 3

Director: Rafael Ángel Sáenz

Profesorado: Facultad° de Lingüística y Filología

Duración del curso: 50 horas

Certificación: Certificado de aptitud° o de asistencia°

Número máximo de estudiantes por curso y grupo: 25

Matrícula: 2.000 pesos

Calendario de clases:

- Nivel iniciación: del 6 de septiembre al 19 de noviembre.
  Horario de clases: lunes y miércoles de 17:30 a 20:30
- Niveles medio y superior: del 4 de septiembre al 20 de noviembre.
  Horario de clases: martes y jueves de 17:30 a 20:30

Inscripciones previas:
Del 10 de agosto hasta el 2 de septiembre (de 9 a 14 horas)
en la Facultad de Filología y Lingüística Españolas.

Edificio 12

Tel.: 919-41-02

Fax: 919-35-54

E-mail: fyling@sanisidro.edu

Department

proficiency/ completion

1. ¿Cómo se llama la universidad?

____

2. ¿Cuál es la dirección electrónica de la Facultad de Lingüística y Filología?

____

3. ¿Cuál es el horario de clases del nivel iniciación?

____

4. ¿Cuál es el horario de clases de los niveles medio y superior?

____

5. Hay dos clases de certificados. ¿Cuáles son?

____

2-4 Tell whether you have or do not have the following in your classroom. Use **hay** (*there is/are*).

Modelo: ventanas Sí, hay ventanas. o No, no hay ventanas.

1. un VCR o DVD (devedé) ______________________
2. televisor ______________________
3. un reloj ______________________
4. pizarra/s ______________________
5. un escritorio ______________________
6. un mapa ______________________
7. computadora/s ______________________

Así se forma

1. Nouns, definite and indefinite articles

2-5 Complete the following sentences.

1. **¿el, la, los** o **las?**

   Los estudiantes deben (*should*) completar:

   _____ tarea _____ examen _____ oraciones _____ composición

   _____ ejercicios _____ respuestas _____ prueba

2. **¿un, una, unos** o **unas?**

   Para las clases los estudiantes necesitan comprar (*need to buy*):

   _____ cuadernos _____ mochila _____ mapas _____ bolígrafo

   _____ lápiz _____ calculadora _____ diccionario

Copyright © 2008 John Wiley & Sons, Inc.

Nombre ______________________ Fecha ____________ Clase ____________

2-6 Change the following nouns to the plural form. Then indicate how many (**¿Cuántos?**) of each item you usually buy, use, or have each semester.

		¿Cuántos?
Modelo: el libro	los libros	9
1. el examen	______________	____
2. el lápiz	______________	____
3. la nota	______________	____
4. la respuesta	______________	____
5. el cuaderno	______________	____
6. la composición	______________	____

Así se forma

2. *Ir* + *a* + destination

2-7 Tell where you and your friends are going this afternoon. Then indicate whether the destinations are primarily academic (**académico**) or not adademic—that is, for entertainment or relaxation.

Modelo: yo / el teatro Voy al teatro. ☐ Académico ☒ No académico

1. ella / la clase de español ☐ Académico ☐ No académico
____
2. Carlos y Teresa / el centro estudiantil ☐ Académico ☐ No académico
____
3. Lisa y yo / la biblioteca ☐ Académico ☐ No académico
____
4. tú / la oficina del profesor ☐ Académico ☐ No académico
____
5. ustedes / el gimnasio ☐ Académico ☐ No académico
____
6. Samuel / el restaurante ☐ Académico ☐ No académico
____

2-8 According to her schedule, tell which days and at what time Lidia goes to her classes. Spell out the times.

Hora	Lunes	Martes	Miércoles	Jueves	Viernes
9:45		contabilidad		contabilidad	
10:25	historia		historia		historia
11:15		química		química	
1:30		lab. química			
2:35	economía		economía		

Modelo: contabilidad Va a la clase de contabilidad los martes y los jueves a las diez menos cuarto (nueve y cuarenta y cinco) de la mañana.

1. historia ____________________
2. química ____________________
3. laboratorio de química ____________________
4. economía ____________________

2-9 At a university in Puerto Rico, you observe certain events of interest on a student activities board. Indicate at what time each event takes place. Answer in complete sentences. Then indicate whether you would be interested in attending.

Copyright © 2008 John Wiley & Sons, Inc.

1. ¿A qué hora es la obra de teatro?

____

☐ Voy a ir. ☐ No voy a ir.

2. ¿A qué hora es el concierto?

____

☐ Voy a ir. ☐ No voy a ir.

3. ¿A qué hora es el baile flamenco?

____

☐ Voy a ir. ☐ No voy a ir.

Así se dice

¿Cuándo?

2-10 Use appropriate words to tell when the following activities are taking place.

Modelo: Mis amigos no llegan hoy. Llegan mañana.

1. No voy a estudiar por la tarde. Voy a estudiar ____________.
2. ¡Pobre Miguel! Necesita trabajar todo el día y toda ____________.
3. Teresa va a clases por la mañana y ____________.
4. No llego tarde a clase. Llego ____________.
5. Vamos a practicar español todos ____________.
6. No van a fiestas durante la semana. Van a fiestas ____________.

2-11 What do you and your friends normally do?

Normalmente...

1. ¿Cenan ustedes en la cafetería, en su casa o en un restaurante?

   (Nosotros) ______________________________

2. ¿Compran sus cuadernos, lápices y bolígrafos en la librería de la universidad o en el centro?

   ____

3. ¿Estudian en la biblioteca, en la residencia estudiantil o en casa?

   ____

4. ¿Llegan a clase temprano?

   ____

2-12 Write questions that you could ask your friend. Then indicate what you think his/her response would be.

Modelo: trabajar todos los días
¿Trabajas todos los días? ☒ Sí ☐ No

1. escuchar discos compactos con frecuencia

   ______________________________ ☐ Sí ☐ No

2. usar las computadoras del laboratorio

   ______________________________ ☐ Sí ☐ No

3. tomar buenos apuntes en tus clases

   ______________________________ ☐ Sí ☐ No

4. sacar buenas notas

   ______________________________ ☐ Sí ☐ No

Copyright © 2008 John Wiley & Sons, Inc.

Nombre ______________________ Fecha ____________ Clase ____________

Así se forma

3. Regular *-ar* verbs

2-13 Using yes/no answers, indicate **a**) whether students in general do or do not do the following activities and **b**) whether you do or do not do the same things.

Modelo: *estudiar* en la biblioteca

a) Sí, los estudiantes estudian en la biblioteca. o
No, los estudiantes no estudian en la biblioteca.

b) Yo (no) estudio en la biblioteca.

1. *estudiar* los fines de semana

a) ______________________

b) ______________________

2. *desayunar* todas las mañanas

a) ______________________

b) ______________________

3. *trabajar* por la noche

a) ______________________

b) ______________________

4. *tomar* apuntes en todas las clases

a) ______________________

b) ______________________

5. *navegar* por la red / *mandar* mensajes electrónicos

a) ______________________

b) ______________________

Así se forma

4. Regular *-er* and *-ir* verbs; *hacer* and *salir*

2-14 What actions do you associate with the following places and things? There are several possible correct answers.

Modelo: la biblioteca estudiar

1. la cafetería ____________
2. la residencia estudiantil ____________
3. la librería ____________
4. las clases ____________
5. el bolígrafo ____________
6. el libro ____________
7. el teléfono ____________
8. la impresora ____________
9. los verbos, el vocabulario ____________
10. una Pepsi ____________

2-15 Where and when do you do the following? Use complete sentences.

Modelo: ¿Dónde trabajas?
Trabajo en la oficina del profesor Carballo.

1. ¿Dónde vives?

____

2. ¿Cuándo haces la tarea?

____

3. ¿Dónde comes?

____

4. ¿Cuándo sales con tus amigos? **(...con mis amigos...)**

____

Copyright © 2008 John Wiley & Sons, Inc.

Nombre ______________________ Fecha __________ Clase __________

2-16 Do you and your friends do the following? Answer in complete sentences.

1. ¿Asisten ustedes a muchos conciertos?

____

2. ¿Comen ustedes en restaurantes con frecuencia?

____

3. ¿Beben ustedes cerveza (*beer*)?

____

4. ¿Van ustedes al centro estudiantil con frecuencia?

____

5. ¿Viven ustedes en las residencias estudiantiles de la universidad?

____

General review

2-17 Answer the questions with complete sentences.

1. ¿Cuáles (What) son tus clases favoritas?

Mis...

2. ¿Qué cosas (*things*) hay en el aula de tu clase de español?

____

3. ¿Qué cosas hay en el laboratorio?

____

4. ¿Cuáles son tus lugares (*places*) favoritos en la universidad?

____

5. ¿Adónde vas los viernes por la noche?

____

6. ¿Qué haces normalmente entre semana (de lunes a viernes)? Menciona cuatro o cinco actividades.

____

2-18 Look at the following picture and describe the scene. Tell:

- what time it is;
- how many students there are;
- what else you see **(Hay...)**;
- what class you think it is;
- what students do in this class. Use your imagination!

Palabra útil: calendario

____

____

____

____

____

____

Copyright © 2008 John Wiley & Sons, Inc.

Check your answers with those given in the *Answer Key* and make all necessary corrections with a pen or pencil of a different color.

Nombre ______________________ Fecha ____________ Clase ____________

CAPÍTULO 3 Así es mi familia

Así se dice

Así es mi familia

3-1 **Crucigrama**

Horizontal

1. La recién nacida (*newborn*) es la...
2. Mamá y papá son mis...
3. El otro (*other*) hijo de mis padres es mi...
4. El vehículo de la familia es el...
5. La hermana de mi padre es mi...
6. Él es el esposo y ella es la...

Vertical

2. Un animal favorito de la familia es el...
4. La familia vive en una...
7. La madre de mi (*of my*) madre es mi...
8. Tienen un bebé. Él es el padre. Ella es la...
9. La hija de la hija de la abuela es la...
10. La hija de mi tío es mi...

Así se dice

La familia, los parientes y los amigos

3-2 Complete the following sentences with appropriate words from this section.

1. Mi madre es divorciada y ahora tiene otro esposo. Es mi ______________________.
2. Mi padrastro tiene un hijo y una hija de un matrimonio anterior. Son mis ______________________.
3. La esposa de mi hermano es mi ______________________.
4. El hijo de mi hermano es mi ______________________.
5. La abuela de mi madre es mi ______________________.
6. De todos mis amigos, Jaime es mi ______________________ amigo.

Así se forma

1. The verb *tener* and *tener... años*

3-3 Complete the following sentences with forms of the verb **tener**.

1. (Yo) ______________________ una familia muy grande.
2. Mónica ______________________ dos hermanos.
3. ¿Cuántos primos ______________________ (tú)?
4. Mis hermanos mayores ______________________ un perro.
5. (Nosotras) ______________________ dos gatos.

Copyright © 2008 John Wiley & Sons, Inc.

Nombre ________________ Fecha ________ Clase ________

3-4 Tell how old the following people are. Spell out the numbers.

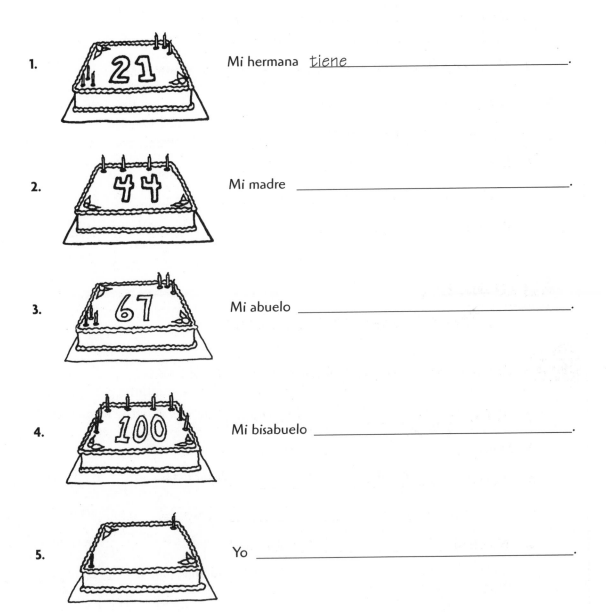

1. 

Mi hermana tiene ________________.

2. 

Mi madre ________________.

3. 

Mi abuelo ________________.

4. 

Mi bisabuelo ________________.

5. 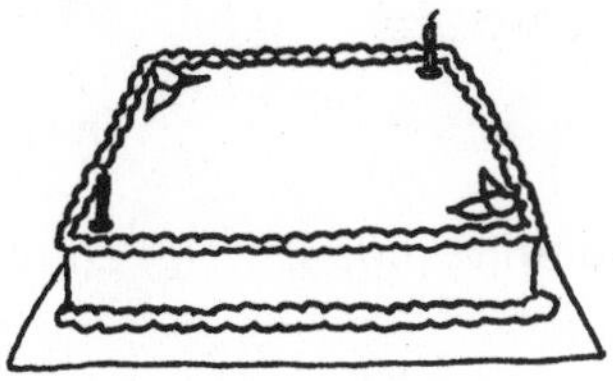
Yo ________________.

Así se dice

Relaciones personales

3-5 Write sentences by combining items from each column. ***Hint:*** Don't forget to use the personal **a** before each item in column **C** to signal that the direct object of the verb is a person.

Columna A	**Columna B**	**Columna C**	**Columna D**
Los abuelos	amar	los abuelos	en ocasiones especiales
Los padres	besar y abrazar	los padres	con todo el corazón (*heart*)
Los nietos	visitar	los nietos	frecuentemente
Los tíos	cuidar	los tíos	cuando los padres van al trabajo
Los hijos	llamar	los hijos	¿...?

1. ____
2. ____
3. ____
4. ____
5. ____

3-6 Indicate where the following things are typically looked for. If the personal **a** is required, write it in the blank. If it is not required, put an **X** in the blank. Remember that **a + el = al**.

Modelo: Luisa busca __X__ los libros. ☒ En la librería ☐ En la cafetería

1. Carmen busca ____ profesor. ☐ En el gimnasio. ☐ En su oficina.
2. Los estudiantes buscan ____ el aula. ☐ En el campus. ☐ En la tienda.
3. La abuela busca ____ su nieta de cinco años. ☐ En la universidad. ☐ En el parque.
4. José busca ____ el cuaderno. ☐ En su mochila. ☐ En el hospital.

Copyright © 2008 John Wiley & Sons, Inc.

Así se forma

2. Descriptive adjectives

3-7 Describe the following people and things. Use adjectives with opposite meanings. Then indicate whether each new sentence is true (**Cierto**) or false (**Falso**).

Modelo: Mi padre no es gordo. Es flaco o delgado. ☒ Cierto ☐ Falso

1. Mis amigos no son feos. ______________________ ☐ Cierto ☐ Falso
2. No soy pobre. ______________________ ☐ Cierto ☐ Falso
3. La profesora no es tonta. ______________________ ☐ Cierto ☐ Falso
4. Mi hermana no es perezosa. ______________________ ☐ Cierto ☐ Falso
5. Mi madre no es baja. ______________________ ☐ Cierto ☐ Falso
6. Mis primos no son rubios. ______________________ ☐ Cierto ☐ Falso
7. Mis amigas no son débiles. ______________________ ☐ Cierto ☐ Falso
8. Mis amigos no son aburridos. ______________________ ☐ Cierto ☐ Falso
9. Mi médico no es antipático. ______________________ ☐ Cierto ☐ Falso
10. Mis profesores no son jóvenes. ______________________ ☐ Cierto ☐ Falso
11. Las aulas no son grandes. ______________________ ☐ Cierto ☐ Falso
12. Mis clases no son difíciles. ______________________ ☐ Cierto ☐ Falso
13. Mis profesores no son malos. ______________________ ☐ Cierto ☐ Falso

3-8 Describe yourself using as many adjectives as possible. Be careful with adjective agreement!

____

____

____

____

____

Así se forma

3. Possessive adjectives and possession with *de*

A. Possessive adjectives

3-9 You and your friends have acquired all you need for each class. Complete the sentences with the correct possessive adjectives. Also finish each sentence with additional details as appropriate.

Modelo: Voy a la clase de biología.
Tengo mi microscopio y mi libro del laboratorio.

1. Voy a la clase de filosofía. Tengo ________ libro sobre ________.
2. Alfonso va a la clase de computación. Tiene ________ CD-ROM para ________.
3. Octavio va a la clase de psicología. Tiene ________ libro sobre ________.
4. ¿Vas a la clase de música? ¿Tienes ________ violín? ¿Y ________ libros de ________?
5. Vamos a la clase de español. Tenemos ________ libros y ________.
6. Mi hermano y yo vamos a la clase de física. Tenemos ________ proyecto sobre ________.

B. Indicating possession: possession with *de*

3-10 Write questions to ask who owns the following objects. Then answer the questions. ***Hint:* de + el = del.**

Modelo: el video / Natalia ¿De quién es el video? Es de Natalia.

1. los casetes / el profesor

____

2. los discos compactos / la profesora

____

3. el bolígrafo / Alberto

____

Copyright © 2008 John Wiley & Sons, Inc.

4. los cuadernos / los estudiantes

____

5. la casa / el rector (*president*) de la universidad

____

Así se forma

4. The verb *estar*

A. Indicating location of people, places, and things

3-11 Tell where the following people are. Include the correct form of **estar** and a location.

Modelo: Mis amigos y yo estamos en la Florida.

1. Yo ______________________________.
2. Mi mejor amigo/a ______________________________.
3. Mis abuelos/ primos ______________________________.
4. Mi familia ______________________________.
5. ¿Dónde ____________ (tú)? ¿En ______________________________?

3-12 Where are you? Answer in complete sentences using the **nosotros** form and the following words as clues.

Modelo: los animales Estamos en el campo.

1. los taxis, el tráfico ______________________________
2. los esquíes (*skis*) ______________________________
3. el mar (*sea*) ______________________________
4. los pupitres ______________________________
5. la oficina, las computadoras ______________________________
6. el sofá, el gato ______________________________

B. Describing conditions

3-13 Use a form of **estar** to indicate how the following people feel.

Modelo: Anita recibe un cheque de $500. Está contenta.

1. Camila y Natalia pasaron (*spent*) toda la noche estudiando en la biblioteca.

   ____

2. Hay un examen muy importante y muy difícil en la clase de cálculo.

   Los estudiantes ______________________________

3. Hay muchos, muchos errores en los exámenes de los estudiantes.

   ¡La profesora ______________________________

4. Los estudiantes no están contentos hoy. Las notas de los exámenes son malas.

   ____

5. La voz del profesor de historia es muy monótona.

   Los estudiantes ______________________________

6. Los estudiantes tienen clases por la mañana, actividades y clases por la tarde, y trabajo y tarea por la noche.

   ____

7. Simón va al hospital en una ambulancia.

   ____

3-14 Read the advertisement and answer the questions.

Reading hints: *Remember that when reading, you do not need to understand the meaning of every word. Find the words that you recognize and try to guess the meaning of other words by context.*

Copyright © 2008 John Wiley & Sons, Inc.

1. ¿Puedes adivinar (*Can you guess*) lo que significan las siguientes expresiones y palabras en inglés?

español	**inglés**
gano un buen salario =	______________________
estoy contenta conmigo misma =	______________________
¡Me encanta ser enfermera! =	______________________
oportunidades =	______________________
opciones =	______________________

2. ¿Cuántos años tiene la señorita?

____

3. ¿Cuál es su profesión? ¿Son los salarios buenos o malos?

____

4. ¿Cómo está ella?

____

5. ¿Cómo es su vida? ¿Aburrida o emocionante?

____

6. ¿De cuántos años son los programas de estudio?

____

3-15 Anita, Lidia, Elena, and Pablo are friends who send each other lots of e-mails. Read Lidia's message and then describe the people involved in the story.
Hint: Keep in mind the uses of **ser** vs. **estar.**

De: Lidia@ole.com
Para: Anita@ole.com, Elena@ole.com, Pablo@ole.com
CC:
Asunto: Mi amiga Adelina

Anita, Elena y Pablo:
¡Saludos! Estoy tan contenta. ¡Mi amiga Adelina llega mañana a las dos de la tarde! Es mexicana, pero vive en Tucson porque es estudiante de la Universidad de Arizona. Tiene una semana de vacaciones y ahora está en Washington. ¡Es super simpática y muy divertida! Mañana por la noche vamos a cenar en un restaurante. Si (*If*) no están ocupados, ¿quieren cenar con nosotras? Los invito.

Abrazos,
Lidia

ser

1. (origen) Adelina _______________
2. (identidad) Adelina _______________
3. (características) Adelina _______________

estar

4. (lugar) Ahora, Adelina _______________
5. (condición) Lidia _______________
6. (condición) Los amigos de Lidia posiblemente _______________

Copyright © 2008 John Wiley & Sons, Inc.

3-16 Complete the sentences about Anita with forms of **ser** or **estar** as appropriate.

1. Anita ____________ en la universidad.
2. ____________ de México.
3. El padre de Anita ____________ contador y su madre ____________ abogada.
4. Los padres de Anita ____________ en Los Ángeles.
5. Anita ____________ muy amable.
6. ____________ estudiante de medicina.
7. ____________ alta y morena.
8. Hoy, Anita ____________ cansada.
9. Estudia mucho. No ____________ perezosa.
10. ____________ preocupada porque tiene un examen importante mañana.

General review

3-17 Use complete sentences to answer the following questions.

1. ¿Cuántos años tienes?

____

2. ¿Cuántos años tiene tú madre/padre? ¿Y tú abuelo/a?

____

3. ¿Tienes hermanos o hermanas? ¿Cuántos años tienen?

____

4. ¿Cómo es tu madre/padre/esposo/esposa/novio/novia?

____

5. ¿Cómo es la casa de tu familia?

____

6. ¿Está tu casa en el campo o en la ciudad?

____

7. ¿Cómo son los estudiantes de la clase de español?

____

8. En este (*this*) momento, ¿estás cansado/a? ¿Por qué?

____

3-18 Describe the couple in the photograph.

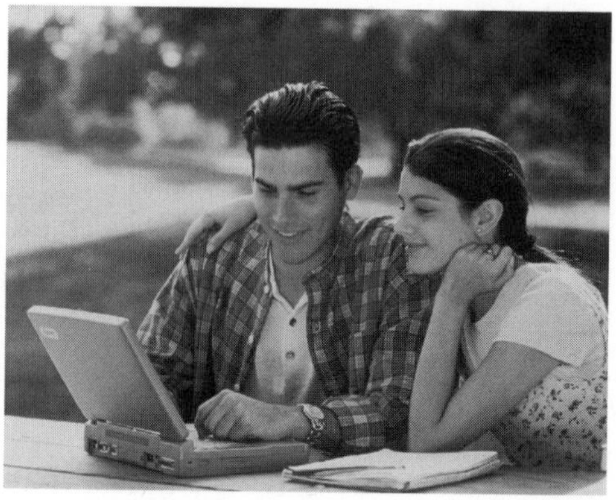

Answer the following questions:

- ¿Quiénes son?
- ¿Cómo es él? ¿Y ella? (años, personalidad, características personales, etc.)
- ¿Cómo está él en este momento (probablemente)? ¿Y ella?
- ¿Dónde están ellos en este momento (probablemente)?

____

____

____

____

____

____

Hint: *After you complete your work, check for the correct usage of* ***ser*** *and* ***estar****. Also check for the correct agreement of the adjectives and nouns.*

Check your answers with those given in the *Answer Key* and make all necessary corrections with a pen or pencil of a different color.

Copyright © 2008 John Wiley & Sons, Inc.

Nombre ______________________ Fecha __________ Clase __________

CAPÍTULO 4 ¡A la mesa!

Así se dice

¡A la mesa!

4-1 **Crucigrama**

Horizontal

1. Una fruta muy popular en la Florida.
2. Una fruta pequeña que asociamos con George Washington.
3. Una fruta muy grande que asociamos con los picnics.
4. Las viñas (*vineyards*) de Napa Valley, California producen esta fruta.
5. Una fruta que usamos para hacer limonada.

Vertical

6. Un sabor (*flavor*) favorito de helado (*ice cream*) es de esta fruta pequeña.
7. Un pastel (*pie*) muy típico de los Estados Unidos se hace con esta fruta.
8. "Chiquita" es una marca (*brand*) famosa de esta fruta.
9. Una fruta muy popular en el estado de Georgia.
10. Una fruta muy típica de Hawaii.

4-2

Imagine that you are organizing a dinner menu for the entire week. Choose foods from each column according to your preference. The idea is to come up with a varied list.

1	2	3
jamón	arroz	guisantes
pollo	papas	tomate
bistec	frijoles	maíz
chuletas de cerdo	pasta	zanahorias
langosta	pan	bróculi
camarones	ensalada	
pescado		

Modelo: El lunes: chuletas de cerdo, papas, ensalada

1. El martes: ______________________
2. El miércoles: ______________________
3. El jueves: ______________________
4. El viernes: ______________________

4-3

Read the article and study the drawing. Then answer the questions.

Reading hints: *First circle the cognates in the article. Then guess the meaning of words related to the pyramid by studying the drawings.*

1. Seis palabras del artículo que son muy similares al inglés son: ____________

   ____________ ____________ ____________ ____________ ____________.

2. Estudia la pirámide. ¿Qué significan las siguientes palabras en inglés?

   leche = ____________ quesos = ____________ panes = ____________

3. ¿De qué grupos se obtienen los carbohidratos?

   ____

4. ¿En qué grupo se hallan (*are found*) las proteínas?

   ____

5. En tu opinión, ¿qué grupos tienen comida con mucha fibra?

   ____

Copyright © 2008 John Wiley & Sons, Inc.

La pirámide del bienestar

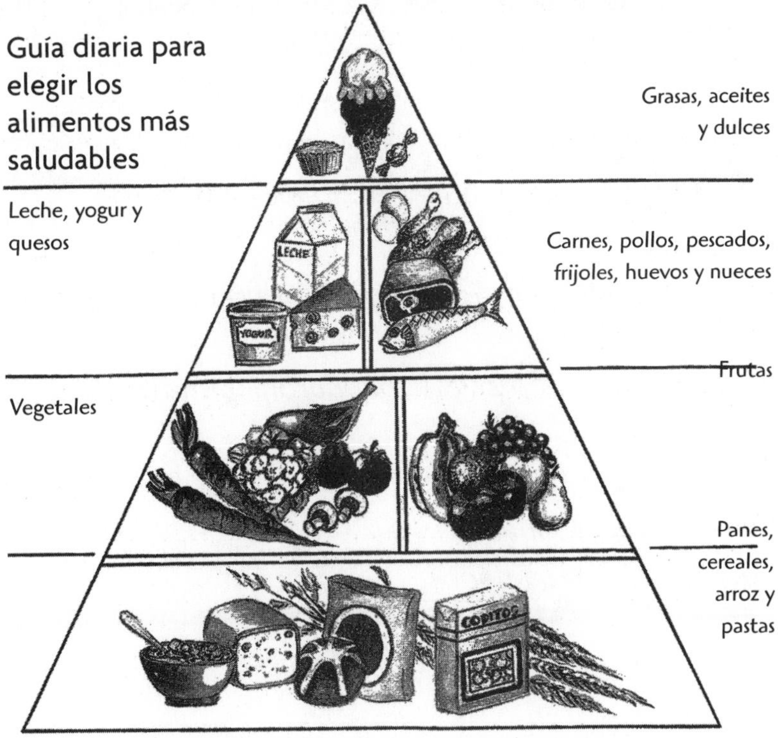

Un modo fácil de recordar qué alimentos debe comer diariamente para conservar su salud, es fijarse en esta pirámide dividida en cuatro. Una dieta balanceada se logra al coordinar estos cuatro grupos de comidas.

Por ejemplo, debe obtener los carbohidratos del grupo del pan, los cereales, el arroz, etc., así como también del grupo de los vegetales y frutas. Las proteínas se hallan en el grupo de la carne, el pollo, etc., que incluye también el de la leche. Ingiera porciones más chicas de éstos.

Fíjese que las cantidades se reducen a medida que asciende la pirámide. Los aceites etc., que están en la punta, son los que menos debe comer. Si con este régimen nutritivo se acostumbra a tomar 8 vasos diarios de agua y si hace ejercicio regularmente... tendrá salud y energía como para correr en un maratón.

Palabras útiles: grasas/aceites *fats;* dulces *sweets*

6. Según la pirámide, ¿qué grupo es el más (*the most*) nutritivo? ¿Y el menos?

____

Así se forma

1. The verb *gustar*

4-4 Anita leaves a note for her friend Lidia regarding groceries. Read the following note and then answer the questions.

> *Lidia:*
>
> *Por favor, si vas al supermercado esta tarde, necesitamos:*
> *Para mí, mariscos y chorizo para una paella que voy a hacer.*
> *Para Pablo, una pizza de pepperoni y una botella grande de Coca-Cola.*
> *Para Elena, peras, manzanas y un kilo de uvas. Es su dieta vegetariana.*
> *Nos vemos esta noche.*
>
> *Un millón de gracias,*
> *Anita*

1. ¿Qué va a hacer Anita? ¿Qué platillo (*dish*) va a preparar? ¿Le gustan los mariscos?

   ____

2. ¿Qué tipo de pizza le gusta a Pablo? ¿Y qué refresco prefiere?

   ____

3. Según este (*this*) mensaje, ¿le gustan a Elena las frutas?

   ____

Pregunta personal:

4. ¿Qué tipo de comida te gusta comprar en el supermercado?

   ____

Copyright © 2008 John Wiley & Sons, Inc.

Nombre ______________________ Fecha __________ Clase __________

4-5 Combine the following words to tell what you and your family like and do not like to eat.

Modelo: yo / jamón A mí (no) me gusta el jamón.

1. mis hermanos / chuletas de cerdo

____

2. mi mamá / pollo

____

3. yo / frutas

____

4. mi papá / papas con carne de res

____

Así se forma

2. Stem-changing verbs

4-6 Complete each question by selecting the appropriate verb from the box and filling in the blank. Then answer the questions.

almuerzas	duermes	entiendes	puedes	prefieres	sirven

1. ¿Prefieres __________ la clase de español o la clase de matemáticas?

____

2. ¿__________ ocho horas todas las noches?

____

3. ¿__________ estudiar toda la noche sin dormir?

____

4. ¿_______________ al mediodía?

____

5. ¿_______________ platos vegetarianos en la cafetería?

____

6. ¿_______________ todo lo que (*all that*) dice (*says*) tu profesor/a de español?

____

4-7 Use the cues provided to write questions to ask two of your friends. Use the **ustedes** form in the questions. Then answer the questions as you think they would.

Modelo: normalmente, / cuántas horas / dormir / todas las noches

Normalmente, ¿cuántas horas duermen ustedes todas las noches? Dormimos siete horas.

1. dónde / almorzar / normalmente

____

____

2. en los restaurantes, / qué comida / pedir / con frecuencia

____

____

3. qué bebidas / preferir

____

____

4. adónde / querer ir / esta noche

____

____

5. cuándo / poder salir

____

____

Copyright © 2008 John Wiley & Sons, Inc.

Nombre ______________________ Fecha __________ Clase __________

Así se dice

Las comidas y las bebidas

4-8 Write the word that corresponds to the definition.

1. La comida principal de la mañana es el ____________________.
2. La comida principal del mediodía es el ____________________.
3. La comida principal de la noche es la ____________________.
4. La combinación de tomate, lechuga y cebollas normalmente es una ____________________.
5. En la ensalada usamos aceite y ____________________.
6. Frecuentemente comemos hamburguesas con papas ____________________.
7. Los huevos necesitan sal y ____________________.
8. El pan tostado necesita mantequilla y ____________________.
9. Tomamos el café con crema y ____________________.
10. En una comida elegante muchas personas beben ____________________.
11. El té con hielo no es caliente. Es ____________________.
12. La leche, el café y el jugo son ____________________.
13. El helado, la torta y el pastel son ____________________.

4-9 List some of your favorite foods and beverages.

1. Mi desayuno favorito

   para comer: ______________________________

   para beber: ______________________________

2. Mi almuerzo favorito

para comer: ______________________________

para beber: ______________________________

3. Mi cena favorita

para comer: ______________________________

para beber: ______________________________

4-10 The ice-cream parlor Coromoto in Mérida, Venezuela, offers more than 400 flavors from which to choose. Look at the flavors and then answer the questions.

Sabores de fruta	***Sabores de legumbres, mariscos y más***	***Otros sabores deliciosos***
choco-naranaja	*ajo*	*caramelo*
fresa-coco	*arroz con coco*	*choco-menta*
fresa con naranja	*arroz con queso*	*choco-café*
manzana	*camarones al vino*	*granola*
melón	*espárragos*	*ron-coco*
naranja-piña	*espinacas*	*siete cereales*
pera	*mango con arroz*	*soya*
piña-coco	*tomate*	*tuti fruti*
piña colada	*zanahoria con melón*	
uva	*zanahoria con naranja*	

1. De los sabores de fruta, ¿cuáles prefieres? Escoge (*Choose*) dos.

_______________ y _______________.

2. ¿Qué sabores de legumbres, mariscos y más quieres probar (*taste*)?

_______________ y _______________.

3. De toda la lista, ¿qué sabores **no** quieres probar?

_______________ y _______________.

4. De toda la lista, ¿cuáles son tus dos sabores favoritos?

_______________ y _______________.

Copyright © 2008 John Wiley & Sons, Inc.

Así se forma

3. Counting from 100 and indicating the year

4-11 Imagine that you are in El Supermercado Más por Menos in Alajuela, Costa Rica and you are considering the specials. Indicate how much (in Costa Rican **colones**) you have to pay for each selection you make.

Queso San Carlos ₡1.195 kg	**Pan integral Chorotega** ₡545	**Refrescos La casera** ₡725 2 litros
Cereales Coco-Rico ₡330 430 grs	**Arroz Guanacaste** ₡259 kg	**Pizzas frescas Buitoni** ₡1.339

Carnicería/Mariscos
Pechuga de pollo ₡238 kg
Chuletas de cerdo ₡385 kg
Chorizo ₡499 kg
Corvina ₡875 kg
Camarones ₡2.000 kg

Frutas
Plátanos ₡199 kg
Naranjas ₡159 kg

Productos congelados
Bróculi ₡199 500 grs
Fresas ₡250 500 grs

Modelo: Quieres comprar un kilo de queso y un pan Chorotega.

1.740 mil setecientos cuarenta colones

1. Quieres comprar una pizza Buitoni y una botella de refresco La Casera de 2 litros.

   ______________________ colones

2. Quieres comprar un kilo de chuletas de cerdo y 500 gramos de bróculi congelado.

   ______________________ colones

3. Quieres comprar un kilo de pechugas de pollo y un kilo de naranjas.

   ______________________ colones

4. Quieres comprar un kilo de chorizo y un kilo de arroz.

   ______________________ colones

5. Quieres comprar dos kilos de plátanos y un cereal Coco-Rico.

______________________________ colones

6. Para un plato especial que vas a preparar, necesitas un kilo de corvina (tipo de pescado), un kilo de camarones y un kilo de arroz.

______________________________ colones

Así se forma

4. Interrogative words (A summary)

4-12 Combine the appropriate interrogative word from column **A** with the corresponding information from column **B**. Write the complete question in the space provided.

	A	**B**
1.	¿Cuándo... when	de los postres deseas?
2.	¿Dónde... where	es esa (*that*) mujer?
3.	¿Qué... what	preparan el pescado? ¿Frito o al horno?
4.	¿Quién... who	cuesta la cena?
5.	¿Cómo... how	tipo de comida sirven?
6.	¿Cuál...	vas a cenar? ¿Ahora o más tarde?
7.	¿Cuánto...	está el restaurante?

1. ¿Cuándo ______________________________
2. ______________________________
3. ______________________________
4. ______________________________
5. ______________________________
6. ______________________________
7. ______________________________

Copyright © 2008 John Wiley & Sons, Inc.

Nombre ______________________ Fecha __________ Clase __________

4-13 Write a conversation that takes place between Antonio and Julia. He asks the questions and she answers them. Use the interrogative words in the box.

¿adónde? ¿cómo? ¿cuál? ¿cuándo? ¿cuántos/as? ¿dónde?

Modelo: ir / esta tarde

ANTONIO: ¿Adónde vas esta tarde?

JULIA: Voy a la biblioteca.

1. estar / hoy

ANTONIO: ______________________

JULIA: ______________________

2. vivir / ahora

ANTONIO: ______________________

JULIA: ______________________

3. hermanos o hermanas / tener

ANTONIO: ______________________

JULIA: ______________________

4. ser / tu comida favorita

ANTONIO: ______________________

JULIA: ______________________

5. poder / ir al cine conmigo (*with me*)

ANTONIO: ______________________

JULIA: ______________________

General review

4-14 Answer the following questions with complete sentences.

1. ¿Cuál es tu postre favorito?

   ____

2. Cuando tienes hambre y es la hora de la cena, ¿qué comes?

   ____

3. ¿Adónde te gusta ir los fines de semana?

   ____

4. ¿Qué quieren hacer tú y tus amigos este fin de semana?

   ____

5. ¿Qué restaurantes prefieren ustedes?

   ____

6. ¿Qué comidas y bebidas normalmente piden?

   ____

   ____

4-15 Draw your self-portrait in the frame on page WB 47. Then describe yourself by answering the following questions:

- ¿De dónde eres?
- ¿Cómo eres? (descripción)
- ¿Cuántos años tienes?
- ¿Qué comidas te gustan o no te gustan?
- ¿Dónde desayunas/ almuerzas/ cenas? ¿A qué hora?
- ¿Cuándo prefieres estudiar/ hablar con tus amigos?
- ¿Dónde prefieres estudiar/ hablar con tus amigos?

Copyright © 2008 John Wiley & Sons, Inc.

Check your answers with those given in the *Answer Key* and make all necessary corrections with a pen or pencil of a different color.

Nombre ______________________ Fecha ____________ Clase ____________

CAPÍTULO 5 Recreaciones y pasatiempos

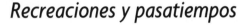

Así se dice

Recreaciones y pasatiempos

5-1 **Crucigrama**

Horizontal

1. Lo que (*What*) hacemos con la guitarra.
2. Lo que hacemos con los esquíes.
3. Lo contrario de ganar.
4. Mover el cuerpo (*body*) en el agua.
5. Las rosas y los tulipanes son...
6. No vamos a correr por el parque. Vamos a...
7. Para jugar al vólibol necesitamos una...
8. Javier va a... en el partido de tenis hoy.
9. Hay muchas en los árboles.

Vertical

10. Lo que hacemos cuando estamos muy cansados.
11. Usar cigarrillos.
12. Caminar rápido.
13. Hay muchos en el parque. Tienen hojas.
14. Lo que hacen los artistas.
15. Usar la voz para producir música.
16. El agua donde podemos nadar, esquiar, pescar (*to fish*) es un...

Así se dice

Los colores

5-2 Your friends are having a picnic in the park. Indicate the color of each food item. Be sure that your color adjectives agree with the nouns you are describing.

1. Las bananas son ______________________.
2. Las fresas y las cerezas son ______________________.
3. La lechuga es ______________________.
4. Las zanahorias son ______________________.
5. Las cebollas en la ensalada son ______________________.
6. Los arándanos (*blueberries*) son ______________________.

Así se dice

Más actividades y deportes

5-3 Indicate what the following people want to do according to their circumstance. Select activities from the box.

bailar	jugar al tenis	ir de compras
manejar	ver el partido en la tele	limpiar el apartamento

Modelo: Javier tiene una raqueta nueva.

Quiere jugar al tenis.

1. Linda necesita comprar un suéter nuevo y jeans.

   ____

2. A Camila le gusta mantener el apartamento muy ordernado (*tidy*) y hoy llegan sus padres.

   ____

3. El equipo de fútbol favorito de Manuel juega hoy.

   ____

4. Inés y Octavio quieren ir a la disco esta noche.

   ____

Copyright © 2008 John Wiley & Sons, Inc.

Nombre ______________________ Fecha ____________ Clase ____________

5. Carmen tiene un coche nuevo.

____

5-4

Read the following web page and then answer the questions.

Reading hint: *Try to understand the meaning of key words by their context. Remember that you do not have to understand every word to comprehend the main idea.*

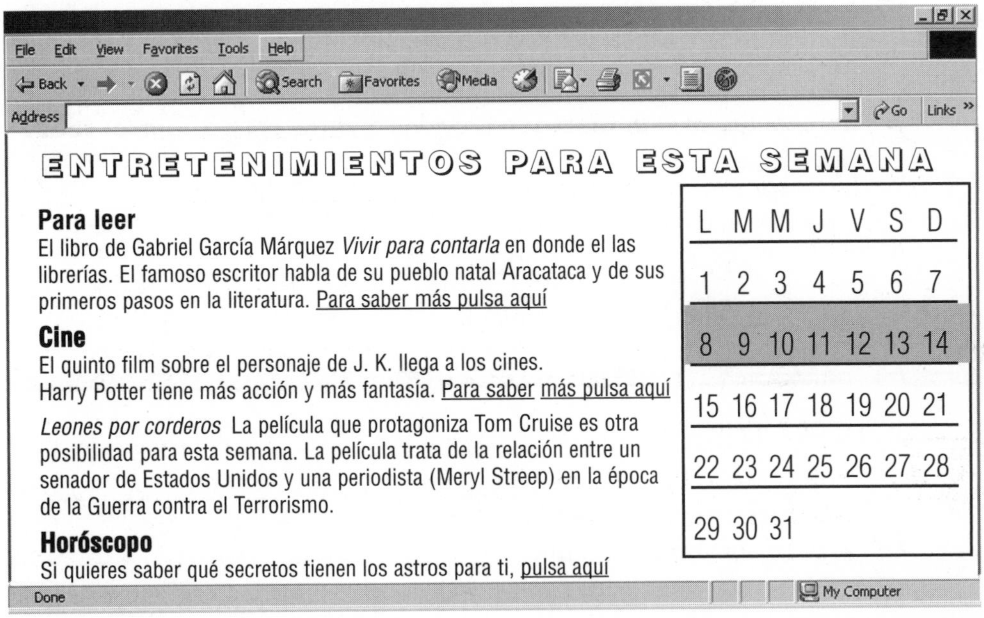

File Edit View Favorites Tools Help

Back Search Favorites Media

Address Go Links

ENTRETENIMIENTOS PARA ESTA SEMANA

Para leer

El libro de Gabriel García Márquez *Vivir para contarla* en donde el las librerías. El famoso escritor habla de su pueblo natal Aracataca y de sus primeros pasos en la literatura. Para saber más pulsa aquí

Cine

El quinto film sobre el personaje de J. K. llega a los cines. Harry Potter tiene más acción y más fantasía. Para saber más pulsa aquí

Leones por corderos La película que protagoniza Tom Cruise es otra posibilidad para esta semana. La película trata de la relación entre un senador de Estados Unidos y una periodista (Meryl Streep) en la época de la Guerra contra el Terrorismo.

Horóscopo

Si quieres saber qué secretos tienen los astros para ti, pulsa aquí

L	M	M	J	V	S	D
1	2	3	4	5	6	7
8	9	10	11	12	13	14
15	16	17	18	19	20	21
22	23	24	25	26	27	28
29	30	31				

Done My Computer

1. En la frase: "sus primeros pasos en la literatura", ¿cuál es el equivalente en inglés de la palabra **pasos**?

   pasos = ____________________

2. En la frase: "El quinto film sobre el personaje de J.K.", ¿cuál es el equivalente en inglés de la palabra **personaje**?

   personaje = ____________________

3. En la frase: "La película que protagoniza la actriz mexicana Salma Hayek", ¿cuáles son los equivalentes en inglés de la palabra **película** y del verbo **protagoniza**?

   película = ________________ protagoniza = ________________

4. ¿Cómo se llama el libro del escritor colombiano Gabriel García Márquez?

   ____

5. ¿Qué características tiene la quinta película de Harry Potter?

____

6. ¿Te gusta leer tu horóscopo? ¿Cuál es tu signo del zodíaco?

____

Así se forma

1. Additional *yo*-irregular verbs

A. *Saber* and *conocer*

5-5 Write sentences with the words provided and the correct form of **saber** or **conocer**.

Modelo: mis amigos / la ciudad
Mis amigos conocen la ciudad.

(ellos) / cuáles son las mejores discotecas
Saben cuáles son las mejores discotecas.

1. (yo) / a María Luisa

____

2. (yo) / su número de teléfono

____

3. ¿(tú) / dónde vive ella?

____

4. ¿(tú) / bien esa (*that*) parte de la ciudad?

____

5. María Luisa / tocar el piano muy bien

____

6. ¿(ustedes) / tocar algún instrumento musical?

____

Copyright © 2008 John Wiley & Sons, Inc.

Nombre ______________________ Fecha ______________ Clase ______________

B. Additional verbs with an irregular *yo* form

5-6 Tell what you do on weekends and Mondays. Then indicate whether your best friend does the same activities.

Modelo: Los fines de semana... ir a mi casa

Voy a mi casa. Ella no va a su casa.

Los fines de semana...

	Yo	Él/Ella
1. hacer ejercicio en el gimnaso		
2. dar un paseo por el parque		
3. salir con mis amigos		
4. ver DVDs (devedés)		

Los lunes...

	Yo	Él/Ella
1. venir a clase bien preparado/a		
2. traer todos los libros a clase		
3. poner los libros en la mochila		
4. decir "hola" al entrar en la clase		

Así se dice

Preferencias, obligaciones e intenciones

5-7 Read Pablo's e-mail to Elena. Then write about his obligations, preferences, and intentions.

De: Pablo@ole.com
Para: Elena@ole.com
CC:
Asunto: fin de semana

Elena, según lo que me dices, vas a tener un fin de semana muy interesante. ¿Y yo? Pues, voy a hacer investigación para mi trabajo escrito, trabajar el sábado por la tarde, ir al supermercado y... mi apartamento está sucio°. Pero, también quiero jugar al tenis con Javier, ir al cine o a una fiesta con algunos de mis amigos y... descansar. Necesitamos fines de semana de tres días, ¿verdad?

Tu amigo,
Pablo

° *dirty*

Pablo tiene que...

1. ______________________

2. ______________________

3. ______________________

4. ______________________

Tiene ganas de...

5. ______________________

6. ______________________

7. ______________________

5-8 Answer the following questions with complete sentences.

1. ¿Qué **piensas** hacer hoy?

____

2. ¿Qué **tienes que** hacer esta noche?

____

3. ¿Qué **debes** hacer mañana?

____

4. ¿Qué **tienes ganas de** hacer este fin de semana?

____

Copyright © 2008 John Wiley & Sons, Inc.

Nombre ______________________ Fecha ____________ Clase ____________

Así se forma

2. *Ir* + *a* + infinitive

5-9 Tell what the following people are going to do according to the situation. Choose the appropriate activity from the box.

estudiar en la biblioteca	cenar en un restaurante	hacer ejercicio en el gimnasio
descansar	ir a una discoteca	

Modelo: Carlos tiene un examen mañana.
Va a estudiar en la biblioteca.

1. Tenemos mucha hambre y no queremos preparar comida en nuestro apartamento.
____

2. Tomás no quiere salir esta noche. Está muy cansado.
____

3. Elsa y Tina quieren bailar.
____

4. Estoy en mala forma (*out of shape*).
____

Así se dice

El clima y las estaciones

5-10 What is the weather like?

1. Es invierno en Alaska. Hace ____________ ____________.
2. Es verano y estamos en la Florida. ____________ ____________.
3. Es primavera. Es un día perfecto. ____________
____________ ____________.
4. Es un día feo. ____________ ____________
____________.

5. Es otoño. No hace mucho calor y no hace mucho frío.

______________________ ______________________.

6. No podemos ver el sol hoy. ______________________ ______________________

______________________.

7. Necesitamos los paraguas (*umbrellas*). Está ______________________

hoy. ______________________ mucho aquí. No me gusta la

______________________.

8. Estamos visitando Montana en invierno y está nevando. ¡Nos gusta mucho la

______________________!

9. Estamos en la playa. Los barcos de vela (*sailboats*) avanzan muy rápido.

______________________ mucho ______________________.

5-11 You are talking on the phone with your friend Renato from Buenos Aires. It's summer where you live and winter where he lives.

1. Ask him what the weather is like in Buenos Aires.

____

2. He answers that it's very cold, and that he's cold because his apartment has no heat (**calefacción**).

____

____

3. Tell him that it's hot here, and that you're hot because your apartment has no air conditioning (**aire acondicionado**).

____

____

Copyright © 2008 John Wiley & Sons, Inc.

Nombre ______________________ Fecha ____________ Clase ____________

Así se forma

3. The present progressive

5-12 Your friends are at the beach. Tell what they are doing *right now*.

1. ______________________

2. ______________________

3. ______________________

4. ______________________

5. ______________________

6. ______________________

Así se forma

4. *Ser* and *estar* (A summary)

5-12 Complete the following sentences with the appropriate forms of **ser** and **estar**. Give reasons for your choices in English, selecting from the list of **razones** provided.

Razones	*location*	*origin*
	condition	*characteristics/qualities*
	action in progress	*identity (who/what)*

1. Juan ______________________ de Argentina.

   Razón: ______________________

2. ______________________ alto y simpático.

   Razón: ______________________

3. Ahora ______________________ en Montevideo con sus amigos.

   Razón: ______________________

4. Él y sus amigos ______________________ jugando al fútbol.

   Razón: ______________________

5. ______________________ contento porque no tiene que pensar en la universidad.

   Razón: ______________________

6. ______________________ estudiante de arquitectura y generalmente tiene mucho trabajo.

   Razón: ______________________

Copyright © 2008 John Wiley & Sons, Inc.

Nombre ____________________ Fecha __________ Clase __________

General review

5-14 Answer with complete sentences.

1. ¿Qué tiempo hace hoy?

____

2. En la clase de español, ¿a quién conoces muy bien?

____

3. ¿Qué sabes hacer muy bien? (talentos especiales)

____

4. ¿Qué tienes que hacer todos los lunes?

____

5. ¿Qué tienen ganas de hacer tú y tus amigos los viernes por la noche?

____

6. Imagina que es sábado por la noche. Probablemente, ¿qué están haciendo tus amigos?

____

7. ¿Qué vas a hacer este fin de semana?

____

5-15 Describe the scene at the right. Use your imagination to answer the following questions:

- ¿En qué estación del año estamos? ¿Y qué tiempo hace?
- ¿Qué está haciendo Inés?
- ¿Qué tiene ganas de hacer? ¿Y probablemente qué tiene que hacer?
- ¿Qué va a hacer más tarde?

Check your answers with those given in the *Answer Key* and make all necessary corrections with a pen or pencil of a different color.

Copyright © 2008 John Wiley & Sons, Inc.

Nombre ______________________ Fecha ____________ Clase ________

CAPÍTULO 6 La rutina diaria

Así se dice

La rutina diaria

6-1 Crucigrama

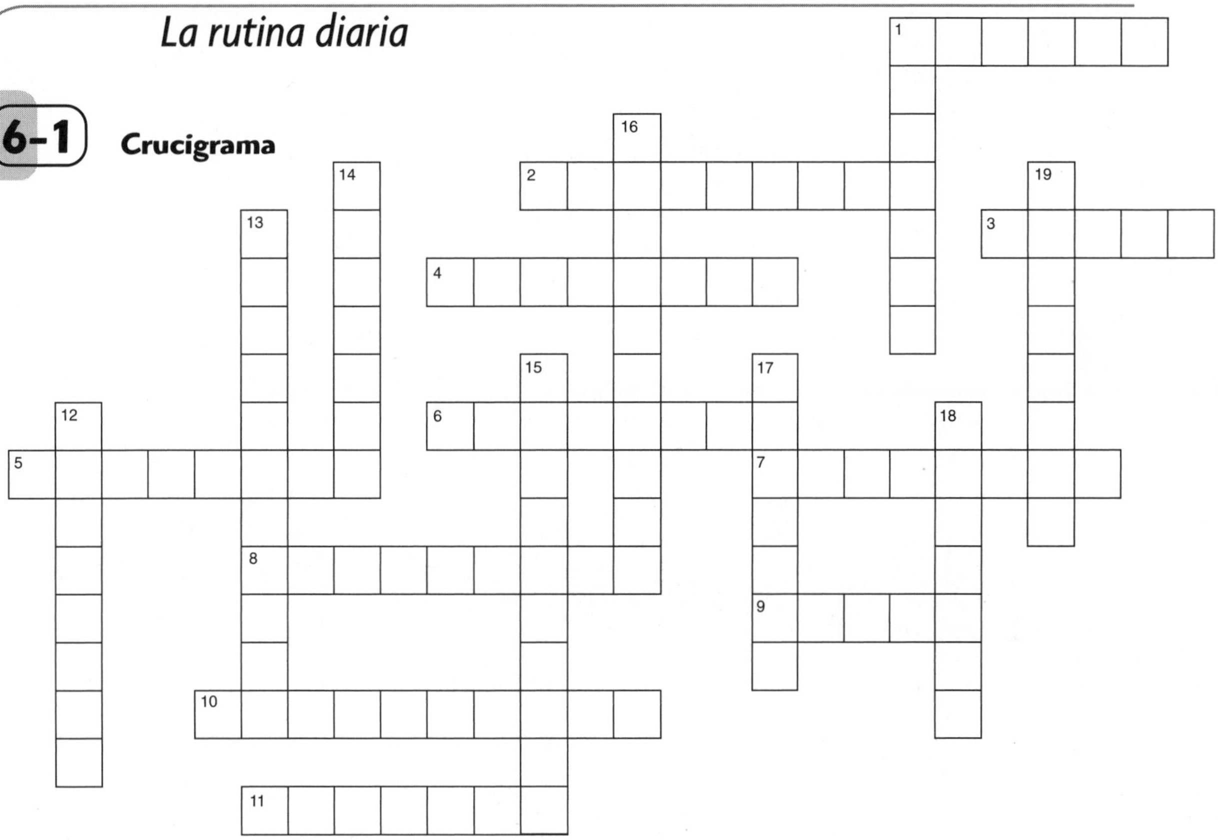

Horizontal

1. Lo que se usa para secarse.
2. El acto de quitarse el pelo de la cara, etc., con una navaja.
3. Lo que se usa para peinarse.
4. Lo contrario de **despertarse**.
5. Lo contrario de **ponerse** la ropa es... la ropa.
6. El acto de usar el peine.
7. Las tijeras sirven para...el pelo.
8. El acto de irse a la cama al final del día.
9. Lo que hace el despertador para despertarnos, o lo que hace el teléfono.
10. El acto de salir de la cama por la mañana.
11. Lo contrario de **quitarse** la ropa es... la ropa.

(continued on page WB 62)

Vertical

1. Lo que se usa para cortarse el pelo.
12. El acto de tomar una ducha.
13. El despertador suena. Es necesario... y levantarse.
14. Se usa agua y jabón para... las manos.
15. El acto de ir a una fiesta, bailar, escuchar música y pasarlo bien es...
16. El acto de lavarse los dientes con pasta de dientes y cepillo es... los dientes.
17. El acto de quitarse el agua del pelo, etc. con toalla o secador.
18. El acto de lavarse en la bañera (*bathtub*).
19. El acto de ponerse la ropa y los zapatos.

6-2 Read the advertisement on page WB 63 about Speed Stick™ in three parts, according to the questions below.

¿Sabes por cuánto tiempo funciona tu desodorante?

1. Lee la primera parte del anuncio. Por el contexto, ¿puedes adivinar (*can you guess*) lo que significan las siguientes palabras en inglés?

   funciona = ______________________

   desvanecerse = ______________________

2. Según el anuncio, ¿cuándo empieza (*begins*) a desvanecerse el efecto de muchos desodorantes?

   ____

¿Sabías que el estrés emocional provoca tanta transpiración como el ejercicio físico?

3. Lee la segunda parte del anuncio. Por el contexto, ¿puedes adivinar lo que significan las siguientes palabras en inglés?

   transpiración = ______________________

   caminata = ______________________

   presión = ______________________

   abdominales = ______________________

4. Según el anuncio, ¿cuáles son dos cosas emocionales que provocan la transpiración? ¿Y dos actividades físicas?

   ____

Ahora sí: protección de verdad por más de 24 horas.

5. ¿Cuánta protección da el nuevo *Speed Stick*?

   ____

Copyright © 2008 John Wiley & Sons, Inc.

Nombre ______________________ Fecha ______________ Clase ____________

6. ¿Qué marca de desodorante usas tú?

____

Fue superado el record en protección desodorante.

Nuevo Speed Stick de Mennen, es el campeón.

¿Sabes por cuánto tiempo funciona tu desodorante?

Es verdad: algunos funcionan por más tiempo... otros por menos. Todos empiezan muy bien... por lo menos los primeros cincuenta o sesenta minutos. Pero el efecto desodorante de muchos productos empieza a desvanecerse a las cuatro o cinco horas y hay algunos productos que han dejado de funcionar casi por completo antes de seis horas. Y esto sucede aun cuando las personas están sometidas a un ritmo de trabajo y de presión normal.

¿Sabías que el estrés emocional provoca tanta transpiración como el ejercicio fisico?

Los expertos lo han comprobado. La presión en el trabajo, la emoción del éxito, la tensión antes de revelarse los resultados... todo esto produce tanta transpiración, como una intensa caminata o una centena de abdominales: Y resulta que, cuando empieza tu día, no sabes exactamente cuáles son los desafíos físicos y emocionales a los que te enfrentarás. Por eso necesitas un desodorante en el que puedas confiar... sin importar cómo es tu día.

Ahora sí: protección de verdad por más de 24 horas.

Recientemente, Speed Stick lanzó al mercado una nueva fórmula en su línea de productos, que rompió el record de duración en protección desodorante. Esta fórmula, que la compañía fabricante Mennen ha llamado de "Ultra Protección", se mantiene en un nivel superior al 70% de efectividad después de 24 horas de aplicación, comprobado. El éxito de la fórmula se debe a una tecnología exclusiva, desarrollada por Mennen, que fue probada extensivamente en una enorme variedad de situaciones y contra la gama más amplia de competidores a nivel mundial.

Así se forma

1. Reflexive verbs

6-3 First, write out complete sentences. Then decide how frequently the following people do the activities.

1. Inés / maquillarse ______________________________

   ☐ Todas las mañanas ☐ Todas las noches ☐ Una vez por semana ☐ Los fines de semana

2. Octavio / afeitarse ______________________________

   ☐ Todas las mañanas ☐ Todas las noches ☐ Una vez por semana ☐ Los fines de semana

3. Linda y Manuel / bailar ______________________________

   ☐ Todas las mañanas ☐ Todas las noches ☐ Una vez por semana ☐ Los fines de semana

4. Las chicas / quitarse el maquillaje ______________________________

   ☐ Todas las mañanas ☐ Todas las noches ☐ Una vez por semana ☐ Los fines de semana

5. Yo / ducharse ______________________________

   ☐ Todas las mañanas ☐ Todas las noches ☐ Una vez por semana ☐ Los fines de semana

6. Nosotros / peinarse ______________________________

   ☐ Todas las mañanas ☐ Todas las noches ☐ Una vez por semana ☐ Los fines de semana

7. Camila / lavar la ropa ______________________________

   ☐ Todas las mañanas ☐ Todas las noches ☐ Una vez por semana ☐ Los fines de semana

8. Ana y Lupe / ponerse las pijamas ______________________________

   ☐ Todas las mañanas ☐ Todas las noches ☐ Una vez por semana ☐ Los fines de semana

9. Mi hermano / limpiar su casa ______________________________

   ☐ Todas las mañanas ☐ Todas las noches ☐ Una vez por semana ☐ Los fines de semana

10. Yo / acostarse muy tarde ______________________________

   ☐ Todas las mañanas ☐ Todas las noches ☐ Una vez por semana ☐ Los fines de semana

Copyright © 2008 John Wiley & Sons, Inc.

Nombre ______________________ Fecha ______________ Clase __________

6-4 It's Monday morning. Answer the following questions with complete sentences.

1. ¿A qué hora suena tu despertador los lunes por la mañana?

____

2. ¿Te levantas inmediatamente?

____

3. ¿Tienes que levantarte temprano todos los días?

____

4. ¿A qué hora te acuestas normalmente?

____

5. ¿Te duermes fácilmente?

____

Así se dice

¿Qué acabas de hacer?

6-5 Indicate what each of the people have just done, using the expression **acabar de** + *infinitive*. Then indicate where they probably are.

Modelo: (Yo) / despertarse

Acabo de despertarme. Estoy en la cama.

1. Raúl y Javier / desayunar

____

2. María / levarse el pelo

____

3. Nuestros amigos / vestirse

____

4. Nosotros / salir de la residencia

____

Así se forma

2. Adverbs

6-6 Complete the following sentences with the correct form of the adverbs. Then indicate whether each sentence is true (**Cierto**) or false (**Falso**) for you.

Modelo: Generalmente ______ (general) trabajo con la computadora por la tarde.

1. Mando mensajes electrónicos ______________________ (frecuente).
   ☐ Cierto ☐ Falso
2. Encuentro (*I find*) información en la red ______________________ (fácil).
   ☐ Cierto ☐ Falso
3. Respondo a los mensajes electrónicos ______________________ (rápido).
   ☐ Cierto ☐ Falso
4. Reviso (*I check*) mis mensajes electrónicos ______________________ (constante).
   ☐ Cierto ☐ Falso
5. ______________________ (usual) chateo con mis amigos por la noche.
   ☐ Cierto ☐ Falso

¿Eres "cibernauta"? ☐ Sí ☐ No

Así se dice

El trabajo

6-7 Write the job-related word from this section that corresponds to the definition below.

1. La mujer que contesta el teléfono y nos saluda al entrar en la oficina es la ______________________.
2. La mujer que vende en una tienda es la ______________________.
3. El hombre que nos sirve en un restaurante es el ______________________.
4. Cuando pedimos una pizza por teléfono, el ______________________ trae la pizza a la casa.

Copyright © 2008 John Wiley & Sons, Inc.

5. Mi primo trabaja solamente diez horas por semana. Tiene un trabajo ______________________.

6. Si una persona trabaja cuarenta horas por semana, tiene un trabajo ______________________.

Así se forma

3. The preterit of regular verbs and *ser/ir*

6-8 What did you and Ana (the "good students") and Marta and Jorge (the "bad students") do last weekend? Provide the correct form of the verb and indicate who did each activity.

	Yo	Ana, la estudiante buena	Marta y Jorge, los estudiantes malos
(no) estudiar dos horas	Estudié dos horas.	Estudió dos horas.	No estudiaron dos horas.
(no) escribir una composición para la clase de español			
(no) buscar información en la red para un trabajo escrito			
(no) ir a varias fiestas			
(no) dormir ocho horas cada noche			
(no) ir a la biblioteca			

6-9 What did you and your friends do last weekend? Answer in complete sentences in the **nosotros** form.

1. ¿Qué estudiaron?

____

2. ¿Qué vieron en la tele?

____

3. ¿Qué comieron?

____

4. ¿Salieron a bailar? ¿Adónde?

____

5. ¿Fueron de compras? ¿Adónde?

____

____

6-10 Your friend Ernesto needs some academic mentoring, and you ask him some questions to make sure he's on track.

Modelo: salir con tus amigos anoche

¿Saliste con tus amigos anoche?

1. ir a la biblioteca ayer

____

2. cortarse el pelo recientemente

____

3. comprar todos los libros para tus clases

____

4. comer bien durante la semana

____

Copyright © 2008 John Wiley & Sons, Inc.

5. completar la tarea para la clase de español

____

6. aprender el vocabulario del Capítulo 6 para la prueba

____

7. llegar a la universidad temprano esta mañana

____

8. imprimir el trabajo para la clase de historia

____

9. hablar con el profesor consejero (*advisor*)

____

10. buscar la información en Internet sobre España

____

6-11 Pretend you are Julie, the protagonist of the following story. Complete the following sentences with the correct form of the verbs in parentheses.

1. Ayer ____________________ (ser) un día extraordinario.
2. ____________________ (leer) los tres capítulos del texto de psicología. Raramente hago toda mi tarea para esa clase.
3. ____________________ (jugar) al tenis con Antonio, el chico que más me gusta.
4. ____________________ (almorzar) con él también.
5. ____________________ (ir) a la clase de español y ______________________________ (sacar) una A en la prueba.
6. ____________________ ______ (llegar) a mi casa temprano. Y adivinen (*guess*) ______ quién me ____________________ (llamar). Pues claro, Antonio. Me ____________________ (invitar) a salir este fin de semana.

Así se dice

¿Qué pasó?

6-12 Antonio tells his friend Miguel why he is so tired. He enumerates his activities of the day from the time he got up. Write what he says using the expressions from the box to show the sequence of the actions.

luego	entonces	primero	más tarde	después	finalmente

Miguel, ¡estoy tan cansado! Primero ______

______

______

______

______

______

Así se forma

4. Direct-object pronouns

6-13 The class is organizing a "paella party." Tell who is in charge of each task and use direct-object pronouns.

Modelo: ¿Quién va a hacer las compras? Luis
Luis las va a hacer. o Luis va a hacerlas.

1. ¿Quién va a comprar los mariscos? Rosa

______

2. ¿Quién va a preparar la ensalada? Mirta y Lidia

______

3. ¿Quién va a cocinar la paella? Alberto y su novia

______

4. ¿Quién va a limpiar el apartamento después de la fiesta? La profe

______

Copyright © 2008 John Wiley & Sons, Inc.

Nombre ______________________ Fecha ______________ Clase __________

6-14 After the party, tell a friend who was in charge of each task. Use direct-object pronouns in your answers.

1. ¿Quién compró los mariscos?

   ____

2. ¿Quién preparó la ensalada?

   ____

3. ¿Quién cocinó la paella?

   ____

4. ¿Quién limpió el apartamento después de la fiesta?

   ____

6-15 Your grandparents are arriving in a few hours, and your mother has a lot of questions. Answer her questions using direct-object pronouns.

Modelo: ¿Está Margarita organizando los discos compactos?

Sí, los está organizando. o Sí, está organizándolos.

1. ¿Está Rita haciendo la ensalada de papa?

   ____

2. ¿Están tu papá y tu hermano limpiando el garaje?

   ____

3. ¿Está Miguel llamando a los tíos?

   ____

4. Y tú, ¿estás preparando las empanadas?

   ____

General review

6-16 Answer the following questions with complete sentences.

1. ¿A qué hora te levantaste esta mañana?

____

2. ¿Qué haces inmediatamente después de levantarte? (Menciona cuatro cosas.)

____

____

____

____

3. ¿A qué hora saliste de la residencia (de tu apartamento/ de su casa) esta mañana? ¿Y qué pasó después? (Menciona cuatro cosas.)

____

____

____

____

4. ¿Te diviertes con tus amigos los fines de semana? ¿Qué hacen ustedes? (Menciona tres cosas.)

____

____

____

Copyright © 2008 John Wiley & Sons, Inc.

6-17 Write three sentences to describe Manuel's daily routine during the week, and then three more to talk about what he did last Saturday. Include times.

entre semana el sábado

____

____

____

____

____

____

____

Check your answers with those given in the *Answer Key* and make all necessary corrections with a pen or pencil of a different color.

CAPÍTULO 7

Por la ciudad

Así se dice

Por la ciudad

7-1 Crucigrama

Horizontal

1. El lugar de la ciudad donde descansamos y jugamos.
2. El lugar donde esperamos el autobús.
3. Una avenida pequeña es una...
4. Lo que hacemos en la parada de autobús.
5. Un edificio muy, muy alto.
6. El lugar en la oficina de correos donde ponemos las cartas (*letters*).
7. El lugar donde vemos películas.
8. Un monumento de una persona famosa.
9. Donde depositamos nuestro dinero.
10. El lugar donde vemos obras (*works*) de arte.
11. Los católicos van a misa a la...
12. No es una catedral. Es más pequeña.

Vertical

1. En las ciudades hispanas, la... generalmente está en el centro de la ciudad.
2. Leemos las noticias en el...
6. El lugar donde muchas personas van para tomar cerveza, vino, etc.
13. *Sports Illustrated* es una...
14. Vamos al cine para ver una...
15. Lo contrario (*opposite*) de **salir**.
16. Una calle muy grande es una...
17. Sinónimo de **personas**.
18. Si no queremos ir ni en metro ni en autobús, buscamos un...

Así se dice

En el centro de la ciudad

7-2 Complete las oraciones con palabras apropiadas de esta sección.

1. Queremos ir al ______________________ para ver las tiendas y los museos.
2. El Museo de Antropología se abre a las diez de la mañana y ______________________ a las seis de la tarde.
3. Vamos a almorzar en uno de los ______________________ restaurantes de la ciudad y a ______________________ a nuestros amigos. Nosotros pagamos.
4. Esta noche queremos ver una ______________________ en el Teatro Colón. Voy a ______________________ cuánto cuestan las ______________________.
5. El *show* empieza a las ocho de la noche. ¿A qué hora ______________________?

Así se forma

1. Prepositions: Pronouns with prepositions

A. Prepositions of location and other useful prepositions

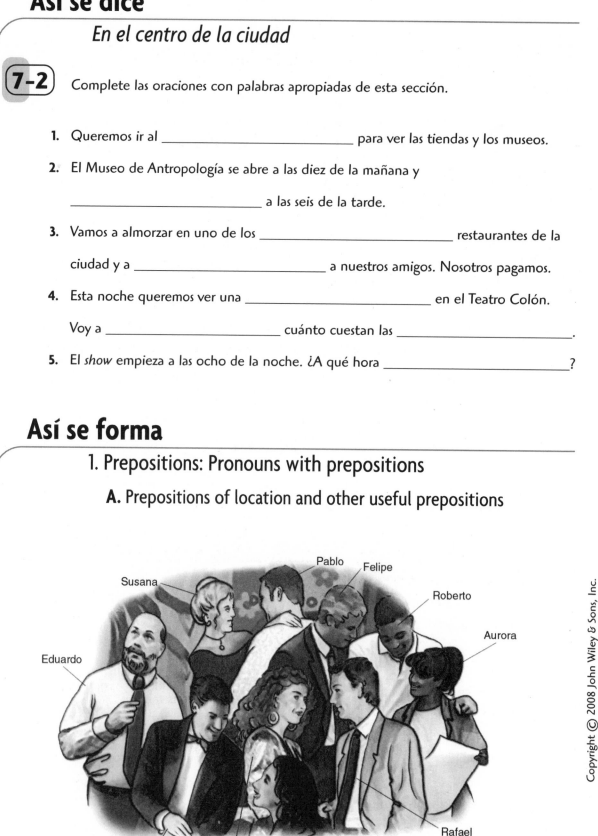

Copyright © 2008 John Wiley & Sons, Inc.

7-3 Completa las oraciones con las preposiciones de la lista. Refiérete al dibujo.

al lado de	frente a	delante de	detrás de	entre

1. Ana está ______________________ Tomás y Rafael.
2. Felipe está ______________________ Roberto.
3. Aurora está ______________________ Roberto.
4. Eduardo está ______________________ Tomás.
5. Susana está ______________________ Pablo. ¡Están bailando!

7-4 ¿Cómo se dice en español? ***Hint:*** En español se usa *un infinitivo* después de una preposición.

CELIA: *Anita, instead of studying, do you want to go to the movies?*

____

ANITA: *Yes, but before leaving, I have to send this e-mail message. . . .*

____

CELIA: *After seeing the movie we can walk to* El Mesón *to (in order to) have dinner.*

____

ANITA: *It's very close to the theater, and the food is excellent.*

____

B. Pronouns with prepositions

7-5 Completa el diálogo con los pronombres preposicionales apropiados. Usa los pronombres de la lista.

mí	conmigo	ti	contigo	ella	nosotros

Un sábado por la mañana Carmen y Alfonso hablan de la torta que van a preparar para la fiesta sorpresa de Natalia.

CARMEN: Mira, Alfonso. Voy al supermercado para comprar los ingredientes para la torta de cumpleaños de Natalia. ¿Quieres ir (1) ____________________?

ALFONSO: Lo siento, Carmen. No puedo ir (2) ____________________ ahora porque tengo que hablar con mi amigo Julio sobre la tarea.

CARMEN: Bueno. Me voy sin (3) ____________________. Linda va a venir al apartamento a las cuatro para preparar la torta (4) ____________________. Si quieres ayudarnos, puedes venir a las cuatro con (5) ____________________.

ALFONSO: Gracias. Soy especialista en decoración de tortas.

CARMEN: ¡Sí! El año pasado, cuando celebramos mi cumpleaños, decoraste una torta para (6) ____________________. ¡Un obra de arte!

ALFONSO: Natalia va a estar muy sorprendida esta noche. ¡A (7) ____________________ le encantan las fiestas de sorpresa!

CARMEN: ¡Y a (8) ____________________ nos encanta organizarlas!

Así se forma

2. Demonstrative adjectives and pronouns

7-6 Tú y tu amigo están caminando por la ciudad de Nueva York y hablan de lo que ven. Usa el adjetivo o el pronombre demostrativos apropiados.

Modelo: Me gustan ___estas___ flores (cerca).

Pues yo prefiero ___ésas___ (unas un poco lejos).

1. ____________________ rascacielos (lejos) es uno de los más altos de la ciudad.
2. ____________________ estatua (cerca) es muy famosa.
3. Pues a mí me gusta ____________________ (una lejos).

Copyright © 2008 John Wiley & Sons, Inc.

4. ______________________ almacenes (cerca) venden recuerdos.

5. ______________________ tienda (lejos) es Macy's.

6. ______________________ joyería (un poco lejos) es muy famosa.

7. ______________________ plaza (cerca) es la Plaza Washington.

8. ¿Quieres comprar ______________________ (un poco lejos) revista?

9. Pues yo siempre leo ______________________ (una cerca).

Así se dice

En la oficina de correos

7-7 Combina la información de la columna **A** con la información correspondiente de la columna **B**. Luego escribe una oración completa, con el verbo en el pretérito.

A	B
1. ir	de mi familia
2. escribir la dirección	a la oficina de correos
3. comprar un sello	al correo
4. echar la carta	en el sobre
5. mandar también	en la oficina de correos
6. recibir un paquete	una tarjeta postal

1. Fui a la oficina de correos.
2. ______________________
3. ______________________
4. ______________________
5. ______________________
6. ______________________

Así se forma

3. The preterit of *hacer* and stem-changing verbs

A. *Hacer*

7-8 Completa con formas del verbo **hacer** en el pretérito para saber lo que hizo tu amiga Elena el fin de semana pasado.

TÚ: ¿Qué ______________________ el fin de semana pasado?

ELENA: Pues no ______________________ mucho. Ana, Beatriz y yo ______________________ una torta para el cumpleaños de Elisa. El domingo Ana y Beatriz ______________________ ejercicio en el gimnasio, pero yo no. Vi mucha televisión y leí un poco: fue un domingo aburrido.

B. Stem-changing verbs

7-9 Imagina que tú y tus amigas cenaron en un auténtico restaurante mexicano. ¿Qué pasó? Escribe oraciones con las siguientes palabras. Cambia el verbo a la forma correcta del pretérito. Después indica si cada evento te parece bueno o malo.

1. El mesero / repetir las especialidades.

   ______________________ ☐ Bueno ☐ Malo

2. Jorge no escuchó la primera vez y / pedir otra repetición.

   ______________________ ☐ Bueno ☐ Malo

3. Jorge y Elena / pedir el especial del día.

   ______________________ ☐ Bueno ☐ Malo

4. El mesero / servir todo muy lentamente.

   ______________________ ☐ Bueno ☐ Malo

5. Parece que el mesero / no dormir la noche anterior.

   ______________________ ☐ Bueno ☐ Malo

6. Una mosca (*fly*) / morirse en la sopa de Elena.

   ______________________ ☐ Bueno ☐ Malo

7. Todos / divertirse mucho.

   ______________________ ☐ Bueno ☐ Malo

Copyright © 2008 John Wiley & Sons, Inc.

Nombre ______________________ Fecha ______________ Clase ____________

7-10 Escribe oraciones con las siguientes palabras, indicando qué es lo que pasa normalmente y qué pasó anoche o ayer. Por último, indica por qué pasó cada evento.

Modelo: Normalmente, Paco / dormir bien

Normalmente, Paco duerme bien. Pero anoche durmió mal porque un perro hizo mucho ruido (*noise*).

1. Normalmente, Tina y Elena / pedir una pizza con carne

____

____

2. Normalmente, el profesor de español / almorzar con los otros profesores

____

____

3. Normalmente, yo / jugar al tenis por la tarde

____

____

4. Normalmente, Carlos / empezar sus clases a las ocho de la mañana

____

____

5. Normalmente, Nicolás y Samuel / dormir ocho horas

____

____

Así se dice

El dinero y los bancos

7-11 Completa las oraciones con la palabra apropiada del vocabulario.

1. Un turista va al banco porque quiere cobrar los cheques de ____________________.
2. El turista debe escribir su nombre en el cheque o ____________________ el cheque.
3. El turista está en México. Quiere ____________________ dólares a pesos mexicanos.
4. Cuando no usamos ni cheque, ni tarjeta de crédito pagamos en ____________________.
5. Cuando el artículo cuesta ocho dólares y pagamos diez, recibimos dos dólares de

   ____________________.
6. Siempre es buena idea ________________ el dinero que recibimos de la dependienta.
7. Lo contrario de retirar dinero del banco es ________________________ dinero.
8. Lo contrario de depositar el cheque es ________________________ el cheque.
9. Lo contrario de gastar dinero es ________________________ dinero o

   ________________________ dinero.
10. Lo contrario de perder dinero es ____________________ dinero. ¡Qué buena suerte!

Copyright © 2008 John Wiley & Sons, Inc.

Nombre ______________________ Fecha ______________ Clase ____________

7-12 Lee el anuncio y contesta las preguntas.

Reading hints: *Read the ad quickly, not stopping to look up words. Then read the ad again and underline all the words that you recognize.*

1. ¿Es fácil o difícil usar el cajero automático?

____

2. ¿Qué debes hacer primero?

____

CAJEROS AUTOMÁTICOS

Éste es el cajero más fácil de usar.

En la pantalla aparecen todas las opciones del menú.

Ud. debe insertar su tarjeta en la ranura y digitar su clave personal.

Luego debe seleccionar la opción que desea: retiro, depósito, pago, etc. y la cantidad a retirar o a pagar.

Es importante tener en cuenta los siguientes consejos:

no exponer su tarjeta a altas temperaturas

no doblar la tarjeta

no colocarla sobre ningún campo magnético

no anotar su clave personal en ella

3. Luego, ¿qué debes hacer?

____

4. ¿Cuáles son tres posibles opciones que da el menú?

____

5. ¿Cuáles son tres consejos para conservar la tarjeta en buenas condiciones?

____

Así se forma

4. Indefinite and negative words

7-13 Ernesto y Carlos son muy diferentes. Lee lo que hace Ernesto y lo que le gusta, y luego escribe sobre Carlos. Usa palabras de la lista.

nada	nadie	nunca	tampoco

Modelo: Ernesto siempre viene a visitarme.

Carlos nunca ______ viene a visitarme.

1. Ernesto me da algo para mi cumpleaños todos los años.

   Carlos no me da ______________________ para mi cumpleaños.

2. A Ernesto a veces le gusta tocar la guitarra.

   A Carlos ______________________ le gusta tocar la guitarra.

3. Ernesto siempre está hablando con alguien.

   A Carlos no le gusta hablar con ______________________.

4. A Ernesto no le gustan mucho las fiestas de la universidad.

   Pues a Carlos no le gustan las fiestas ______________________.

¿Quién es un mejor amigo, en tu opinión?

☐ Ernesto ☐ Carlos

Copyright © 2008 John Wiley & Sons, Inc.

Repaso general

7-14 Contesta las preguntas con oraciones completas.

1. La última vez (*last time*) que fuiste al centro, ¿qué lugares visitaste? ¿Qué hiciste allí?

____

2. ¿Compraste algo en un almacén o tienda? ¿Qué compraste y para quién?

____

3. ¿Comiste en un restaurante? ¿Qué pediste?

____

4. ¿Dormiste en un hotel? ¿Cuál?

____

7-15 Describe una ciudad interesante, incluyendo:

- lo que hay en el centro;
- tus lugares favoritos;
- el sistema de transporte.
- etc.

La ciudad que voy a describir es ______________________.

____

____

____

____

____

____

____

Copyright © 2008 John Wiley & Sons, Inc.

Check your answers with those given in the *Answer Key* and make all necessary corrections with a pen or pencil of a different color.

Nombre ______________________ Fecha ______________ Clase ____________

CAPÍTULO 8

De compras

Así se dice

De compras

8-1 **Crucigrama**

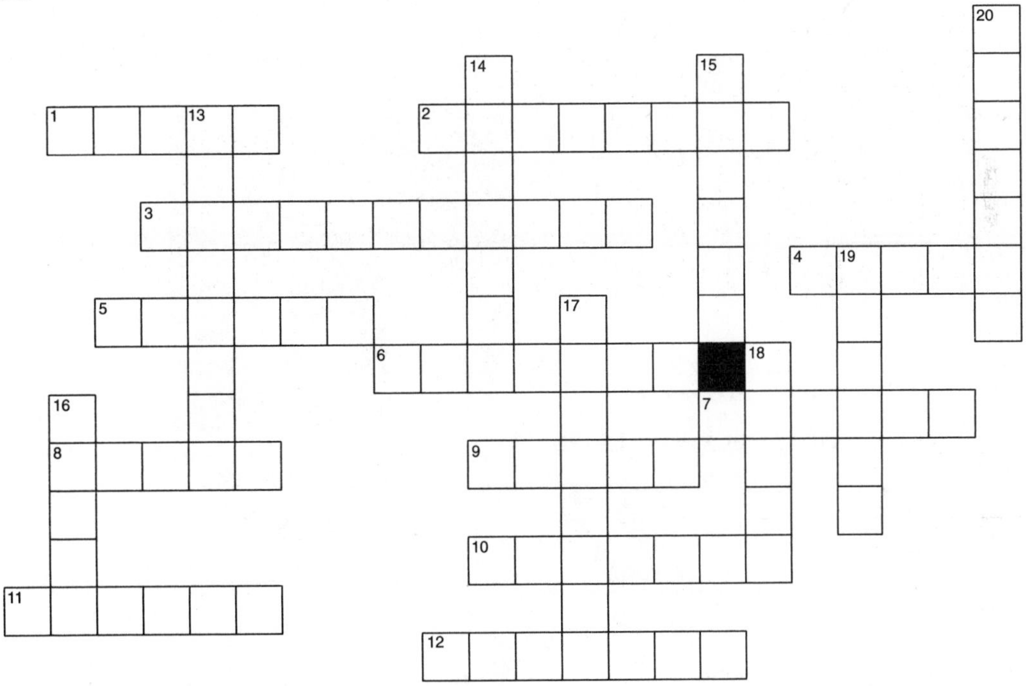

Horizontal

1. Donde las mujeres llevan su dinero, gafas, etc.
2. Necesitamos esto cuando llueve.
3. Tipo de abrigo que llevamos cuando llueve.
4. Lo contrario de **corto**.
5. Cuando hace mucho, mucho frío, debemos llevar un suéter y un...
6. Lo que las mujeres llevan a una fiesta muy elegante.
7. La joya que adorna el cuello (*neck*).
8. Lo que miramos para saber la hora.
9. Llevamos un par de éstas cuando nieva. No son zapatos.
10. A un restaurante elegante, los hombres llevan chaqueta y...
11. Las mujeres las llevan con vestidos y zapatos elegantes. No son calcetines.
12. Lo que llevamos en las manos cuando hace frío.

(continued on page WB 88)

Vertical

13. En la playa, las mujeres lo llevan en la cabeza (*head*) para protegerse del sol.
14. Llevamos un par de éstos todos los días. No son botas.
15. Las mujeres llevan blusa. Los hombres llevan...
16. Combinación de chaqueta y pantalones.
17. Frecuentemente es de cuero. Los hombres lo llevan con los pantalones.
18. Los jugadores de béisbol la llevan en la cabeza.
19. Una pequeña joya circular.
20. Los recibimos de la familia o de amigos para nuestro cumpleaños.

8-2 Lee el anuncio y completa el siguiente ejercicio.

1. Haz una lista de ocho palabras del anuncio que sean muy similares a su equivalente en inglés. Traduce las palabras al inglés.

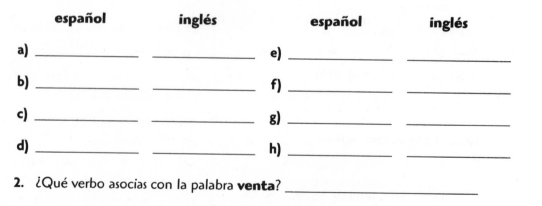

	español	**inglés**		**español**	**inglés**
a)	____________	____________	e)	____________	____________
b)	____________	____________	f)	____________	____________
c)	____________	____________	g)	____________	____________
d)	____________	____________	h)	____________	____________

2. ¿Qué verbo asocias con la palabra **venta**? ____________________

Copyright © 2008 John Wiley & Sons, Inc.

3. La tienda ofrece **venta** de smokings y **alquiler** de smokings. ¿Puedes adivinar (*guess*) lo que significa **alquiler** en inglés?

   alquiler = ______________________

4. La palabra **quinceañeras** es una combinación de dos palabras. ¿Cuáles son?

   ______________________ ______________________

   (**Quiceañeras** son muchachas que cumplen quince años. En México y en otros países del mundo hispano se celebra esta ocasión con una fiesta muy especial.)

5. El anuncio dice que el smoking del novio es **gratis** con grupos de seis o más. ¿Puedes adivinar lo que significa **gratis** en inglés?

   gratis = ______________________

6. ¿En qué tipo de ropa formal se especializa Lloyd's Formal Wear?

   ____

7. ¿Qué otras cosas ofrece?

   ____

8. ¿Te gusta llevar ropa formal?

   ____

Así se dice

La transformación de Carmen

8-3 Completa las oraciones con palabras apropiadas de esta sección.

1. La ______________________ puede ser extragrande, grande, mediana o pequeña.
2. Cuando no podemos ver bien, necesitamos ______________________ o ______________________.
3. Lo opuesto de limpio es ______________________.
4. Donde ponemos la ropa es el ______________________.
5. Algunas joyas caras son de ______________________ o ______________________.
6. La manga de una blusa o camisa puede ser ______________________ o ______________________.

8-4 Completa las oraciones con la forma correcta de los verbos siguientes.

buscar	mirar	ver

1. Cuando caminamos por el centro, siempre ______________________ a muchas personas.
2. Julia siempre ______________________ las joyas en el escaparate de la joyería La Perla con mucho interés.
3. No sabemos dónde está la estación de metro; vamos a ______________________ la.
4. Esta tarde vamos al cine a ______________________ una película.

Así se forma

1. Possessive adjectives and pronouns

8-5 Indica de quién son las siguientes cosas. Contesta las preguntas con **Sí**.

Modelo: Ese impermeable gris, ¿es de Susana?
Sí, es suyo.

1. Ese reloj, ¿es tuyo?
____
2. Esas gafas de sol, ¿son tuyas?
____
3. Ese bolso azul, ¿es de Anita?
____
4. Esa cartera negra, ¿es de Pedro?
____
5. Esas camisetas, ¿son de ustedes?
____

Copyright © 2008 John Wiley & Sons, Inc.

6. Esos sombreros de playa, ¿son de ustedes?

____

8-6 ¿Cómo se dice en español?

1. *A friend (f.) of mine is wearing my jacket.*

____

2. *Whose is this red umbrella? Is it yours (familiar)?*

____

3. *It's not mine. It's Ana's.*

____

4. *Her raincoat is here also.*

____

8-7 Dos hermanos quieren los mismos pantalones. Completa la conversación.

ANTONIO: ¡Estos pantalones son ____________________!

MIGUELITO: No son ____________________. ¡Son ____________________!

MAMÁ: Los pantalones no son (de ustedes) ____________________. ¡Es obvio que son de su papá!

Así se forma

2. The preterit of irregular verbs

8-8 Escribe preguntas con las siguiente información. Usa formas de **tú** y los verbos de la lista siguiente. Después de formar las preguntas, contéstalas.

estar	hacer	poder	saber	tener que	traer

Modelo: trabajar / hoy

¿Tuviste que trabajar hoy?

Sí, tuve que trabajar hoy. *o* No, no tuve que trabajar hoy.

1. la tarea / anoche

____

____

2. hablar con la profesora / ayer

____

____

3. los libros a clase / hoy

____

____

4. en alguna fiesta / el fin de semana pasado

____

____

5. trabajar / ayer

____

____

6. la nota que sacaste / en el último examen de español

____

____

Copyright © 2008 John Wiley & Sons, Inc.

Nombre ______________________ Fecha ______________ Clase ____________

8-9 Imagina que tú y tus amigos hicieron un viaje (*took a trip*) a las montañas. Narra la aventura. Escoge de la siguiente lista el verbo que corresponda a cada oración. Escribe la forma correcta del verbo (tiempo pretérito) en el espacio en blanco.

estar	hacer	poder	poner	tener	traer	venir

1. Un amigo mío ______________________ un viaje a las montañas el mes pasado.

   (Nosotros) ______________________ el mismo (*same*) viaje el sábado pasado.

2. De acuerdo con (*As per*) nuestros planes, mis amigos __________________ a mi apartamento a las ocho de la mañana.
3. Mis amigas Dulce y Ana ______________________ la comida y las bebidas.
4. (Yo) ______________________ nuestras mochilas, chaquetas y botas en el Jeep.
5. El primo de Dulce no __________________ venir. Se quedó (*He stayed*) en casa.
6. (Nosotros) ______________________ en las montañas caminando y explorando por unas seis o siete horas.
7. (Nosotros) ______________________ que regresar ese mismo día. En otra ocasión queremos acampar allí.

8-10 Lee el mensaje electrónico que Anita y Elena le escriben a Pablo. Luego, imagina que eres Pablo. Contesta las preguntas que tus amigas te hacen. ¡Sé creativo/a en tus respuestas!

De: Anita@ole.com, Elena@ole.com
Para: Pablo@ole.com
CC:
Asunto: Te esperamos

Querido Pablo:
Elena y yo estamos un poco preocupadas. ¿Dónde estuviste anoche? Te esperamos media hora y luego nos fuimos al centro sin ti. También llamamos a tu apartamento. ¿Tuviste alguna emergencia? ¿Adónde fuiste?

Tus amigas,
Anita y Elena

1. ______________________________

2. ______________________________

3. ______________________________

Así se forma

3. Indirect-object pronouns

8-11 Una tía tuya, muy generosa, les regaló a todos los miembros de la familia lo que pidieron. Indica lo que tu tía le regaló a cada persona.

Modelo: mi hermana / un abrigo

Mi tía le regaló un abrigo.

1. mi primo / una chaqueta ______________________________
2. mis padres / botas ______________________________
3. tú / un reloj ______________________________
4. mi hermana / una bolsa ______________________________
5. nosotros / suéteres ______________________________
6. yo / ¿...? ______________________________

Copyright © 2008 John Wiley & Sons, Inc.

Nombre ______________________ Fecha ______________ Clase __________

8-12 Indica lo que hiciste después de volver de un viaje. Escribe oraciones con las palabras indicadas e indica a qué persona le corresponde cada actividad. Usa el pronombre del complemento correcto.

Modelo: mostrar / el álbum de fotos a ______________.
Le mostré el álbum de fotos a mi mamá. o
Les mostré el álbum de fotos a mis papás.

1. regalar / una bolsa a ______________.

____

2. traer / una camiseta a ______________.

____

3. mandar / unos regalos a ______________.

____

4. mostrar / las fotos a ______________.

____

5. devolver / algo prestado (*borrowed*) a ______________.

____

6. contar / mis adventuras a ______________.

____

8-13 Imagina que es Navidad y que decidiste regalarles ropa a todos. Escribe lo que les vas a regalar a las siguientes personas.

1. A mi mamá le voy a regalar ______________________
2. A mis hermanos ______________________
3. A ti ______________________
4. A mi abuelito ______________________
5. A mi novia/o ______________________

Así se forma

4. Direct- and indirect-object pronouns combined

8-14 Piensa en qué personas te hicieron las cosas siguientes. Contesta las preguntas usando los pronombres de complemento directo e indirecto.

Modelo: ¿Quién te dio ese regalo? (mi amiga)
Me lo dio mi amiga.

1. ¿Quién te mandó ese paquete?
____

2. ¿Quién te escribió esa tarjeta postal?
____

3. ¿Quién te prestó esos binoculares?
____

4. ¿Quién te dio la cámara?
____

5. ¿Quién te contó lo que pasó anoche?
____

6. ¿Quién te dijo que hay una fiesta?
____

8-15 Natalia viajó al Perú. Escribió una lista de lo que va a hacer al volver a casa. Contesta las preguntas según la información de la lista.

Modelo: ¿Qué va a hacer ella con el poncho?
Va a regalárselo a Óscar.

1. ¿Qué va a hacer con los anillos?
____

2. ¿Qué va a hacer con la pulsera?
____

Al volver a casa...
regalar:
el poncho – Óscar
los anillos – Elena y Sonia
la pulsera – hermanita
mostrar:
las fotos de Cuzco – abuelos
el mapa de Perú – la profesora Serra
devolver:
la mochila – Juan
la cámara – mamá

Copyright © 2008 John Wiley & Sons, Inc.

3. ¿Qué va a hacer con las fotos de Cuzco?

____

4. ¿Qué va a hacer con el mapa de Perú?

____

5. ¿Qué va a hacer con la mochila?

____

6. ¿Qué va a hacer con la cámara?

____

8-16 Dos amigas hablan. Completa las oraciones.

MARÍA: Juanita, ¿quién _______ mandó las flores?

JUANITA: Alejandro _______ _______ mandó.

MARÍA: ¿Vas a mostrar _______ a tus papás?

JUANITA: Sí, _______ _______ voy a mostrar ahora mismo.

Repaso general

8-17 Contesta las preguntas con oraciones completas.

1. ¿Quién te regaló algo bonito? ¿Quién fue, y qué te regaló?

____

2. ¿Le compraste a tu madre un regalo de cumpleaños? ¿Qué?

____

3. La última vez que hablaste con tu mamá, ¿le contaste algunos incidentes de tu vida universitaria?

____

4. Hablando de tu vida universitaria... ¿Dónde estuviste anoche?

____

5. ¿Qué hiciste el fin de semana pasado?

____

6. ¿Qué tuviste que hacer ayer?

____

8-18 Inés y Camila van a la fiesta de cumpleaños de Carmen.

Describe:

- la ropa que llevan;
- lo que hicieron en preparación para la fiesta (**comprarle**, **hacerle**...);
- lo que hacen ahora;
- lo que hacen en la fiesta (**darle**, **decirle**,...).

____

____

____

____

____

____

____

Copyright © 2008 John Wiley & Sons, Inc.

Check your answers with those given in the Answer Key and make all necessary corrections with a pen or pencil of a different color.

Nombre ______________________ Fecha ______________ Clase __________

CAPÍTULO 9 La salud

Así se dice

La salud

9-1 **Crucigrama**

Horizontal

1. Lo contrario de **pararse** (*to stand up*).
2. Lo contrario de **salir** de un lugar.
3. El cuarto en el hospital donde se queda el paciente.
4. Persona enferma que va al consultorio de la médica.
5. Se pone en la parte herida del cuerpo (*body*) para darle protección.
6. Se usan para caminar cuando una persona tiene fractura o lleva yeso.
7. Porción grande del aparato digestivo, entre el esófago y el intestino.
8. Profesional que va en las ambulancias y ayuda (*helps*) a las víctimas de accidentes, ataques cardíacos, etc.
9. Sirve para dormir o descansar, en casa, en el hospital o en un hotel.
10. Órganos de la respiración de los humanos y de ciertos animales.
11. El acto de ponerse (*to become*) enfermo.

(continued on page WB 100)

Vertical

5. Virus que se inocula para que la persona no contraiga una enfermedad.
12. Efecto de inyectar.
13. Durante los nueve meses antes del nacimiento (*birth*) de un bebé, la mujer está...
14. Vehículo destinado al transporte de heridos o enfermos.
15. Se usa para tomar la temperatura.
16. Perforación en un cuerpo vivo, que con frecuencia produce sangre.
17. Órgano impulsor de la circulación de la sangre.
18. El acto de sentirse (*feel*) intranquilo o preocupado, por ejemplo, antes de un examen.

Así se dice

El cuerpo humano

9-2 Completa las oraciones con palabras apropiadas de esta sección.

1. El elefante "Dumbo" tiene las ______________________________ muy grandes.
2. Pinocho tiene una ______________________________ muy larga.
3. Para hablar y comer usamos la ______________________________.
4. El dentista nos limpia los ______________________________.
5. Para besar usamos los ______________________________.
6. Para ver usamos los ______________________________.
7. Para tocar el piano usamos las ______________________________ y los ______________________________.
8. Para levantar pesas usamos los ______________________________.
9. Para correr usamos las ______________________________ y los ______________________________.

Copyright © 2008 John Wiley & Sons, Inc.

Así se forma

1. *Ud./Uds.* commands

9-3 Eres médico/a y algunos de tus pacientes tienen problemas. Selecciona y escribe la recomendación apropiada para cada uno en forma de **usted**, según el anuncio siguiente.

1. Pablo Fernández fuma mucho: Señor Fernández, no consuma...
____

2. A María Luisa Roldán le gusta tomar mucho vino y cerveza: ______________
____

3. A Camila Rodríguez le encanta tomar el sol: ______________
____

4. A Francisco Peña le gusta consumir comida "rápida" y comida frita; está un poco gordo: ______________________________

____

5. A Lolita Serrano le gusta ir a muchas fiestas y salir con una variedad de compañeros:

____

____

9-4 Tu profesor/a está enfermo/a. Recomiéndale lo que debe y no debe hacer, usando la forma **usted**.

Modelo: trabajar No trabaje mucho.

1. volver ______________________________
2. descansar ______________________________
3. beber ______________________________
4. tomar ______________________________
5. acostarse ______________________________
6. venir ______________________________
7. hacer una cita ______________________________

9-5 Eres el/la gerente (*manager*) de un almacén. Diles a los empleados lo que deben o no deben hacer.

Modelo: no levantarse tarde
No se levanten tarde.

1. llegar al trabajo a tiempo

____

2. traer su almuerzo o...

____

3. almorzar en la cafetería del almacén

____

4. repetir: "No se puede fumar en el almacén."

____

Copyright © 2008 John Wiley & Sons, Inc.

5. quedarse en el almacén todo el día

____

6. no salir antes de las cinco de la tarde

____

7. poner la ropa en los escaparates todas las mañanas

____

8. hacer su trabajo de una manera eficiente

____

9. no preocuparse del salario

____

10. hablar conmigo si hay problemas

____

Así se dice

Tu salud

9-6 Indica los síntomas para cada una de las siguientes enfermedades de a lista. Se puede repetir síntomas.

cansancio (se cansa)	dolor de estómago	escalofríos	náuseas
congestión nasal	dolor de garganta	estornudar	tos
dolor de cabeza	diarrea	fiebre	vómitos

1. Problemas estomacales y del sistema digestivo: ____

____

____

2. Gripe: ____

____

3. Alergias: ______________________________

4. Resfriado y bronquitis: ______________________________

____

9-7 Lee el aviso y contesta las preguntas.

1. En la frase, "**pastillas**... para gargantas irritadas...", ¿puedes adivinar lo que significa en inglés la palabra **pastillas**?

pastillas = ______________________

Copyright © 2008 John Wiley & Sons, Inc.

2. En la frase, "En deliciosos **sabores** concentrados: Miel-limón, Mentol-eucalipto, Cereza...", ¿qué significa en inglés la palabra **sabores**?

sabores = ______________________

3. En la frase, "*Robitussin* **ayuda** a **aliviar** las irritaciones causadas por gripe o resfriado...", ¿qué significan en inglés las palabras **ayuda** y **aliviar**?

ayuda = ______________________ aliviar = ______________________

4. ¿Para qué tipo de dolor o irritación son las pastillas de *Robitussin*?

____

5. ¿Qué sabores ofrecen (*do they offer*)?

____

6. ¿Cuáles son algunas de las causas de la irritación de garganta?

____

Así se forma

2. The imperfect

9-8 Indica lo que ocurría cuando pasabas los veranos en un lugar específico. Completa las oraciones con la forma correcta del verbo en el imperfecto.

Voy a escribir sobre los veranos que yo pasaba en ______________________ (lugar).

1. (Yo) siempre ______________________ (dormir)... ______________________

____

2. Todos los días, mi hermano/a y yo ______________________ (correr)... y ______________________ (jugar)... ______________________

3. A veces nosotros ______________________ (comer)... ______________________

____

4. Muy frecuentemente, mi mamá/mi papá ______________________ (llamar)...

____

5. El verano en este lugar siempre ______________________ (ser)... __________

____

9-9 Indica lo que hacías o no antes, y lo que haces o no ahora, y si es mejor (*better*) o peor (*worse*) para la salud.

1. Antes (comer)... ______________________________.

   Ahora... ______________________________.

   ☐ Es mejor para la salud. ☐ Es peor para la salud.

2. Antes (tomar)... ______________________________.

   Ahora... ______________________________.

   ☐ Es mejor para la salud. ☐ Es peor para la salud.

3. Antes (dormir)... ______________________________.

   Ahora... ______________________________.

   ☐ Es mejor para la salud. ☐ Es peor para la salud.

4. Antes (pasar)... ______________________________.

   Ahora... ______________________________.

   ☐ Es mejor para la salud. ☐ Es peor para la salud.

Así se forma

3. The imperfect vs. the preterit

9-10 Indica lo que pasaba frecuentemente en la rutina de la enfermera y lo que pasó en ciertas ocasiones. Completa las oraciones usando el pretérito o el imperfecto según la situación. Por último, indica por qué pasó cada evento.

1. Todas las mañanas la enfermera ______________ (hablar) con los pacientes. Pero ayer no ______________ (hablar) con nadie porque...
   ____

2. Siempre ______________ (despertar) a los pacientes a las seis y media de la mañana. Pero esta mañana los ______________ (despertar) a las nueve y media porque... ______________________________

3. Con frecuencia ______________ (tomarles) la temperatura a los pacientes. Hoy ______________ (tomarles) la presión arterial porque... ______________________________

Copyright © 2008 John Wiley & Sons, Inc.

4. Casi nunca ______________________ (ponerles) inyecciones a los pacientes. Pero ayer ______________________ (ponerle) una inyección a uno porque...
____

5. Normalmente ______________________ (salir) del trabajo a las diez, pero anoche ______________________ (salir) a las ocho porque... ______________
____

9-11 Narra la historia de esta niña y de su abuela. Completa las oraciones con los verbos en el pretérito o en el imperfecto según el contexto.

1. ______________________ (ser) una tarde bonita.
2. ______________________ (hacer) sol.
3. ______________________ (ser) las cinco de la tarde.
4. Una niña ______________________ (caminar) por el bosque.
5. ______________________ (llevar) un vestido rojo y una bolsa grande.
6. ______________________ (ir) a la casa de su abuela todos los sábados para visitarla.
7. Aquel sábado, cuando ______________________ (llegar) a la casa de su abuela, la niña ______________________ (abrir) la puerta y ______________________ (entrar) en la casa.
8. Su abuela ______________________ (estar) en la cama durmiendo y esperaba a la niña.
9. ¡Ay! ¡Su abuela ______________________ (tener) la nariz muy grande y la boca enorme con muchos dientes!
10. La niña ______________________ (tener) miedo y ______________________ (salir) de la casa corriendo.

¿Sabes cómo se llama esta historia? ______________________________

9-12 Completa las preguntas con la forma correcta del verbo, y luego contéstalas según la historia de la niña y el lobo (*wolf*). Refiérete al ejercicio 9–11.

1. ¿Qué ______________________ (hacer) el lobo allí?

   ____

2. ¿______________________ (dormir) el lobo cuando la niña ______________________ (llegar)?

   ____

3. ¿Qué ______________________ (hacer) la niña cuando ______________________ (ver) el lobo?

   ____

Así se forma

4. *Hacer* in time constructions

A. *Hacer* to express how long an action has been going on

9-13 ¿Cuánto tiempo hace que los estudiantes hacen las cosas siguientes?

Modelo: Esteban empezó a dormir a las 12:00. Ahora son las 3:00.
Hace tres horas que Esteban duerme.
☐ Es mucho tiempo. ☒ Es poco tiempo.

1. Natalia empezó a ver videos a las 10:00. Ahora son las 10:40.

   ____

   ☐ Es mucho tiempo. ☐ Es poco tiempo.

2. Nosotros empezamos a hablar por teléfono a las 2:15. Ahora son las 2:40.

   ____

   ☐ Es mucho tiempo. ☐ Es poco tiempo.

3. Empecé a estudiar para un examen de biología el jueves. Ahora es sábado.

   ____

   ☐ Es mucho tiempo. ☐ Es poco tiempo.

Copyright © 2008 John Wiley & Sons, Inc.

4. Los estudiantes empezaron a estudiar español en septiembre. Ahora es noviembre.

____

☐ Es mucho tiempo. ☐ Es poco tiempo.

B. *Hacer* to express *ago*

9-14 A un amigo se le rompió la pierna. Pregúntale cuánto tiempo hace ocurrieron las siguientes cosas, y escribe las respuestas de él.

Modelo: ir a la sala de emergencia

TÚ: ¿Cuándo fuiste a la sala de emergencia?

ÉL: Fui hace dos meses.

1. fracturarte la pierna

TÚ: ______________________________

ÉL: ______________________________

2. el médico / ponerte el yeso

TÚ: ______________________________

ÉL: ______________________________

3. aprender a usar las muletas

TÚ: ______________________________

ÉL: ______________________________

4. el médico / quitarte el yeso

TÚ: ______________________________

ÉL: ______________________________

5. el médico / sacarte la última radiografía

TÚ: ______________________________

ÉL: ______________________________

6. empezar el programa de fisioterapia

TÚ: ______________________________

ÉL: ______________________________

Repaso general

9-15 Contesta las preguntas con oraciones completas.

1. Cuando eras niño/a, ¿quién era tu médico/a? ¿Cómo era? ¿En qué ocasiones lo/la veías?

____

____

2. ¿Qué instrucciones te daba tu médico/a? (mandatos de **usted**)

____

3. Cuando eras niño/a, ¿qué hacías durante los veranos?

____

4. Cuando estabas en la escuela secundaria, ¿qué hacías cuando no estabas estudiando?

____

5. ¿Hace cuánto tiempo que empezaste a estudiar español?

____

6. ¿Hace cuánto tiempo que vives en la misma ciudad?

____

9-16 Describe la escena. Usa el imperfecto y el pretérito e incluye:

- dónde estaban los estudiantes;
- qué estación era (probablemente) y qué tiempo hacía;
- qué hora era probablemente;
- descripción de los estudiantes y del lugar;
- lo que ellos (y el perro) hacían;
- y la serie de acciones que ocurrieron después de que empezó a llover.

¡Usa la imaginación!

Copyright © 2008 John Wiley & Sons, Inc.

Check your answers with those given in the *Answer Key* and make all necessary corrections with a pen or pencil of a different color.

Nombre ____________________ Fecha ______________ Clase __________

CAPÍTULO 10

Así es mi casa

Así se dice

Así es mi casa

10-1 Crucigrama

Horizontal

1. Un tipo de sillón largo que se encuentra en la sala.
2. El aparato que da luz. Lo ponemos en la mesa o en el escritorio.
3. El aparato en la cocina que conserva comida a baja temperatura.
4. Una silla muy grande y confortable.
5. El aparato en que vemos programas de televisión.
6. El mueble en que dormimos.
7. El lugar de la casa donde hacemos fuego cuando hace frío.
8. El cuarto o dormitorio donde dormimos.
9. Lo que divide o separa los cuartos de la casa.
10. El cuarto donde encontramos el inodoro y la bañera.
11. El cuarto donde comemos, especialmente en ocasiones formales.
12. Lo que se usa con agua para lavarse las manos.
13. El lugar donde estacionamos el carro.
14. Cristal en que se reflejan los objetos.
15. La parte de la casa que la cubre (*covers it*) y la protege de la lluvia.
16. Una pintura que ponemos en la pared.
17. Lo contrario de **bajar**.

Vertical

1. El cuarto donde descansamos, hablamos con nuestros amigos o vemos la tele.
5. Lo que usamos para secarnos después de salir de la ducha o de la bañera.
6. Lo que ponemos en las ventanas para decorarlas.
7. El mueble donde guardamos calcetines, ropa interior, camisetas, etc.
18. El lugar donde guardamos los trajes, los pantalones, los vestidos, las camisas, etc.
19. Cuando no queremos poner agua en la bañera, podemos tomar una...
20. Lo que ponemos en el suelo para cubrirlo o decorarlo.
21. El mueble donde guardamos libros, el televisor, etc.
22. Lo que usamos para subir del primer piso al segundo.
23. Donde ponemos la alfombra. Sinónimo de **piso**.
24. Está en el baño. Lo usamos varias veces todos los días.

(continued on pages WB 114–115)

Copyright © 2008 John Wiley & Sons, Inc.

Nombre ______________________ Fecha ______________ Clase ____________

25. El cuarto donde cocinamos.

26. Lo contrario de **subir**.

27. Donde nos lavamos las manos y la cara.

28. El lugar en el baño donde nos bañamos.

29. En la cocina, donde lavamos los platos.

10-2 Primero, escribe el nombre del objeto. Luego, escribe dos palabras (bebidas, comidas, etc.) que asocias con el objeto.

Modelo: la copa
el vino
el champán

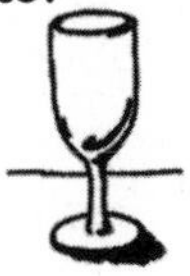

1. 

____

____

____

2. 

____

____

____

3. 

____

____

____

4. 

____

____

____

5. 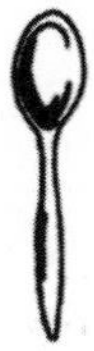

____

____

____

6. 

____

____

____

Así se dice

En el hogar

10-3 Completa las oraciones con palabras de esta sección para saber cómo es el apartamento de José.

1. Yo no tengo casa, por eso debo ______________________ un apartamento.
2. La ______________________ de mi apartamento es una señora muy simpática.
3. Me gusta el lugar y no tengo deseos de ______________________.
4. Para lavar debo ir al sótano donde están la ______________________ y la ______________________.
5. Hay un pequeño ______________________ con flores frente al edificio.
6. No tengo muchos ______________________, pero el sofá es muy cómodo. Es mi cama también.
7. Estoy acostumbrado a los ______________________ de los coches y de las personas porque estoy en el primer piso.
8. Cuando llego de la universidad por la noche, ______________________ el radio y hago la cena. Después estudio o hablo con amigos. No está mal mi apartamento.

Así se dice

Los quehaceres domésticos

10-4 Cuando tú eras estudiante de la escuela secundaria, ¿quién hacía los siguientes quehaceres?

Modelo: hacer las compras

Mi madre hacía las compras.

1. lavar el coche

____

2. limpiar los baños

____

Copyright © 2008 John Wiley & Sons, Inc.

3. quitar la mesa

____

4. cortar el césped

____

5. darle comida al perro/gato

____

10-5 ¿Qué hiciste en el apartamento antes de la llegada de tu novio/a? Combina el verbo de la columna **A** con la información correspondiente de la columna **B**. Luego, escribe una oración completa con el verbo en el pretérito.

	A	B
1.	pasar	las camas
2.	hacer	los platos
3.	sacar	a preparar la cena
4.	lavar y secar	la mesa
5.	poner	el estéreo
6.	apagar	la basura
7.	prender	el televisor
8.	empezar	la aspiradora

1. Pasé la aspiradora.
2. ____
3. ____
4. ____
5. ____
6. ____
7. ____
8. ____

10-6 Lee el siguiente anuncio y luego contesta las preguntas.

Electrodomésticos San Rafael

Venga y visite el centro más grande de electrodomésticos en San Rafael de Dos Ríos. Le ofrecemos todo lo que su hogar requiere. Contamos con la más amplia variedad de:

Lavadoras	*Cafeteras eléctricas*
Secadoras	*Tostadores*
Refrigeradores	*Extractores de jugo*
Microondas	*Licuadoras*
Hornos	*Batidoras*
Lavaplatos	*Aspiradoras*

y cualquier aparato eléctrico imaginable para sus necesidades en el hogar. Llámenos, escríbanos o visítenos.

Calle Santa Lucía 165,
Teléfono 231-777-0909
Correo electrónico electromesticos@ole.com

1. Las batidoras son aparatos eléctricos que mezclan (*mix*) los ingredientes para hacer pasteles, pan, etc. ¿Cuál es el equivalente en inglés?

 ____

2. Si te gusta tomar café, ¿qué debes comprar? ______________________________

3. Te gusta el pan tostado. ¿Qué debes comprar? ______________________________

4. Tu casa o apartamento tiene alfombras que necesitan limpieza. Probablemente necesitas una ______________________________ nueva.

5. ¿Qué electrodoméstico necesitas para licuar unos tomates?

 ____

6. Tu mejor amigo/a compra una nueva casa. ¿Qué electrodoméstico le puedes comprar como regalo y por qué?

 ____

 ____

Copyright © 2008 John Wiley & Sons, Inc.

Así se forma

1. *Tú* commands

A. Affirmative *tú* commands

10-7 Una abuela le da consejos (*advice*) a su hijo, quien acaba de tener su primer niño. ¿Qué debe hacer él para ser buen padre? Escribe mandato de **tú** con cada verbo y termina las oraciones.

Modelo: Abrazarlo...
Abrázalo frecuentemente.

1. pasar tiempo con él...
____

2. jugar...
____

3. leerle...
____

4. enseñarle...
____

5. tener paciencia...
____

6. decirle...
____

B. Negative *tú* commands

10-8 Según las declaraciones de tu compañero/a de apartamento, dile lo que *no* debe hacer. Escribe un mandato negativo en la forma de **tú**. Escoge el verbo apropiado de la lista.

comértelo devolverlo irte lavarla tomarlas usarlo

Modelo: El estéreo no funciona.
No lo uses.

1. Hace más de un mes que el pollo frito está en el refrigerador.
____
2. Las cervezas en el refrigerador son un regalo para mi papá.
____
3. Quiero ver otra vez el video que alquilamos.
____
4. La ropa que está encima de la lavadora está limpia.
____
5. Regreso a las ocho y tengo una sorpresa para ti.
____

10-9 Indícale a tu compañero/a de cuarto lo que debe y no debe hacer para sacar buenas notas en la universidad. Escribe un mandato negativo y otro afirmativo.

Modelo: volver a la residencia...
No vuelvas tan tarde.
Vuelve antes de las once de la noche.

1. levantarte...
No _______________. _______________.
2. apagar...
No _______________. _______________.

Copyright © 2008 John Wiley & Sons, Inc.

3. poner...

   No ______________________. ______________________.

4. ir...

   No ______________________. ______________________.

5. trabajar...

   No ______________________. ______________________.

Así se forma

2. The present perfect

10-10 Elena va a pasar la tarde con Carmencita, la hija de su amiga. Para planear las actividades que van a hacer, le pregunta a Carmencita qué cosas ya ha hecho. Forma las preguntas que Elena le hace a la niña. Por último, decide cuál es la respuesta probable de la niña.

Modelo: ver la película *Buscando a Nemo*

¿Has visto la película Buscando a Nemo? ☒ Probable. ☐ Improbable.

1. ir al parque

   ______________________ ☐ Probable. ☐ Improbable.

2. ver un elefante en el zoológico

   ______________________ ☐ Probable. ☐ Improbable.

3. comer en un restaurante guatemalteco

   ______________________ ☐ Probable. ☐ Improbable.

4. leer algún libro de *Harry Potter*

   ______________________ ☐ Probable. ☐ Improbable.

5. bailar el tango

   ______________________ ☐ Probable. ☐ Improbable.

6. hacer burbujas (*bubbles*) de colores

   ______________________ ☐ Probable. ☐ Improbable.

10-11 Una niña tenía que hacer ciertas cosas que le pidió su madre. Escribe las preguntas de la madre y las respuestas de la niña. Usa pronombres directos cuando sea posible.

Modelo: ordenar tu cuarto

MADRE: ¿Has ordenado tu cuarto?

NIÑA: Sí, lo he ordenado.

cepillarte el pelo

MADRE: ¿Te has cepillado el pelo?

NIÑA: No, no me lo he cepillado.

1. sacar la basura

   MADRE: ____________________

   NIÑA: ____________________

2. hacer la cama

   MADRE: ____________________

   NIÑA: ____________________

3. terminar los ejercicios de matemáticas

   MADRE: ____________________

   NIÑA: ____________________

4. lavarte las manos

   MADRE: ____________________

   NIÑA: ____________________

5. cepillarte los dientes

   MADRE: ____________________

   NIÑA: ____________________

6. ponerte los zapatos

   MADRE: ____________________

   NIÑA: ____________________

¿Es obediente la niña? ☐ Sí ☐ No

Copyright © 2008 John Wiley & Sons, Inc.

Así se forma

3. The past perfect

10-12 Las siguientes personas hablan de su viaje (*trip*) a España. ¿Qué cosas no habían hecho antes del viaje? Crea oraciones usando el pasado perfecto y el vocabulario indicado.

Modelo: Carlos / decir / nunca ver...
Carlos dijo que nunca había visto una corrida de toros.

el museo de Picasso	euros	sangría	una paella

1. mis amigos / decir / nunca comer...

   ____

2. nosotros / decir / nunca visitar...

   ____

3. tú / decir / nunca tomar...

   ____

4. yo / decir / nunca usar...

   ____

4. Comparisons of equality and inequality and the superlative

A. Comparisons of equality

10-13 Completa las oraciones con comparaciones de igualdad para saber de qué hablan dos compañeros. Usa las expresiones de la lista.

tan... como	tanto/a/os/as... como	tanto como

LUIS: Este semestre ha sido imposible. No sé cómo voy a sobrevivir (*survive*) los exámenes finales.

ARMANDO: Pues, en mis clases daban ______________ tarea y ______________ pruebas como en las tuyas, pero los profesores míos no son ______________ estrictos ______________ los tuyos.

LUIS: Sí, no es justo. Yo estudio ______________ ______________ tú y mis notas frecuentemente son inferiores.

ARMANDO: Es cierto que trabajas ______________ ______________ yo, o aun más que yo.

LUIS: Estoy preocupado porque el examen de química va a ser ______________ difícil ______________ el de física, ¡y los dos son el mismo día!

ARMANDO: Pues, mi problema es que tengo ______________ exámenes finales ______________ tú y no he empezado a estudiar. Pero en este momento creo que no debemos preocuparnos de los exámenes ni de las notas. ¿Quieres ir al cine esta noche?

Copyright © 2008 John Wiley & Sons, Inc.

B. Comparisons of inequality

10-14 Compara las dos casas que están de venta. Usa comparaciones de desigualdad (**más/menos...**) y comparaciones de igualdad según la situación.

A.

SE VENDE CASA
Excelente ubicación, a dos cuadras de la universidad. 4 dormitorios, 2 baños, 2 salas, cocina, comedor, garaje doble, terraza, jardín.
Área: 600 mtrs^2
$250.000 US Informes: 234-1622

B.

Se vende casa
Excelente ubicación, a tres cuadras de la Universidad Nacional.
3 dormitorios, $2^1/2$ baños, 2 salas, cocina, comedor, garaje doble, terraza, jardín. Área: 525 mtrs^2
$175.000 US Informes: 234-1622

1. (estar / cerca)

La casa A ____________ ____________ ____________ de la universidad ____________ la casa B.

2. (tener / habitaciones)

La casa A ____________ ____________ ____________ ____________ la casa B.

3. (tener / baños)

La casa A ____________ ____________ ____________ ____________ la casa B.

4. (tener / salas)

La casa A ____________ ____________ ____________ ____________ la casa B.

5. (ser / grande)

El garaje de la casa A ____________ ____________ ____________ ____________ el garaje de la casa B.

6. (ser / grande)

La casa A ____________ ____________ ____________ ____________ la casa B.

7. (ser / cara)

La casa A ____________ ____________ ____________ ____________ la casa B.

C. The superlative

10-15 Contesta las preguntas, usando formas del superlativo.

1. ¿Quién es la persona mayor de tu familia? ¿Cuántos años tiene?

____

____

2. ¿Quién es la persona menor de tu familia? ¿Cuántos años tiene?

____

____

3. ¿Quién es la persona más interesante de tu familia? ¿Por qué?

____

____

4. ¿Quién es el/la mejor profesor/a de tu vida académica? ¿Por qué?

____

____

5. ¿Cuál ha sido la mejor/ peor experiencia académica de tu vida?

____

____

6. ¿Cuál ha sido la mejor/ peor experiencia personal de tu vida?

____

____

Copyright © 2008 John Wiley & Sons, Inc.

Nombre ______________________ Fecha ______________ Clase __________

Repaso general

10-16 Contesta las preguntas con oraciones completas.

1. ¿Qué cosas interesantes habías hecho antes de venir a esta universidad?

____

2. ¿Habías estudiado español antes de venir a esta universidad?

____

3. ¿Qué cosas interesantes has hecho este semestre/ trimestre?

____

4. ¿Tomas tantas unidades este semestre/ trimestre como en el anterior?

____

5. ¿Es tu clase de español más o menos difícil que tus otras clases?

____

6. ¿Has visto una película interesante recientemente? ¿Cuál?

____

7. En tu opinión, ¿cuál es la mejor película del año?

____

8. En el futuro, ¿qué tipo de casa deseas comprar?

____

9. ¿Cuál de los quehaceres domésticos te disgusta más hacer? ¿Hay alguna que te gusta hacer?

____

10-17 Escribe un párrafo sobre la escena. Usa la imaginación y explica:

- lo que hay en la sala familiar;
- lo que hace la madre/ el padre/ el hijo;
- lo que cada persona ha hecho (probablemente) esta semana;
- lo que había hecho el hijo antes de ver la tele.

Check your answers with those given in the *Answer Key* and make all necessary corrections with a pen or pencil of a different color.

Nombre ____________________ Fecha ______________ Clase ____________

CAPÍTULO

11 Amigos y algo más

Así se dice

Amigos y algo más

11-1 **Crucigrama**

Horizontal

1. El viaje de los recién casados es la luna de...
2. Sinónimo de congregarse. Verse en una reunión.
3. Cuando una pareja decide casarse y el hombre le presenta un anillo a la mujer.
4. Etapa de la vida entre la niñez y la madurez.
5. La condición de una mujer antes de dar a luz a un bebé.
6. La reunión de dos personas a una hora predeterminada.
7. Lo que hacemos cuando estamos tristes y líquido sale de los ojos.
8. El acto de llegar al mundo.
9. Un hombre muy viejo.
10. Etapa de la vida entre el nacimiento y la niñez.
11. Terminar la relación = ...con la persona.

(continued on page WB 130)

Vertical

1. Término de la vida.
3. El acto oficial de unir dos vidas.
12. La última etapa de la vida, antes de la muerte.
13. Casamiento y fiesta que lo solemniza.
14. Sinónimo de **esposo**.
15. Despertarse en uno el sentimiento y la pasión del amor.
16. Dos personas unidas en el sentimiento.
17. Sentir la ausencia de una persona.
18. Etapa de la vida entre la infancia y la adolescencia.

11-2 Lee la noticia sobre una boda que ocurrió en un puente (*bridge*) fronterizo (*border*) entre México y los Estados Unidos. Luego, contesta las preguntas con oraciones completas.

Boda en puente fronterizo entre México y EE.UU.

NUEVO LAREDO, MÉXICO, ABRIL 28.

Para demostrar que al amor no lo detienen fronteras, dos jóvenes van a casarse hoy, con mariachis y todo, en medio del puente internacional que une las ciudades norteamericana de Laredo y mexicana de Nuevo Laredo.

Los protagonistas son Mark Felder, norteamericano de 21 años que vive en Laredo, y María Elena Gutiérrez, mexicana de 16 años que vive en Nuevo Laredo y que va a llegar a la mitad del puente con el típico y largo vestido blanco.

El origen de este hecho está en que, como María Elena es menor, necesita la presencia de sus padres para casarse en Laredo, pero las autoridades estadounidenses les niegan visas a ella y toda su familia.

A su vez, como la jovencita pretende vivir con su esposo en Laredo, la boda tiene que ser del lado estadounidense. De esa manera, el consulado en Nuevo Laredo autorizó el casamiento en la frontera del puente y será reconocido por las autoridades norteamericanas.

Ahora, sí que un mínimo paso en falso... y tendrán que vivir del lado mexicano.

1. ¿Qué significan las siguientes palabras?

demostrar = ____________________ presencia = ____________________

detienen = ____________________ autoridades = ____________________

une = ____________________ autorizó = ____________________

2. ¿Quiénes son los protagonistas de esta noticia?

____

Copyright © 2008 John Wiley & Sons, Inc.

3. ¿De qué nacionalidad es él? ¿Y ella?

____

4. ¿Cuántos años tiene él? ¿Y ella?

____

5. ¿Pueden los padres de María Elena obtener visas para entrar a los EE.UU.?

____

6. ¿Autorizó el consulado el casamiento en la frontera?

____

7. ¿Qué simboliza el acto de casarse en la frontera entre dos países? ¿Te gusta la idea?

____

Así se dice

Hablando del amor...

11-3 Complete la descripción de Damián y Lola con palabras o expresiones de la lista.

acordarse de	olvidarse de	tener celos
amor a primera vista	quejarse	tratar de
cariñoso/a	reírse de	viudo/a
comprensivo/a	soltero/a	

1. Damián era ______________. Su esposa había muerto (*had died*) hacía dos años.
2. Lola era ______________. Nunca se había casado.
3. Cuando los dos se conocieron (*met each other*), fue ______________.
4. Damián es un marido ideal. Siempre ______________ las fechas importantes, como el cumpleaños de Lola.
5. No ______________ cuando Lola va de compras y gasta mucho dinero.

6. Lola también es ejemplar. Siempre ______________________ los chistes (*jokes*) de Damián.

7. No se enoja cuando Damián ______________________ de lavar los platos.

8. No ______________________ cuando Damián dice que las amigas de Lola son muy guapas.

9. Ella es muy ________________. Siempre le gusta abrazar a Damián.

10. Él es muy ________________. Entiende los sentimientos de ella.

11. Los dos ________________ resolver los problemas, en vez de ignorarlos.

Así se forma

1. Reciprocal constructions

11-4 Lee el mensaje que Lidia le mandó a su amiga Elena. Luego, escribe una lista de lo que pasó en la aventura amorosa de Lidia y Renato. Hay diez pasos (acciones) en total.

De: Lidia@ole.com
Para: Elena@ole.com
CC:
Asunto: buenas noticias

Querida Elena:
Me preguntaste si me divertí durante las vacaciones de primavera... Pues, el viaje en crucero° fue fenomenal. Además, creo que ¡conocí al amor de mi vida! Se llama Renato. Nos vimos por primera vez en el gimnasio del crucero, y luego nos encontramos por casualidad en la piscina° donde nos pasamos toda la tarde hablando. Esa noche bailamos a la luz de la luna y nos besamos. Los próximos días exploramos juntos varias islas del Caribe. Al final del viaje, nos despedimos con un fuerte abrazo y decidimos comunicarnos todos los días. Vamos a reunirnos muy pronto en la ciudad de Nueva York. Te cuento más esta tarde.

Abrazos,
Lidia

° *cruise*
° *swimming pool*

1. Lidia conoció a Renato.
2. Se vieron...
3. ______________________
4. ______________________

Copyright © 2008 John Wiley & Sons, Inc.

5. ____

6. ____

7. ____

8. ____

9. ____

10. ____

11-5 Alex y Elena hablan de la relación entre Tom y Teresa, dos amigos suyos. Completa las oraciones. Usa el pretérito o el imperfecto de los verbos entre paréntesis, según el contexto.

ALEX: Cuando Tom y Teresa ______________ (ser) novios, siempre ______ ______________ (llevarse) bien. ______ ______________ (quererse) mucho.

ELENA: Sí, y dos años después de conocerse, ______ ______________ (casarse). ¡Qué bonita ______________ (ser) la boda!

ALEX: Pero... ¿Qué pasó? ¿______ ______________ (divorciarse)?

ELENA: No. Creo que ______________ (tener) un desacuerdo (*disagreement*) muy grande y ______ ______________ (separarse) por dos o tres meses. Pero ______________ (resolver) sus problemas y ahora están juntos.

ALEX: Me alegro (*I'm glad*). Son una pareja ideal.

¿Conoces a alguna pareja que se separó pero luego resolvieron sus problemas? ☐ Sí ☐ No

Así se dice

Para estar en contacto: Las llamadas telefónicas

11-6 Completa con palabras adecuadas de esta sección.

1. Cuando una persona no está en la casa, otro persona le deja esto en un papel.

 ____

2. Lo que se dice en muchos países al contestar el teléfono. ________________
3. Los primeros tres números del número de teléfono. ________________
4. El teléfono que se puede usar desde el coche, la playa, etc. ________________
5. El libro grande que contiene los números de teléfono. ________________

Así se forma

2. The subjunctive mood; the present subjunctive

A. Regular and stem-changing verbs

11-7 Hay una persona en tu clase que te gusta mucho. Tu amigo/a te da consejos (*advice*) para conquistarlo/la. Escribe los consejos. (**Te aconsejo** = *I advise you*)

Modelo: sentarse...

 Te aconsejo que te sientes a su lado.

1. preguntarle si tiene...

 Te aconsejo que...

2. invitarlo/la a...

 Te aconsejo que...

3. pedirle...

 Te aconsejo que...

Copyright © 2008 John Wiley & Sons, Inc.

4. traerle...

Te aconsejo que... ______________

5. decirle...

Te aconsejo que... ______________

6. ¿...?

Te aconsejo que... ______________

B. Irregular verbs in the present subjunctive

11-8 Tienes un amigo que exagera mucho. Dile que es difícil creer lo que dice.

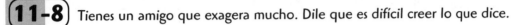

Modelo: Sé hablar cinco idiomas.
Es difícil que sepas hablar cinco idiomas.

1. Soy tan inteligente como Einstein.

____

2. Voy todos los fines de semana a fiestas con estrellas de cine.

____

3. En mi carro hay espacio para diez personas.

____

4. Sé cuáles son las capitales de todos los países del mundo.

____

5. Doy fiestas todos los lunes.

____

6. ¿...?

____

Así se forma

3. The subjunctive with expressions of influence

11-9 Imagina que dos amigos tuyos están muy furiosos el uno con el otro a causa de un desacuerdo (*disagreement*). Tú les recomiendas que hagan ciertas cosas.

Modelo: llamarse

Les recomiendo que se llamen.

1. pensar en las causas del problema

____

2. reunirse

____

3. hablarse y escucharse

____

4. ser flexibles

____

5. ¿...?

____

11-10 Imagina que un amigo tuyo tiene problemas académicos muy serios. ¿Qué le recomiendas que haga? Escribe seis oraciones como el modelo, combinando los verbos con las actividades.

Modelo: recomendarte / estudiar más

Te recomiendo que estudies más.

Verbos	**Actividades**	
recomendar	hacer...	acostarte...
sugerir	pedirle ayuda a...	asistir a...
decir	no salir...	¿...?
aconsejar		

Copyright © 2008 John Wiley & Sons, Inc.

1. ______________________________
2. ______________________________
3. ______________________________
4. ______________________________
5. ______________________________
6. ______________________________

11-11 ¿Cómo se dice en español?

1. *He wants to buy Shakira's new CD.*

____

2. *No. He wants me to buy it.*

____

3. *He suggests (to me) that we listen to it before buying it.*

____

Así se forma

4. The subjunctive with expressions of emotion

11-12 Tu amiga se va a casar muy pronto y está muy nerviosa por la boda. Escribe seis oraciones como el modelo, combinando los verbos con las actividades.

Modelo: no poder asistir...
Siento que no pueda asistir mi tía enferma.

Verbos	**Actividades**	
siento que...	no llegar a tiempo...	poder asistir...
temo que...	divertirse mucho...	costar...
espero que...		recibir...
me alegro de que...		
ojalá que...		

1. ______________________________
2. ______________________________
3. ______________________________
4. ______________________________
5. ______________________________
6. ______________________________

11-13 Lidia les manda un mensaje electrónico a sus amigos. Lee el mensaje y contesta las preguntas.

De: Lidia@ole.com
Para: Elena@ole.com, Pablo@ole.com, Anita@ole.com
CC:
Asunto: llegada de Renato

Queridos amigos:
¡Estoy de buen humor hoy! Hace sol y Renato llega esta tarde. ¡Se queda por una semana! ¡Qué alegría! Quiero que lo conozcan. ¿Pueden venir a casa mañana para cenar? ¿A las siete? Espero que sí. Avísenme, por favor.

Abrazos,
Lidia

1. ¿De qué se alegra Lidia? (Menciona tres cosas.)

____

____

2. ¿Qué quiere Lidia? (Menciona una cosa.)

____

3. ¿Qué espera Lidia? (Menciona una cosa.)

____

Copyright © 2008 John Wiley & Sons, Inc.

11-14 Expresa tus sentimientos, en este momento y en el futuro en oraciones originales con los verbos indicados. Usa el subjuntivo. ***Hint:*** Recuerda que sólo se usa el subjuntivo cuando hay dos sujetos diferentes.

Modelo: (alegrarse de) Me alegro de que mi amiga venga a visitarme y que vayamos a un concierto juntas.

1. (alegrarse de) ______________________

   y que... ______________________

2. (esperar) ______________________

   y que... ______________________

Repaso general

11-15 Contesta las preguntas con oraciones completas.

1. ¿Cuándo se conocieron tú y tu mejor amigo/a?

   ____

2. ¿Se llevan bien siempre, o a veces tienen conflictos?

   ____

3. ¿Qué cosas le recomiendas a una estudiante que acaba de llegar a la universidad?

   ____

4. ¿Qué quieres que hagan o que no hagan tus amigos/as?

   ____

5. ¿Qué esperas que haga tu compañero/a de cuarto o apartamento?

   ____

Check your answers with those given in the *Answer Key* and make all necessary corrections with a pen or pencil of a different color.

Nombre ______________________ Fecha ______________ Clase __________

CAPÍTULO **12**

Aventuras al aire libre

Así se dice

Aventuras al aire libre

12-1 **Crucigrama**

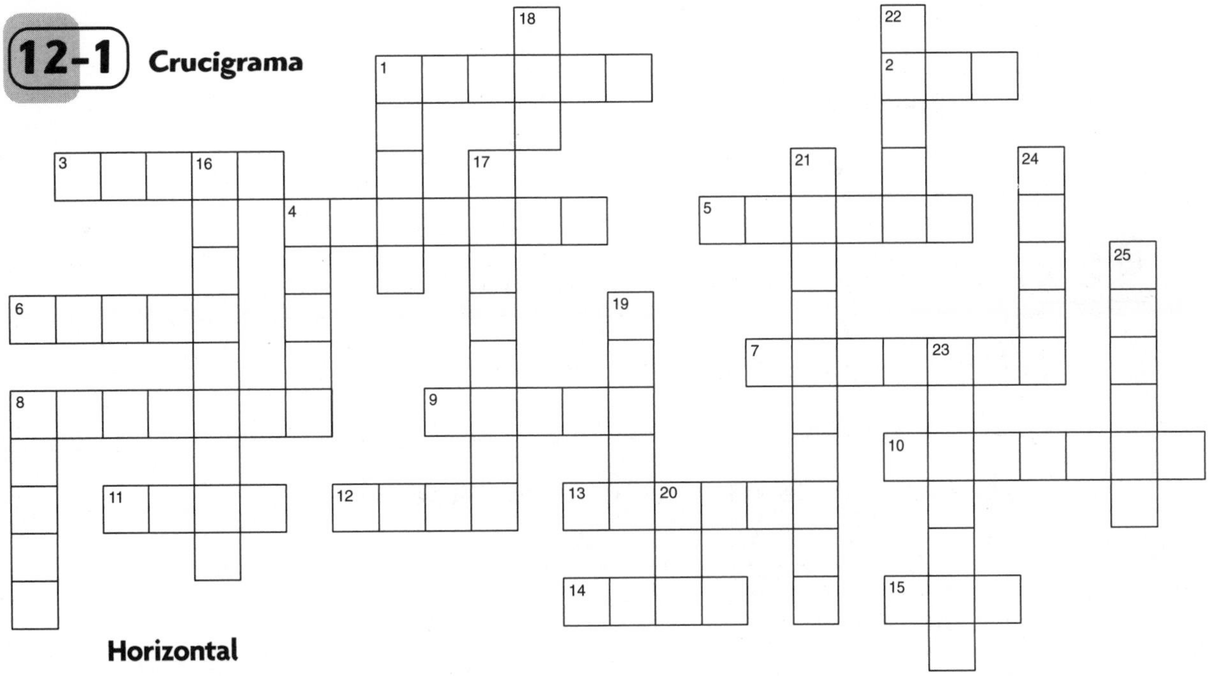

Horizontal

1. Nadar con todo el cuerpo sumergido para ver peces, etc.
2. Corriente de agua continua que corre hacia el mar.
3. Están en el cielo. Son blancas y grises.
4. Sinónimo de **catarata**.
5. Ir de un lugar a otro, generalmente distante.
6. Trabajar con los remos para mover la embarcación en el agua.
7. Barco muy grande para hacer viajes de recreo.
8. Las personas (*people*) montan en este animal.
9. La tierra entre montañas.
10. Dormir en un saco de dormir, en una tienda de campaña.
11. Ondas de agua en el mar. Son necesarias para hacer *surf*.
12. Está en el cielo de noche. Es grande.
13. Un grupo de muchos árboles es un...
14. Porción de tierra rodeada de (*surrounded by*) agua.
15. Masa de agua que cubre gran parte de la superficie de la Tierra.

(continued on page WB 142)

Vertical

1. Tipo de barco que se usa para el descenso de ríos/ *rafting*.
4. Durante el día el... normalmente es azul. Durante una tormenta está gris
8. Lo contrario de **ciudad**. Hay animales allí en vez de edificios.
16. Están en el cielo de noche. Hay muchas.
17. Paseo largo o corto que se hace de pie, por diversión.
18. Un animal que vive y nada en los ríos o en el mar.
19. Cuando estamos acampando y necesitamos cocinar, es necesario hacer un...
20. Está en el cielo de día. Es grande y amarillo.
21. La totalidad de las cosas que componen (*make up*) el universo.
22. Los niños la usan para construir castillos en la playa.
23. Sinónimo de **subir** la montaña.
24. Vehículo flotante que sirve para transportar personas o cosas.
25. El acto de sacar o tratar de sacar peces del agua.

12-2 Contesta las preguntas con oraciones completas.

1. ¿A qué lugares te gusta o te gustaría ir de vacaciones?

____

2. ¿Qué actividades te gusta hacer cuando estás de vacaciones?

____

3. ¿Te gustaría escalar una montaña? Explica por qué.

____

4. ¿Te gustan más las montañas, las playas o las ciudades para pasar las vacaciones?

____

5. ¿Te gusta acampar? ¿Y hacer *surf*?

____

Copyright © 2008 John Wiley & Sons, Inc.

Nombre ______________________ Fecha ______________ Clase ____________

12-3 Lee el aviso y contesta las preguntas en la página WB 144.

Rocky Mountain National Park

(Parque Nacional—Las Montañas Rocosas)
Colorado

Servicio Nacional de Parques
Departamento del Interior U.S.

A caballo

Se pueden alquilar **caballos y contratar guías** en dos lugares al este del parque, así como en un gran número de **caballerizas** al este y al oeste, fuera de los límites del parque, durante la estación **veraniega**.

Campamentos

Los cinco campamentos del parque situados en Moraine Park, Glacier Basin, Aspenglen, Longs Peak y Timber Creek proveen la manera más **agradable** de **familiarizarse** con el Parque Nacional de las Montañas Rocosas. En Longs Peak el límite de duración de acampar es tres días, en los demás campamentos, siete. En Glacier Basin se pueden reservar zonas de acampar para grupos. En Longs Peak sólo se puede acampar en tiendas de campaña. Sólo se permite hacer fuego en las parrillas de los campamentos y lugares de descanso.

Pesca

En los arroyos y lagos del Parque Nacional de las Montañas Rocosas se encuentran cuatro **especies de trucha**: *rainbow, German brown, brook* y *cutthroat*. A pesar de que en estas aguas frías no hay peces muy grandes, sin duda disfrutará del maravilloso paisaje de montaña que lo rodeará mientras pesca.

Alpinismo

Para el alpinista el Parque Nacional de las Montañas Rocosas ofrece una variedad de dificultosos **ascensos** durante todo el año... Para los que no son alpinistas profesionales, pero a los que les gustaría vivir la experiencia de llegar a la cumbre de una montaña, Longs Peak es la solución. En julio, agosto y parte de septiembre, la **ruta** a través de Keyhole puede subirse sin un **equipo técnico** de alpinismo. Aunque no se necesita un equipo técnico, el largo ascenso de Longs Peak es difícil. El **incremento** en altura es de 1.433 metros (4.700 pies), y los 24 kilómetros (16 millas) de ida y vuelta de la escalada pueden llevar alrededor de unas doce horas.

1. Las siguientes palabras aparecen en negrilla (*boldface*) en la descripción del Parque Nacional, página WB 143. Examina cada palabra dentro del contexto de la oración y escribe el equivalente en inglés.

español	**inglés**
contratar =	______________
guías =	______________
caballerizas =	______________
veraniega =	______________
agradable =	______________
familiarizarse =	______________
especies =	______________
trucha =	______________
ascensos =	______________
ruta =	______________
equipo técnico =	______________
incremento =	______________

2. ¿Durante qué estación se pueden alquilar caballos?
   ☐ otoño ☐ verano

3. Si quieres acampar en grupo, ¿en cuál de los campamentos debes reservar una zona de acampada?
   ☐ Glacier Basin ☐ Longs Peak

4. ¿Cuántas especies de truchas se encuentran en el Parque Nacional?

   ____

5. ¿Cuántas horas se necesitan para escalar (ida y vuelta) Longs Peak?

   ____

6. ¿Cuántas millas tiene la escalada (ida y vuelta)?

   ____

7. ¿Cuál de las actividades mencionadas te parece la más interesante?

   ____

Copyright © 2008 John Wiley & Sons, Inc.

Nombre ______________________ Fecha ______________ Clase ____________

Así se dice

Más aventuras

12-4 Vas de vacaciones al campo. Describe las cosas que ves.

1. un animal grande que nos da leche ______________
2. lo que le gusta comer a una vaca ______________
3. un animal que pone huevos ______________
4. tiene ocho patas (*legs*) y hace telarañas (*cobwebs*) ______________
5. un insecto hermoso con alas (*wings*) de colores ______________
6. un reptil largo y a veces venenoso ______________
7. un animal que vuela en el cielo ______________
8. un insecto muy molesto que pica (*bites*) ______________

Así se forma

1. Verbs similar to *gustar*

12-5 Escribe lo que les encanta, les importa, etc. a las siguientes personas. Usa el verbo (con el pronombre indirecto) que mejor corresponda a la situación indicada. No olvides usar **a** antes del nombre de la persona.

encantar	fascinar	importar	interesar	molestar

Modelo: Alfonso pesca casi todos los fines de semana.
A Alfonso le encanta pescar.

1. Alfonso dice que las arañas son fascinantes.

____

2. La actividad favorita de Anita y de su amiga Marta es montar a caballo.

____

3. Estamos acampando y ¡hay tantos mosquitos!

4. Tengo mucho interés en estudiar los insectos y la vegetación de la selva.

5. Camila dice que la conservación de la naturaleza es muy importante.

Pregunta personal:

6. ¿Qué aspectos de la naturaleza te encantan a ti?

Así se forma

2. *Para* and *por* (A summary)

12-6 Cuando vas con tus amigos o con tu familia de vacaciones, ¿para qué van a los siguientes lugares? Escribe oraciones según el ejemplo, mencionando por lo menos dos actividades para cada lugar.

Modelo: a un parque nacional

Vamos a un parque nacional para ver la naturaleza y para observar a los animales.

1. a un valle al lado de un río

2. al mar

3. a las montañas

4. a una ciudad

Copyright © 2008 John Wiley & Sons, Inc.

Nombre ______________________ Fecha ______________ Clase ____________

12-7 Elena les escribe un mensaje electrónico a sus amigos que organizan un paseo a la playa. Lee el mensaje, y luego completa las oraciones según las preguntas.

De: Elena@ole.com
Para: Lidia@ole.com, Pablo@ole.com, Anita@ole.com
CC:
Asunto: compras

Hola Lidia, Pablo y Anita:

Esta mañana hice las compras que me pidieron para el paseo del fin de semana, y tengo toda la comida guardada en el refrigerador o en la mesa de la cocina. Pasen por el apartamento cuando puedan para recoger sus cosas. Si no estoy aquí, les dejo la puerta abierta.

La suma de las compras:

Lidia: sandía, refrescos	$7.80
Pablo: jamón, queso, pan, mayonesa	$9.75
Anita: una docena de galletas de chocolate de la pastelería	$3.95

¿Van a salir esta noche? Me encantaría ver la película que se estrena en el Cine Azul.

Abrazos,
Elena

¿Para quién son las siguientes cosas de comida?

1. El jamón y el queso son ______________ ______________.
2. La sandía y los refrescos son ______________ ______________.
3. Las galletas de chocolate son ______________ ______________.

¿Para qué fue Elena a la pastelería?

4. Fue ______________ comprarle unas ______________ de ______________ a Anita.

¿Cuánto pagó Elena por las cosas que cada persona le pidió?

5. Pagó $________ __________ lo que le pidió Lidia.
6. Pagó $________ __________ lo que le pidió Pablo.
7. Pagó $________ __________ lo que le pidió Anita.

Cuando Pablo, Lidia y Anita recogieron las cosas, ¿qué le dijeron a Elena?

8. Elena, ¡gracias ______________ lo que nos compraste!

12-8 ¿Qué hizo Tomás? Completa las oraciones con **por** o **para**.

1. Elena, la novia de Tomás, estuvo en el hospital ______________________ una semana.
2. Tomás fue al hospital ______________________ visitarla.
3. A ella le gusta leer y necesitaba más libros. Tomás fue a la librería ______________________ ella porque ella no podía salir del hospital.
4. También fue a una florería ______________________ comprarle rosas.
5. Compró las rosas ______________________ 15 dólares.
6. Después, Tomás volvió al hospital y le dijo: "Elena, ¡estos tres libros nuevos y estas rosas son ______________________ ti!"
7. Ella le dijo: "¡Gracias ______________________ los libros y las flores!"
8. A las ocho de la noche Tomás salió del hospital ______________________ su casa.
9. Pasó ______________________ un parque muy bonito y una avenida con muchas luces.
10. Al llegar a casa, preparó algo ______________________ comer.
11. Después, vio la tele ______________________ una hora y trabajó en un proyecto que tenía que terminar ______________________ el lunes.
12. Tomás es estudiante y también trabaja ______________________ una compañía de contabilidad.

¿Es Tomás un buen novio? ☐ Sí ☐ No

¿Por qué?

____

Copyright © 2008 John Wiley & Sons, Inc.

Nombre ______________________ Fecha ______________ Clase __________

Así se dice

La naturaleza y el medio ambiente

12-9 Escribe la palabra de la lista que corresponda a la descripción.

contaminación	deforestación	incendios	proteger
conservar	desperdiciar	planetas	reciclar

1. ______________________ El acto de no usar un recurso natural de una manera eficiente.
2. ______________________ El resultado de cortar todos los árboles de un bosque.
3. ______________________ Lo contrario de **destruir**.
4. ______________________ Debemos... el papel y el aluminio en vez de tirarlos en el cubo de la basura.
5. ______________________ Dar protección a algo.
6. ______________________ Cuando el aire y el agua están muy sucios, decimos que hay mucha...
7. ______________________ Hay... forestales en California, Arizona, Colorado, etc. cuando hay sequía (no llueve).
8. ______________________ Mercurio, Venus y la Tierra, son... cercanos al sol.

Pregunta personal:

9. En tu opinión, ¿cuál es el problema ambiental (*environmental*) más serio de nuestro planeta? ______________________

Así se forma

3. The subjunctive with expressions of doubt or negation

12-10 Estás en en una jungla de Costa Rica. Expresa tus dudas o reacciones a las circunstancias indicadas, usando la expresión entre paréntesis y el subjuntivo o el indicativo en la segunda cláusula según la expresión.

Modelo: ¿Salimos pronto? (dudar)

Dudo que salgamos pronto.

¿Hay serpientes en esta selva? (estar seguro/a)

Estoy seguro/a que hay serpientes en esta selva.

1. ¿Este río tiene pirañas? (no creer)

____

2. ¿La balsa está en malas condiciones? (dudar)

____

3. ¿Te gusta practicar el descenso de ríos? (no estar seguro/a)

____

4. ¿Te va a gustar la vegetación tropical? (estar seguro/a)

____

5. ¿Hay anacondas en este río? (dudar)

____

12-11 ¿Qué pasa o qué va a pasar en el futuro de la vida de tu mejor amiga o amigo? Expresa tus opiniones.

Nombre de mi mejor amigo/a: _______________.

1. Dudo que ella/él... _______________.
2. No estoy seguro/a que ella/él... _______________.
3. No creo que ella/él... _______________.
4. Estoy absolutamente seguro/a que ella/él... _______________.

Copyright © 2008 John Wiley & Sons, Inc.

Nombre ______________________ Fecha ______________ Clase ____________

Así se forma

4. The present perfect subjunctive

12-12 Piensa en algunos miembros de tu familia. Escribe alguna cosas que les hayan pasado, e indica tus reacciones, usando las frases indicadas.

Modelo: ha conseguido...

Mi primo ha conseguido un buen trabajo. →

Me alegro de que mi primo haya conseguido un buen trabajo.

Me alegro de que... Espero que... Es bueno que... Ojalá... ¡Qué terrible que...!

1. ha comprado...

   ______________________ →

   ____

2. se ha ido a...

   ______________________ →

   ____

3. ha visto...

   ______________________ →

   ____

4. no ha perdido...

   ______________________ →

   ____

5. ha intentado...

   ______________________ →

   ____

12-13 Lee el mensaje electrónico que Beatriz les escribe a sus amigos. Luego, completa las oraciones para expresar sus reacciones, usando el presente perfecto del subjuntivo o el presente perfecto del indicativo según la situación.

> De: Beatriz@ole.com
> Para: Anita@ole.com, Pablo@ole.com, Elena@ole.com
> CC:
> Asunto: saludos de Panamá
>
> Queridos amigos:
> Les mando este mensaje desde la Ciudad de Panamá. Necesitaba estas vacaciones y me han hecho mucho bien. Me siento como nueva. La semana pasada hice el mejor viaje de mi vida. Visité las islas San Blas en la costa norte de Panamá. ¡Qué paraíso! Es el lugar más tranquilo que haya visto, con aguas cristalinas, palmeras... Ayer pasé el día descansando en una hamaca, pero anteayer hice el *esnórquel* aquí y creo que vi los más bellos corales de las islas y los peces más increíbles. Eran de colores extraordinarios y de formas muy raras. Saqué fotos —pero ustedes saben que no soy muy buena fotógrafa. También les cuento que espero encontrar trabajo como guía turística y tal vez trabaje aquí este verano. Me encanta este país y, como ven, me estoy divirtiendo muchísimo.
>
> Abrazos,
> Beatriz

1. Me alegro...

   que a Beatriz las vacaciones le hayan hecho mucho bien,

   que ______ ______ las islas San Blas,

   que ______ ______ un día descansando en una hamaca,

   que ______ ______ el *esnórquel* y

   que ______ ______ bellos corales y peces increíbles.

2. Espero...

   que ______ ______ buenas fotos de los peces y

   que ______ ______ trabajo como guía turística.

3. Estoy seguro/a...

   que se ______ ______ muchísimo en Panamá.

Copyright © 2008 John Wiley & Sons, Inc.

Nombre ______________________ Fecha ______________ Clase ____________

Repaso general

12-14 Contesta las oraciones.

1. Lo que más me ______________ en la vida es ______________.
2. Lo que me ______________ hacer es ______________.
3. Dudo que este verano, yo ______________.
4. La gente va a la playa para ______________.
5. Dudo que mis amigos hayan ______________.

12-15 Tú y tus amigos, y/o tu familia piensan salir de vacaciones. Examina las actividades y los servicios que ofrece este lugar. Luego, describe las preferencias de tres personas en el grupo. Incluye:

- las actividades y servicios que normalmente les encantan/interesan
- las actividades y servicios que dudas que utilicen ciertas personas y por qué

Modelo: A Raquel le encanta nadar en las piscinas.
Dudo que ella juegue golf porque no le gusta.

1. ______________________________________
____
____

2. ____

____

____

3. ____

____

____

Check your answers with those given in the *Answer Key* and make all necessary corrections with a pen or pencil of a different color.

Copyright © 2008 John Wiley & Sons, Inc.

Nombre ______________________ Fecha ______________ Clase ____________

CAPÍTULO 13 De viaje

Así se dice

De viaje

13-1 **Crucigrama**

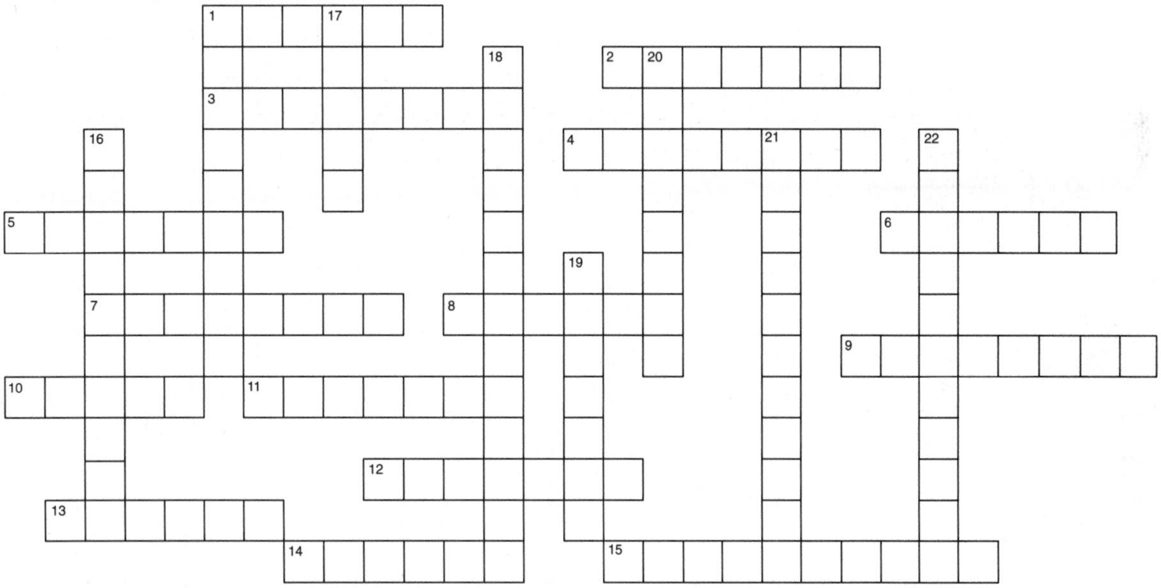

Horizontal

1. Si acabamos de llegar a otro país, tenemos que pasar por este lugar antes de salir del aeropuerto.
2. Lo contrario de **llegadas**.
3. Grupo de maletas.
4. Lo que hacemos con el equipaje al llegar al aeropuerto, antes de embarcarnos.
5. Lo miramos para averiguar las horas de las salidas y llegadas de los aviones.
6. Cuando el avión llega muy tarde, se dice que hay una...
7. La persona que viaja.
8. La persona que pilotea el avión.

(continued on page WB 156)

9. Lo contrario de **salidas**.
10. El... 901 sale a las ocho y quince de la mañana.
11. Maleta pequeña que se lleva con frecuencia al trabajo.
12. La persona que se queda en el hotel por unos días.
13. Para poder viajar en avión es necesario comprar uno de éstos, de la aerolínea, de un agente de viajes o por Internet.
14. Donde empacamos nuestras cosas para hacer un viaje.
15. El acto de decir "adiós" y luego salir.

Vertical

1. Lo contrario de **despegar**.
16. Estación de salida y llegada de aviones comerciales.
17. Aeronave con alas (*wings*) y motor.
18. La persona que trabaja en la recepción de un hotel.
19. La persona que lleva las maletas a las habitaciones del hotel.
20. Lo que se usa en el hotel para subir y bajar de un piso a otro. No es la escalera.
21. Escribir el nombre, la dirección, etc. en el registro de un hotel.
22. Se les dice a las personas que llegan a un lugar, cuando su llegada es una ocasión feliz/ agradable.

Así se dice

Se van de viaje

13-2 Completa las oraciones con palabras apropiadas de esta sección.

1. El documento oficial que nos permite entrar y salir de los países que visitamos es ______________________________.
2. Antes de un viaje internacional debemos ____________________ los boletos del avión.
3. Debemos llegar al aeropuerto con dos horas de ____________________.
4. La mujer que nos atiende en el avión es la ____________________.
5. El hombre que nos atiende en el avión es el ____________________.
6. ¿Prefieres un asiento de ventanilla o de ____________________?
7. Cuando hay tubulencia durante el vuelo es necesario ____________________.
8. Lo contrario de **subirse al avión** es ____________________.

Copyright © 2008 John Wiley & Sons, Inc.

13-3 Lee el anuncio del Hotel Cotopaxi en Quito. Luego, haz una lista de las palabras o frases más importantes de cada sección (no escribas oraciones completas). Finalmente, contesta la pregunta.

HOTEL COTOPAXI

Avenida González-Suárez 8500
Reservaciones: 543-600
Fax: 567-211

Quito
Rodeados de altas montañas y de valles multicolores, su millón de habitantes vive en dos mundos diferentes: la vieja ciudad con sus bellas iglesias y monasterios coloniales, y el norte de Quito, con sus parques, anchos bulevares y centros comerciales de estilo europeo y norteamericano.

El Hotel Cotopaxi
Con sus 200 habitaciones y con la mejor ubicación de la ciudad, brinda buen servicio, confort y atención personalizada.

Club-Piscina
Su actividad física se verá calmada con nuevas experiencias, al disfrutar de un lugar de verdadera inspiración, en la piscina y en los jardines, con una vista espectacular al Valle de Cumbayá. Nuestro baño turco, sauna y gimnasio lo esperan.

Restaurantes
Alrededor de los jardines o dentro del hotel usted puede disfrutar, en cualquiera de nuestros restaurantes, de excelentes platos típicos ecuatorianos y europeos.

Banquetes y convenciones
Nuestro hotel ofrece buenas facilidades y gran experiencia para la realización de sus convenciones y seminarios. Es un lugar tranquilo y bien situado, ideal para sus recepciones. Sus negocios se harán posibles en nuestro piso ejecutivo.

1. Quito:
   a) situación geográfica ______________________
   b) la vieja ciudad ______________________
   c) el norte de la ciudad ______________________
2. El Hotel Cotopaxi: ______________________
3. Club-Piscina: ______________________
4. Restaurantes: ______________________
5. Banquetes y convenciones:
   ____
   ____
6. ¿Te gustaría pasar unos días en este hotel? ¿Por qué?
   ____
   ____

Así se forma

1. The subjunctive with impersonal expressions

13-4 Indica tu reacción a las siguientes circunstancias usando las expresiones de la lista.

Es necesario | Es extraño | Es ridículo | Es horrible | Es fenomenal

Modelo: No dan comida en este vuelo.

Es ridículo que no den comida en este vuelo.

1. El vuelo sale a tiempo.

____

2. Debo llevar mis documentos. No quiero tener problemas.

____

3. Mis compañeros de viaje no han llegado.

____

4. Pueden llegar tarde.

____

5. No hay restaurantes abiertos en esta terminal.

____

Así se dice

En el hotel

13-5 Completa las oraciones con vocabulario de esta sección.

1. La camarera cambia las _______________ de las camas todos los días.
2. Todas las camas dobles tienen dos _______________ grandes (para descansar la cabeza).
3. Porque hace frío, hay dos _______________ en cada cama.

Copyright © 2008 John Wiley & Sons, Inc.

4. Todas las habitaciones tienen ______________________ para cuando hace frío, y ______________ ______________ para cuando hace calor.

5. Si no queremos comer en el restaurante del hotel, es posible pedir el ______________ de ______________.

6. Es costumbre darle una ______________ a la persona que trae la comida a la habitación.

7. A veces, es costumbre ______________ una propina para la camarera que limpia la habitación.

8. Ahora queremos nadar. Vamos a la ______________ del hotel.

Así se dice

Los números ordinales

13-6 Ordena los pasos para organizar un buen viaje, usando números ordinales.

1. ______________ aterrizar
2. ______________ llegar al aeropuerto temprano
3. ______________ subir al avión
4. ______________ encontrar el asiento
5. ______________ despegar
6. ______________ comprar los boletos de avión
7. ______________ llegar al hotel
8. ______________ facturar el equipaje
9. primero ______________ sacar un pasaporte
10. ______________ hacer las maletas

Así se forma

2. More indefinite and negative words

13-7 Vas a una agencia de viajes porque te interesa visitar una isla muy remota. El agente de viajes te recomienda una isla extremamente remota y primitiva. Forma las frases que dice el agente sobre lo que **no hay** en la isla, usando palabras negativas.

Modelo: vuelo directo

No hay ningún vuelo directo a la isla.

ningún/o/a/as	nadie	ni... ni

1. cabinas de lujo

____

2. mucha gente en la playa

____

3. aire acondicionado y piscina

____

4. guía turística

____

5. alguien para planchar la ropa

____

6. ¿...?

____

Copyright © 2008 John Wiley & Sons, Inc.

Así se forma

3. Subjunctive with indefinite entities

13-8 Pablo y su amigo Jorge están en Ecuador. Pablo les escribe a sus amigas. Lee el mensaje y contesta las preguntas.

De: Pablo@ole.com
Para: Anita@ole.com, Lidia@ole.com, Elena@ole.com
CC:
Asunto: aventuras

Queridas amigas:
Jorge y yo les escribimos de un café Internet en Quito. Acabamos de pasar seis días increíbles en la selva amazónica, cerca de la frontera entre Ecuador y Colombia. Tuvimos tantas aventuras extraordinarias que no nos van a creer. El primer día dimos una caminata por la selva. ¡Los árboles eran enormes! Y ¡comimos insectos vivos! También navegamos en canoas de madera° por un río muy tranquilo, y pescamos pirañas (después de nadar en el río con las pirañas). Esa noche las preparamos y nos las comimos. El tercer día vimos una anaconda de "muy" cerca. Estaba durmiendo, así que ¡la tocamos! Bueno, quizás exagero un poco. Mañana seguimos nuestro viaje en autobús, camino a Perú. Les escribo otra vez en una semana.

Chao,
Pablo

wood

1. ¿Conoces a alguien que haya viajado a la selva amazónica?

____

2. ¿Tienes amigos que exageren mucho? ¿Qué historias inventan?

____

____

____

3. ¿Hay personas que coman insectos vivos?

____

4. ¿Has visitado un zoológico que tenga anacondas?

____

5. ¿Conoces un río donde haya pirañas?

____

13-9 Imagina que eres el representante de una compañía muy grande que necesita emplear (*employ*) a varios individuos con calificaciones específicas. Hablas con empleados de dos agencias de empleos.

- El empleado de la agencia Jiménez siempre dice que conoce a personas con las calificaciones.
- El empleado de la agencia Gutiérrez siempre dice que no.

Completa las oraciones con el verbo en el subjuntivo o el indicativo según la oración.

Modelo: no dan comida

- Busco una persona que (hablar) ___hable___ japonés.
- Agencia de empleos Jiménez: Conocemos a una persona que ___habla___ perfecto japonés.
- Agencia de empleos Gutiérrez: Lo siento, pero no conocemos a nadie que ___hable___ japonés.

1. Busco una persona que (ser) ______________________ experta en computación.

   Agencia de empleos Jiménez: Conocemos a una persona que

   ______________________ experta en computación.

   Agencia de empleos Gutiérrez: Lo siento, pero no conocemos a ninguna persona que

   ______________________ experta en computación.

2. Busco una persona que siempre (llegar) ______________________ al trabajo a tiempo.

   Agencia de empleos Jiménez: Conocemos a una persona que siempre

   ______________________ al trabajo a tiempo.

   Agencia de empleos Gutiérrez: Lo siento, pero no conocemos a nadie que siempre

   ______________________ al trabajo a tiempo.

Copyright © 2008 John Wiley & Sons, Inc.

3. Busco una persona que (poder) ______________________ viajar a cualquier parte del mundo.

Agencia de empleos Jiménez: Conocemos a una persona que

______________________ viajar a cualquier parte del mundo.

Agencia de empleos Gutiérrez: Lo siento, pero no conocemos a nadie que

______________________ viajar a cualquier parte del mundo.

¿Qué agencia vas a seleccionar?

☐ La agencia Jiménez ☐ La agencia Gutiérrez

13-10 Llegas al pueblito de Concepción de San Isidro de Heredia en Costa Rica a las once de la noche. Vas a la plaza central y allí encuentras un supermercado abierto. Completa el diálogo siguiente, usando el subjuntivo o el indicativo del verbo entre paréntesis, según la oración.

TÚ: Mi coche tiene problemas mecánicos. ¿Hay alguien en Concepción que (poder) ______________________ examinar el motor?

EMPLEADO: Sí, tenemos un mecánico que (saber) ______________________ reparar cualquier motor. Trabaja en la calle Independencia a una cuadra al norte, pero ahora debe estar durmiendo.

TÚ: Bueno. Espero que (haber) ______________________ un hotel en Concepción.

EMPLEADO: No se preocupe, señor. Está el hotel Colonial a dos cuadras de aquí.

TÚ: ¿Hay algún restaurante que (estar) ______________________ cerca?

EMPLEADO: No hay ningún lugar que (servir) ______________________ comida a estas horas, pero aquí vendemos tortas y bebidas.

TÚ: Bueno. Me compro algo antes de ir al hotel. Muchas gracias por la información.

Así se forma

4. The future tense

13-11 Dos amigas, Montserrat y Marta, van de viaje a las montañas el mes que viene. Indica lo que hará Montserrat, una viajera organizada, y Marta, una viajera desorganizada.

- llamar antes al parque nacional
- comprar comida para el viaje
- no buscar información acerca de los lugares para acampar
- dejar el mapa en casa
- dejar un itinerario con los amigos
- no traer ropa adecuada

Montserrat, la viajera organizada	**Marta, la viajera desorganizada**
	Marta olvidará la mochila.

13-12 Completa el diálogo entre Roberto y la señora Porvenir, quien le lee el futuro en la palma de la mano.

ROBERTO: Señora, ¿cuándo (conocer) ______________________ a la mujer de mi vida?

SEÑORA PORVENIR: Usted la (conocer) ______________________ en tres meses.

ROBERTO: Ah, ¿sí? Y ¿de dónde (ser) ______________________ ella?

SEÑORA PORVENIR: (Venir) ______________________ de un país de Europa del este.

ROBERTO: ¡Qué interesante! Y ¿(tener) ______________________ mucho dinero?

SEÑORA PORVENIR: Ella te (parecer) ______________________ pobre, pero en realidad (trabajar) ______________________ para una empresa muy grande.

Copyright © 2008 John Wiley & Sons, Inc.

ROBERTO: Y sus padres, ¿(vivir) __________________________ cerca?

SEÑORA PORVENIR: No, pero tú los (invitar) __________________________ a vivir en la casa con ustedes.

ROBERTO: Señora, ¿(ser) __________________________ yo feliz?

SEÑORA PORVENIR: Sí, sin duda, ustedes dos (enamorarse) __________________________ intensamente.

¿La señora le da buenas noticias a Roberto?

☐ Sí ☐ No

Repaso general

13-13 Contesta con oraciones completas.

1. ¿Conoces a alguien que pueda hablar más de tres lenguas? ¿Quién es?

   ____

2. ¿Buscas un trabajo que te permita estudiar también?

   ____

3. ¿Algunos de tus compañeros van a Guinea Ecuatorial este año?

   ____

4. ¿Qué harás este fin de semana?

   ____

5. ¿Es urgente que tu compañero/a de cuarto haga ciertas cosas? ¿Qué cosas?

   ____

6. ¿Es importante que tus padres o tus hijos hagan ciertas cosas? ¿Qué cosas?

   ____

Check your answers with those given in the *Answer Key* and make all necessary corrections with a pen or pencil of a different color.

Nombre ______________________ Fecha ______________ Clase ____________

CAPÍTULO **14**

En la carretera

Así se dice

En la carretera

14-1 **Crucigrama**

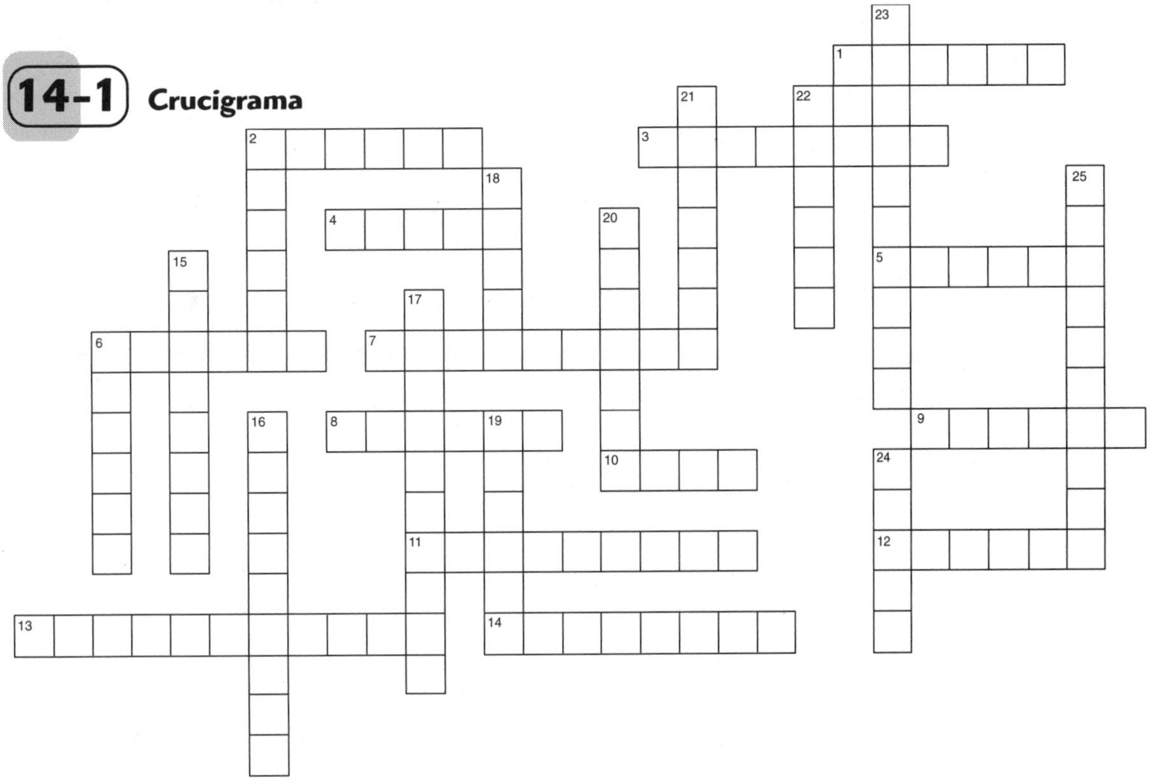

Horizontal

1. Sinónimo de **continuar**.
2. Pasar de un lado a otro. Usamos un bote para... el río.
3. Sinónimo de **manejar**.
4. Lo que tenemos que pagar cuando manejamos demasiado rápido y la policía nos para.
5. Necesito gasolina. Tengo que... el tanque.
6. Una carretera pequeña.
7. Tipo de autopista.
8. Cuando la... está desinflada, tenemos que ponerle aire o cambiarla.
9. Si no podemos seguir recto, tenemos que... a la izquierda o a la derecha.
10. Lo que ponemos en la llanta.
11. No debemos doblar a la derecha. Debemos doblar a la...
12. Encuentro violento entre dos coches, camiones, etc.

(continued on page WB 168)

13. Vehículo con dos ruedas (*wheels*), uno o dos asientos y un motor.
14. Cuando el coche necesita gasolina, vamos a la... de servicio.

Vertical

2. El vehículo grande que usamos para transportar cosas.
6. El asiento en el autobús de primera es muy... Reclina y tiene almohadas.
15. La luz que controla el tránsito.
16. Hombre que maneja el autobús.
17. La ventana que cubre toda la parte delantera del coche.
18. Lo que tenemos que hacer cuando la luz del semáforo está en rojo.
19. Donde ponemos la gasolina.
20. Lo contrario de **izquierda**.
21. La persona que controla/dirige el tráfico/tránsito.
22. La estructura que usamos para cruzar un río.
23. La llanta necesita aire. Está...
24. Sinónimo de **derecho/ sin doblar**.
25. Al subirse al coche y sentarse, es necesario... el cinturón.

Así se dice

Los vehículos y los mecánicos

14-2 Escribe la palabra que corresponda a la descripción.

1. El lugar donde reparan los autos. ______________________________
2. Ver que todo esté bien, que funcione. ______________________________
3. Paramos el coche con esto. ______________________________
4. Las casas o edificios entre cuatro calles. ______________________________
5. Dejar un vehículo en un lugar. ______________________________
6. El ángulo donde dos calles se cruzan. ______________________________
7. Donde pagamos por dejar el vehículo. ______________________________

Copyright © 2008 John Wiley & Sons, Inc.

Nombre ____________________ Fecha ______________ Clase ____________

Así se dice

¡Reacciones!

14-3 ¿Cómo reaccionas ante las siguientes situaciones? Usa expresiones de esta sección. ¡Atención! No debes repetirlas.

1. Te caes (*fall*) en la parte profunda de la piscina y no sabes nadar.

   ____

2. Estás bailando con un/a chico/a muy simpático/a y su novio/a entra.

   ____

3. El profesor de una de tus clases te pide un favor.

   ____

4. Manejas a 100 km/h en una zona de 50 km/h y un policía te detiene.

   ____

5. Pierdes tu anillo de matrimonio.

   ____

14-4 Lee el anuncio y contesta las preguntas.

¿Alguna vez ha perdido un amigo?
TOME LAS LLAVES.
LLAME UN TAXI.
TOME UNA POSICIÓN.
BUENOS AMIGOS NO DEJAN A SUS AMIGOS MANEJAR BORRACHOS.

1. ¿Conoces a alguien que haya perdido un/a amigo/a a causa de un accidente de automóvil?

   ____

2. Si un/a amigo/a tuyo/a ha bebido demasiado y quiere manejar, ¿qué le dices?

   ____

Así se forma

1. *Nosotros* (Let's) commands

14-5 Ustedes tienen un coche bastante viejo y ahora van a usarlo para ir a visitar a los abuelos en Santa Bárbara. Piensa en lo que deben revisar y hacer con ese "cacharrito". Usa la forma de mandato de **nosotros**.

Modelo: cambiarle... el aceite y los filtros

Cambiémosle el aceite y los filtros.

revisarle...	a más de 100 km/h
ponerle...	el motor
repararle...	gasolina
afinarle...	los frenos
no conducir...	aire a las llantas

1. ______________________________

2. ______________________________

3. ______________________________

4. ______________________________

5. ______________________________

14-6 Mañana sales de viaje con dos amigos. Ellos nunca se preocupan por nada, pero tú sí. Escribe los mandatos en la forma de **nosotros** que dicen ellos y los mandatos que dices tú.

Los amigos dicen:	Yo digo:
(empacar) Empaquemos mañana.	Empaquemos esta noche.
(acostarse)	
(levantarse)	
(desayunar)	
(salir)	

Copyright © 2008 John Wiley & Sons, Inc.

Nombre ______________________ Fecha ______________ Clase ____________

Así se forma

2. The subjunctive after conjunctions of condition or purpose

14-7 Imagina que tú y sus amigos están de viaje. ¿Qué van a hacer? Completa cada oración con la expresión que mejor le corresponda, sin repetir ninguna expresión.

a menos que | con tal que | en caso de que | para que

1. Vamos a llamar a la familia ______________________ sepan dónde estamos.
2. No vamos a llamar con frecuencia ______________________ tengamos un problema.
3. Vamos a dejar los números de teléfono ______________________ ellos quieran comunicarse con nosotros.
4. Vamos a volver a casa para el 31 de julio ______________________ no tengamos una demora o problemas mecánicos.

14-8 Completa las oraciones con la forma correcta del verbo entre paréntesis y con una terminación lógica.

1. Voy a Cancún con tal de que (yo / conseguir...)

   ____

2. No puedo ir a menos que (yo / recibir...)

   ____

3. Voy a llevar mi sombrero grande en caso de que (hacer...)

   ____

4. Voy a mandarte una tarjeta postal para que (tú / ver...)

   ____

Así se dice

En la estación

14-9 Completa las oraciones con palabras apropiadas de esta sección.

1. Cuando queremos viajar en tren, vamos a la ______________________ de ______________________.
2. ¡Debemos llegar temprano para no ______________________ el tren!
3. Cuando queremos comprar un boleto, vamos a la ______________________.
4. Cuando queremos ir y volver, compramos un boleto de ______________________ y ______________________.
5. Hay boletos de ______________________ clase y de ______________________ clase.
6. El hombre en la estación de ferrocarril que nos ayuda con las maletas es el ______________________.
7. Antes de comprar comida, debemos ir al ______________________ para lavarnos las manos.

Así se forma

3. The imperfect subjunctive

14-10 Indica lo que las personas deseaban que tú hicieras hace cinco años. Completa cada oración con la forma correcta del verbo en el imperfecto del subjuntivo.

Hace cinco años, era el año 20 ___ ___.

1. Mi novio/a quería que yo...

ir a... ____

escribirle... ____

decirle... ____

¿...? ____

Copyright © 2008 John Wiley & Sons, Inc.

2. La profesora nos recomendó que...

hacer... ________________________________

escribir... ________________________________

hablar... ________________________________

¿...? ________________________________

3. Mi mamá insistía que yo...

acostarse... ________________________________

tener cuidado... ________________________________

no ir a... ________________________________

¿...? ________________________________

14-11 Indica tus preferencias en los viajes del pasado y los viajes de hoy.

En mis viajes de hoy	En mis viajes del pasado
Quiero que el hotel... *esté cerca del centro.*	Quería que el hotel... *fuera muy barato.*
Busco un hotel que...	Buscaba un hotel que...
Es importante que el vuelo...	Era importante que el vuelo...
Quiero un itinerario que...	Quiería un itinerario que...

¿Hay cambiado mucho tu estilo de viajar en los últimos cinco años? ☐ Sí ☐ No

14-12 Expresa tus reacciones y esperanzas (*hopes*) en las siguientes situaciones. Completa las oraciones de una manera original.

1. En el restaurante, dudaba que el mesero ______________________.
2. En la peluquería, temía que el peluquero ______________________.
3. En el quiosco, quería que el vendedor ______________________.
4. En el banco, era necesario que la cajera ______________________.
5. En la estación de servicio, era urgente que el empleado ______________________.
6. En el aeropuerto, me recomendaban que ______________________.
7. En el hotel, esperaba que el botones ______________________,
   esperaba que el recepcionista ______________________,
   y esperaba que la criada ______________________.

Así se forma

4. The impersonal *se*

14-13 Expresa la idea con una oración, empleando el **se** impersonal. Después, decide qué lugar se describe.

Modelo: Compramos coches usados.
Se compran coches usados.
☒ Carmax ☐ Jiffy Lube

1. Aquí afinamos motores y revisamos frenos.

____

☐ Amtrak ☐ Midas

2. Aquí vendemos mapas.

____

☐ Una gasolinera ☐ Un autobús

Copyright © 2008 John Wiley & Sons, Inc.

Nombre ______________________ Fecha ______________ Clase __________

3. Alquilamos carros nuevos.

____

☐ Greyhound ☐ Hertz

4. Está prohibido fumar.

____

☐ El parque ☐ El cine

5. Hablamos inglés y español aquí.

____

☐ París ☐ Miami

Repaso general

14-14 Contesta con oraciones completas.

1. Tú y tus amigos/ familia están de vacaciones. ¿Qué actividades quieres sugerirle al grupo? (Usa dos mandatos de **nosotros**.)

____

2. Antes de salir de viaje en coche, ¿qué le pidieron ustedes al mecánico?

____

3. ¿Qué puedes hacer en caso de que necesites dinero extra en el viaje?

____

4. ¿Qué harás tan pronto como empiecen las próximas vacaciones?

____

5. ¿Qué harás después de graduarte?

____

14-15 Imagina que vas a pasar un mes en una isla tropical.

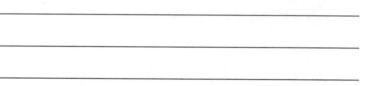

- Indica tres cosas que llevarás en caso de que...
- Indica tres cosas que harás para que tu estadía en la isla sea memorable.
- Haz una breve comparación entre tu vida en la isla y tu vida en casa. ¿Cuál es mejor? ¿Por qué?

Check your answers with those given in the *Answer Key* and make all necessary corrections with a pen or pencil of a different color.

Copyright © 2008 John Wiley & Sons, Inc.

Nombre ______________________ Fecha ______________ Clase ____________

CAPÍTULO 15 El mundo en las noticias

Así se dice

El mundo en las noticias

15-1 Crucigrama

Horizontal

1. Lo que comete el criminal.
2. La persona a quien el delincuente ataca, roba, etc.
3. Lo contrario de **paz**.
4. Cuando demasiada gente vive en una ciudad y en un país, hay un problema de...
5. Persona que ayuda a los niños, etc. con la tarea. Generalmente por pago.
6. Cuando no hay trabajo para muchas personas, hay un problema de...
7. Cabeza o presidente de una compañía.
8. Persona que trabaja para ayudar, sin recibir pago.
9. El alcohol, el tabaco, la marihuana y la cocaína son...
10. Sinónimo de **compañía**.
11. Una de las cuatro virtudes (*virtues*) cardinales, que consiste en darle a cada uno lo que le corresponde.
12. Un hombre que nace y vive en un país y tiene todos los derechos de ese país es...
13. El documento que completamos para una empresa cuando solicitamos trabajo.
14. Lo contrario de **guerra**.
15. Hoy hay... Vamos a votar. ¿A qué candidato/a apoyas?
16. Lo contrario de **destruir**.
17. Uno de los derechos básicos de cada persona es la... de expresión.

Vertical

2. Lo que los ciudadanos deben hacer cuando hay elecciones.
3. Cuerpo político de la nación.
18. La conversación que tenemos con el/la gerente/a de una compañía cuando queremos obtener trabajo.
19. Lo que hace el ladrón (*robber*).
20. Sentir físicamente un dolor a causa de una herida, una enfermedad, hambre etc.
21. Mujer que reporta las noticias.
22. Programa de radio o televisión donde se transmiten noticias.
23. La condición que existe cuando muchas personas no tienen las cosas que necesitan para sobrevivir (*survive*).
24. Deseo ardiente o necesidad de comer.
25. Personas sin hogar.
26. Los científicos y médicos buscan una... para el cáncer y el SIDA.
27. Jefe/a o director/a de un grupo.
28. Principio que les da a todos los ciudadanos capacidad para los mismos (*same*) derechos delante de la ley.

(continued on page WB 178)

Copyright © 2008 John Wiley & Sons, Inc.

Nombre ______________________ Fecha ______________ Clase ___________

15-2 Lee esta selección acerca de Salvador Dalí, famoso pintor español (1904–1989). Luego, contesta las preguntas.

ASÍ PENSABA DALÍ

El excéntrico y famosísimo pintor español Salvador Dalí sentía una gran compasión por los que viven privados de libertad. Durante sus años en Nueva York, donó una de sus acuarelas a la prisión de Rikers Island, una de las más tristes del mundo. A Dalí le daba mucha lástima que los prisioneros vivieran rodeados de la ciudad más excitante del planeta y que no pudieran disfrutarla. Para hacerles la vida más interesante, decidió donar la pintura que aún cuelga en una de las paredes de la institución.

Palabras útiles: privados de *deprived of*; acuarela *watercolor*

1. ¿Por quiénes sentía Dalí una gran compasión?

____

2. ¿Cómo se describe la prisión de Rikers Island?

____

3. ¿Qué le daba mucha lástima a Dalí?

____

4. ¿Por qué decidió donar la pintura?

____

Así se dice

Tus opiniones sobre los problemas mundiales

15-3 Éstas son las opiniones de un estudiante de la clase. Termina las oraciones, usando las palabras de la lista. Después, indica si estás de acuerdo o no con la frase.

discriminación	en contra de	leyes	narcotráfico
eliminar	legalizar	luchar	pena de muerte

1. Quiero ______________________ por los derechos humanos.

   ☐ Estoy de acuerdo. ☐ No estoy de acuerdo.

2. Opino que nadie debe morir por un crimen. Estoy ______________________

   la ______________________.

   ☐ Estoy de acuerdo. ☐ No estoy de acuerdo.

3. Debemos luchar para ______________________ el hambre y la pobreza de este mundo.

   ☐ Estoy de acuerdo. ☐ No estoy de acuerdo.

4. No creo que sea buena idea ______________________ la marihuana.

   ☐ Estoy de acuerdo. ☐ No estoy de acuerdo.

5. Otros problemas serios de nuestra sociedad son el ______________________ y la drogadicción.

   ☐ Estoy de acuerdo. ☐ No estoy de acuerdo.

6. Me parece un error cambiar las ______________________ que prohíben que los menores consuman alcohol.

   ☐ Estoy de acuerdo. ☐ No estoy de acuerdo.

7. Hoy la situación es mejor, pero todavía existe mucha ______________________ en contra de ciertos grupos étnicos.

   ☐ Estoy de acuerdo. ☐ No estoy de acuerdo.

Copyright © 2008 John Wiley & Sons, Inc.

Nombre ______________________ Fecha ______________ Clase ____________

Así se forma

1. The subjunctive with time expressions

15-4 ¿Qué dice el nuevo presidente que hará? Escribe oraciones combinando las frases de las dos listas, usando primero el futuro y después el subjuntivo.

Modelo: firmar el acuerdo de paz cuando... (ellos) / dejar de luchar
Firmaré el acuerdo de paz cuando dejen de luchar.

reducir el desempleo tan pronto como...	ustedes / darme más información
apoyar esa causa con tal que...	mi periodo / expirar
no firmar esa ley a menos que...	los ciudadanos / quejarse
hablar con los senadores después de que...	haber una emergencia
resolver ese problema antes de que...	la economía / mejorar
ser presidente hasta que...	(ellos) / regresar a la capital

1. ______________________________
2. ______________________________
3. ______________________________
4. ______________________________
5. ______________________________
6. ______________________________

15-5 Completa cada oración con la forma correcta del verbo entre paréntesis. Usa el presente del subjuntivo o el pretérito según la oración. Después, indica si la oración describe el **pasado** o el **futuro**.

1. (recibir) **a)** Haré el viaje con los voluntarios tan pronto como ______________ el dinero.
☐ pasado ☐ futuro

b) Hice el viaje con los voluntarios tan pronto como ______________ el dinero.
☐ pasado ☐ futuro

2. (llegar) **a)** Esperé hasta que ____________________ mi pasaporte.
☐ pasado ☐ futuro

b) Esperaré hasta que ____________________ mi pasaporte.
☐ pasado ☐ futuro

3. (decirme) **a)** Determinaré el itinerario después de que tú ________
____________________ en qué trabajo vamos a participar.
☐ pasado ☐ futuro

b) Determiné el itinerario después de que tú ________
____________________ en qué trabajo íbamos a participar.
☐ pasado ☐ futuro

15-6 ¿Cómo se dice en español?

1. **a)** *I will call them (m.) berofe I leave (before leaving).*

____

b) *I will call them before they leave.*

____

2. **a)** *We will pack after we wash (after washing) the clothes.*

____

b) *We will pack after you (fam.) wash the clothes.*

____

Copyright © 2008 John Wiley & Sons, Inc.

15-7 ¿Qué vas a hacer con tus amigos/tu familia? Usa las expresiones de la lista.

Vamos a		
	...cuando...	
	...después de que...	
	...con tal de que...	
	...tan pronto como...	

Nombre ______________________ Fecha ______________ Clase __________

Así se forma

2. The conditional tense

15-8 El nuevo jefe de Susana es terrible. Usando el condicional, escribe las oraciones que le dijo el jefe a Susana, y después indica si las cosas pasaron o no (¡recuerda, el jefe es muy antipático!).

Modelo: decir que / darle tres semanas de vacaciones

Dijo que le daría tres semanas de vacaciones.

☐ Sí, esto pasó. ☒ No, esto no pasó.

1. decir que / poder tener un horario flexible.

____

☐ Sí, esto pasó. ☐ No, esto no pasó.

2. prometer que / darle un aumento de salario en dos meses

____

☐ Sí, esto pasó. ☐ No, esto no pasó.

3. informarle que / trabajar hasta las 10:00 de la noche los miércoles

____

☐ Sí, esto pasó. ☐ No, esto no pasó.

4. decir que / hacer una variedad de cosas interesantes en el trabajo

____

☐ Sí, esto pasó. ☐ No, esto no pasó.

5. informarle que / no poder usar el baño excepto durante el almuerzo

____

☐ Sí, esto pasó. ☐ No, esto no pasó.

6. decir que / gustarle mucho trabajar para su compañía

____

☐ Sí, esto pasó. ☐ No, esto no pasó.

15-9 ¿Qué harías en los siguientes lugares? Escribe oraciones creativas usando el condicional.

Modelo: en Alaska

Viviría en un iglú, comería mucho pescado,...

1. en Puerto Rico

____

2. en los Andes

____

3. en la selva amazónica

____

4. en el desierto del Sahara

____

Así se forma

3. *If* clauses

15-10 Indica las condiciones y los resultados de las siguientes situaciones imaginarias. Cambia el primer verbo al imperfecto del subjuntivo y el segundo al condicional.

Modelo: si (yo) / poder / ayudar a ...

Si yo pudiera, ayudaría a los desamparados.

1. si (nosotros) / tener el dinero / dárselo a...

____

2. si (yo) / ser presidente/a / resolver...

____

3. si (yo) / trabajar en la ONU / luchar por...

____

4. si los científicos / encontrar una cura para el cáncer / (nosotros) estar...

____

5. si todos los países / proteger el medio ambiente / salvar...

____

Copyright © 2008 John Wiley & Sons, Inc.

Nombre ______________________ Fecha ______________ Clase ____________

15-11 Escribe tres cosas que harías si las siguientes condiciones fueran reales.

Modelo: sacarme la lotería

Si me sacara la lotería compraría una casa en la playa, haría un viaje a... y pondría el resto en el banco.

1. mi novio/a o pareja dejarme por otra persona

____

____

____

2. poder hablar con un extraterrestre

____

____

____

3. ir a las fiestas de San Fermín en Pamplona

____

____

____

Así se forma

4. The imperfect subjunctive with *ojalá*

15-12 Indica tus deseos, escribiendo oraciones usando **Ojalá que...** y el imperfecto del subjuntivo.

Modelo: ganarse...

Ojalá que me ganara la lotería.

1. tener...

____

2. poder...

____

3. hablar...

____

4. ser...

____

5. conocer bien...

____

6. estar en...

____

Copyright © 2008 John Wiley & Sons, Inc.

Repaso general

15-13 Contesta las preguntas con oraciones completas.

1. ¿Qué le preguntarías al presidente de tu país si pudieras hacerle sólo una pregunta?

____

____

2. Si fueras presidente/a, ¿qué harías para resolver los problemas del país?

____

____

3. ¿Bajo qué condiciones estarías contentísimo/a?

Estaría contentísimo/a si... ______________________________

____

____

4. ¿Qué harías para demostrarle a tu media naranja que lo/la quieres?

____

____

____

Check your answers with those given in the *Answer Key* and make all necessary corrections with a pen or pencil of a different color.

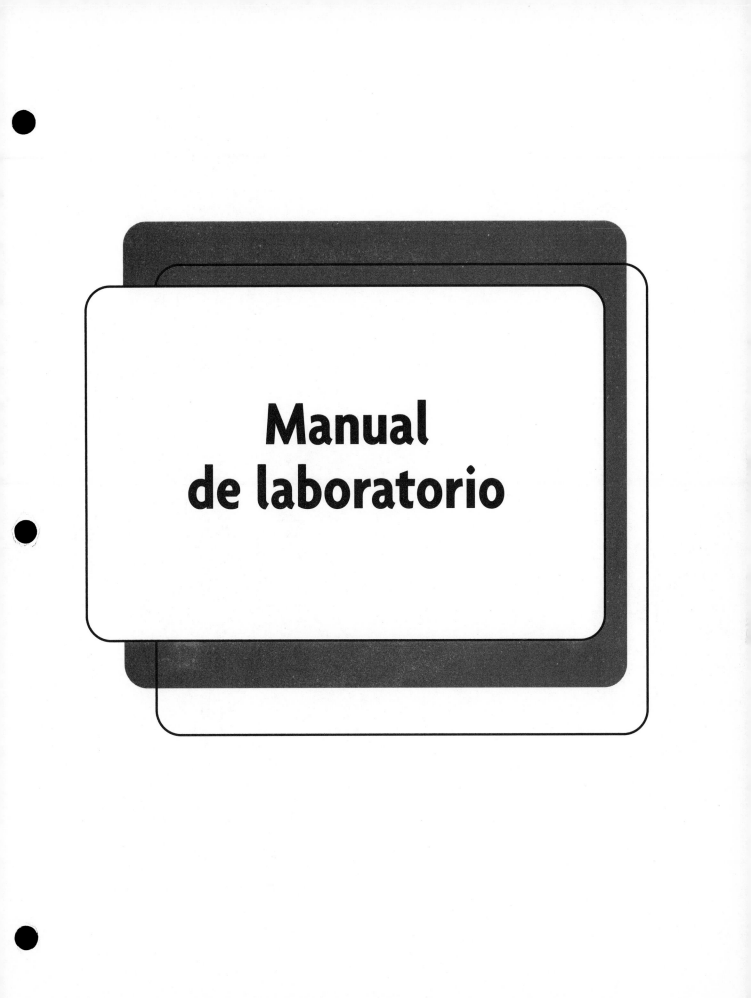

Manual de laboratorio

Nombre ______________________ Fecha ______________ Clase ______________

CAPÍTULO 1 Nuevos encuentros

Chapter overview

In order to do the Lab Manual activities for this chapter, you will need CD 1. Listen to the recording as many times as you need to in order to do the activities. Write down the track number as you listen to the material so that you can find the activities easily when you listen to them again.

Actividad	*Page number*	*Track*
1–1. Las presentaciones.	LM 2–3	______
1–2. Más presentaciones.	LM 4	______
1–3. Los saludos.	LM 4	______
1–4. ¿Formal o informal?	LM 4	______
1–5. Los saludos y las presentaciones.	LM 5	______
1–6. ¿De dónde son los estudiantes?	LM 5	______
1–7. ¿Sí o no?	LM 6	______
1–8. ¿Cómo es Pepita?	LM 6	______
1–9. ¿Quién es?	LM 7	______
1–10. Soy muy cortés.	LM 7	______
1–11. El bingo.	LM 7	______
1–12. El básquetbol.	LM 8	______
1–13. Contando.	LM 8	______
1–14. Problemas de aritmética.	LM 8	______
1–15. Los números de teléfono.	LM 8	______
1–16. Ciudades hispanas.	LM 9	______
1–17. Los días de la semana.	LM 9	______
1–18. Los cumpleaños.	LM 9	______
1–19. El día de la independencia.	LM 10	______
1–20. ¿Qué hora es?	LM 11	______
1–21. Preguntas para ti.	LM 11	______

Así se dice

Las presentaciones

1-1 **Las presentaciones.** Repeat each expression. Follow the numbers on the illustrations so that you will know who is speaking.

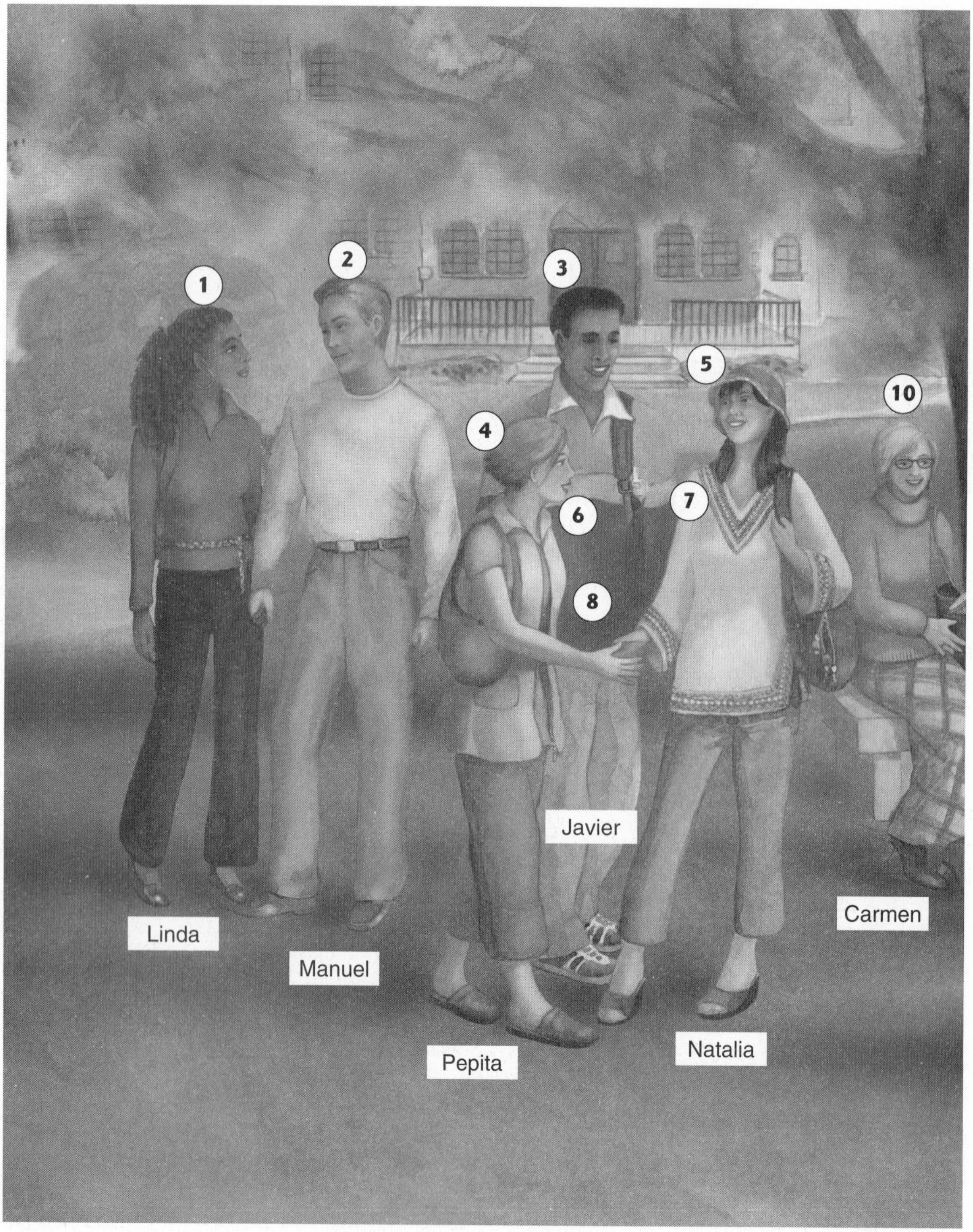

Copyright © 2008 John Wiley & Sons, Inc.

Nombre ______________________ Fecha ____________ Clase ____________

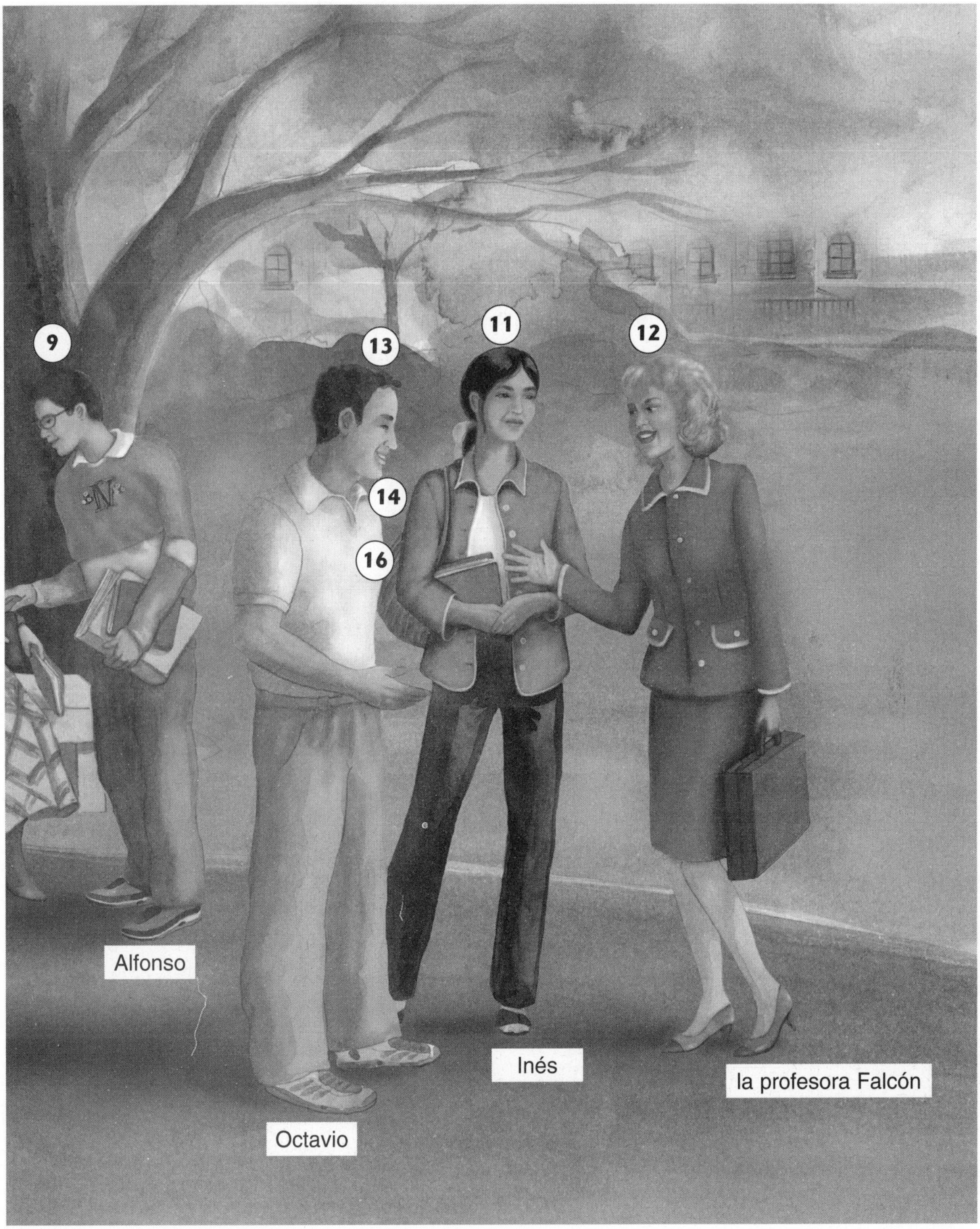

1-2

Más presentaciones. The semester is beginning and you are meeting some Spanish-speaking students. Listen to them and choose an appropriate response. Complete the response when needed.

1. a. Muy bien, ¿y tú? b. Encantado c. Soy de...
2. a. Fenomenal b. Igualmente c. Me llamo...
3. a. Igualmente b. Mucho gusto c. Bien ¿y tú?
4. a. Bien, gracias. b. Soy de... c. Igualmente
5. a. Soy de... b. Mucho gusto c. Muy bien, gracias

1-3

Los saludos. Repeat each phrase in the following formal and informal conversations. Pay attention to how combinations of two vowels and combinations of consonants and vowels are linked.

Formal:

PROFESOR RUÍZ: Buenos días, señorita.
SUSANA: Buenos días. ¿Cómo está usted?
PROFESOR RUÍZ: Muy bien, gracias. ¿Y usted?
SUSANA: Bien, gracias.

Informal:

LUIS: ¡Hola!
OLGA: ¡Hola! ¿Cómo estás?
LUIS: Fenomenal. ¿Y tú?
OLGA: Muy bien, gracias.
LUIS: ¿Qué hay de nuevo?
OLGA: Pues, nada. Voy a la clase de historia.
LUIS: Bueno, hasta luego.
OLGA: Adiós.

1-4

¿Formal o informal? Octavio is greeting some people as he walks around campus. Decide if he is greeting a friend (**informal**) or a professor (**formal**).

	Informal	Formal
1.		
2.		
3.		
4.		
5.		

Copyright © 2008 John Wiley & Sons, Inc.

1-5 **Los saludos y las presentaciones.** Each greeting, question, or expression will be read twice. Write a logical response to each.

1. ______________________________
2. ______________________________
3. ______________________________
4. ______________________________
5. ______________________________
6. ______________________________

Así se forma

Identifying and describing people: Subject pronouns and the verb *ser*

1-6 **¿De dónde son los estudiantes?** Octavio talks about diversity at his university, telling where several of his friends are from. As he speaks, fill in the first blank with the correct form of the verb **ser**. Then listen again and fill in the second blank with the country of origin that corresponds to each person.

Cuba	Puerto Rico	Argentina	los Estados Unidos	España

Octavio dice (*says*):

Yo __________ de ____________.

Anita y yo __________ de ____________.

Roberto __________ de ____________.

Tomás y Tania __________ de ____________.

Inés __________ de ____________.

Tú __________ de ____________.

1-7 **¿Sí o no?** Can you predict the probable personality traits of the persons in the illustrations? Answer the yes/no questions in complete sentences. Listen for confirmation.

Modelo: You hear: ¿Es Octavio generoso?
You say: **Sí, es generoso.**
Confirmation: Sí, es generoso.
or
You hear: ¿Es Héctor arrogante?
You say: **No, no es arrogante.**
Confirmation: No, no es arrogante.

1.

2.

3.

4.

1-8 **¿Cómo es Pepita?** Natalia has just met Javier's friend Pepita and she wants to know more about her. Listen to Javier describe Pepita and underline the cognates you hear. (Read the list before listening to the conversation to familiarize yourself with the words you might hear.)

admirable	egoísta	materialista	responsable
ambiciosa	extrovertida	optimista	sentimental
arrogante	inteligente	paciente	seria
creativa	irresponsable	pesimista	terrible
dinámica	liberal	puntual	tranquila

Copyright © 2008 John Wiley & Sons, Inc.

Nombre ______________________ Fecha __________ Clase __________

1-9 **¿Quién es?** Listen to some of the things Octavio said in his conversation with Natalia and decide whether he is talking about himself (**yo**), Natalia (**tú**), both Octavio and Natalia (**nosotros**) or Pepita (**ella**).

	Octavio (yo)	Natalia (tú)	Octavio y Natalia (nosotros)	Pepita (ella)
1.				
2.				
3.				
4.				
5.				
6.				

Así se dice

Expressions of courtesy

1-10 **Soy muy cortés.** Say the expression of courtesy that is appropriate to each situation. Select from the list provided. Listen for confirmation and repeat the correct response.

Perdón/Disculpe. Muchas gracias. Lo siento mucho. De nada. Con permiso.

1. ... **2.** ... **3.** ... **4.** ... **5.** ...

Counting from 0–99

1-11 **El bingo.** Listen to the following numbers. Whenever you hear a number read that you have on your card, cross it out. Will you be lucky today?

83	22	15
70	67	45
6	38	11

1-12 **El básquetbol.** Listen to the radio announcer as he gives the scores for four games. Write the score for each team in the line provided.

La Universidad de Nuevo México: ____
La Universidad de Illinois: ____

La Universidad de Arizona: ____
La Universidad de Colorado: ____

La Universidad de Tejas A y M: ____
La Universidad de Virginia: ____

La Universidad de California, Los Ángeles: ____
La Universidad de San Diego: ____

1-13 **Contando.** Listen to the following people counting, try to recognize the pattern, and say the next two numbers. Then, listen for confirmation.

1-14 **Problemas de aritmética.** Listen to the following problems; then say and write the answer. Write the answer with numerals first, and then write out the word.

+ → más	– → menos	x → por

Modelo: You hear: Trece más cinco son...
You say: **Dieciocho**
You write: 18, dieciocho

1. ____________________ 4. ____________________

2. ____________________ 5. ____________________

3. ____________________ 6. ____________________

1-15 **Los números de teléfono.** In Spanish, the digits of phone numbers are usually given in pairs. Listen to the following incomplete phone numbers, identify the owner of each number, and complete the sequence. You will hear each phone number twice.

Octavio: 4-86-05-___ Manuel: 4-61-15-___
Alfonso: 7-55-13-___ Sra. Sábato: 3-98-13-___
Profesora Falcón: 3-98-02-___ Inés: 9-74-17-___

Copyright © 2008 John Wiley & Sons, Inc.

Nombre ______________________ Fecha __________ Clase __________

Así se dice

The alphabet

1-16 **Ciudades hispanas.** You are going to hear someone spelling the names of some U.S. cities that have Spanish names. Write them down in the spaces provided. Note that when there are two words in one name, you will hear the word **espacio** to indicate where the second word starts.

1. ______________________
2. ______________________
3. ______________________
4. ______________________
5. ______________________
6. ______________________
7. ______________________
8. ______________________

Days of the week

1-17 **Los días de la semana.** Listen to the following conversations in which students talk about their weekly schedules and activities. As you listen, write the day of the week that corresponds to each class or activity.

1. El laboratorio de biología de Paula se reúne los __________.
2. La clase de música de José se reúne dos días por semana: los __________ y los __________.
3. Martín y Tomás van a (*are going to*) jugar al tenis el __________ por la tarde.
4. La fiesta es el __________ por la noche.

Months, dates, and birthdays

1-18 **Los cumpleaños.** You had written down your friends' birthdays in your electronic agenda, but they are all mixed up now! Listen and match the birthdays with the right people. Remember that when dates are given in numbers, the day precedes the month.

Modelo: You hear: El cumpleaños de Octavio es el dos de julio.
You write: Octavio 2/7

Pepita __________ Linda __________ Inés __________

Manuel __________ Natalia __________ Alfonso __________

1-19 **El día de la independencia.** In the Hispanic world, the dates for celebrating independence days vary from country to country. Repeat the name of each Hispanic country in the Americas and locate it on the map. In the blanks provided, jot down the day and month that each celebrates its independence day.

Modelo: You hear: Puerto Rico
You repeat: **Puerto Rico** (and locate it on the map)
You hear: el 4 de julio
You write: el 4 de julio

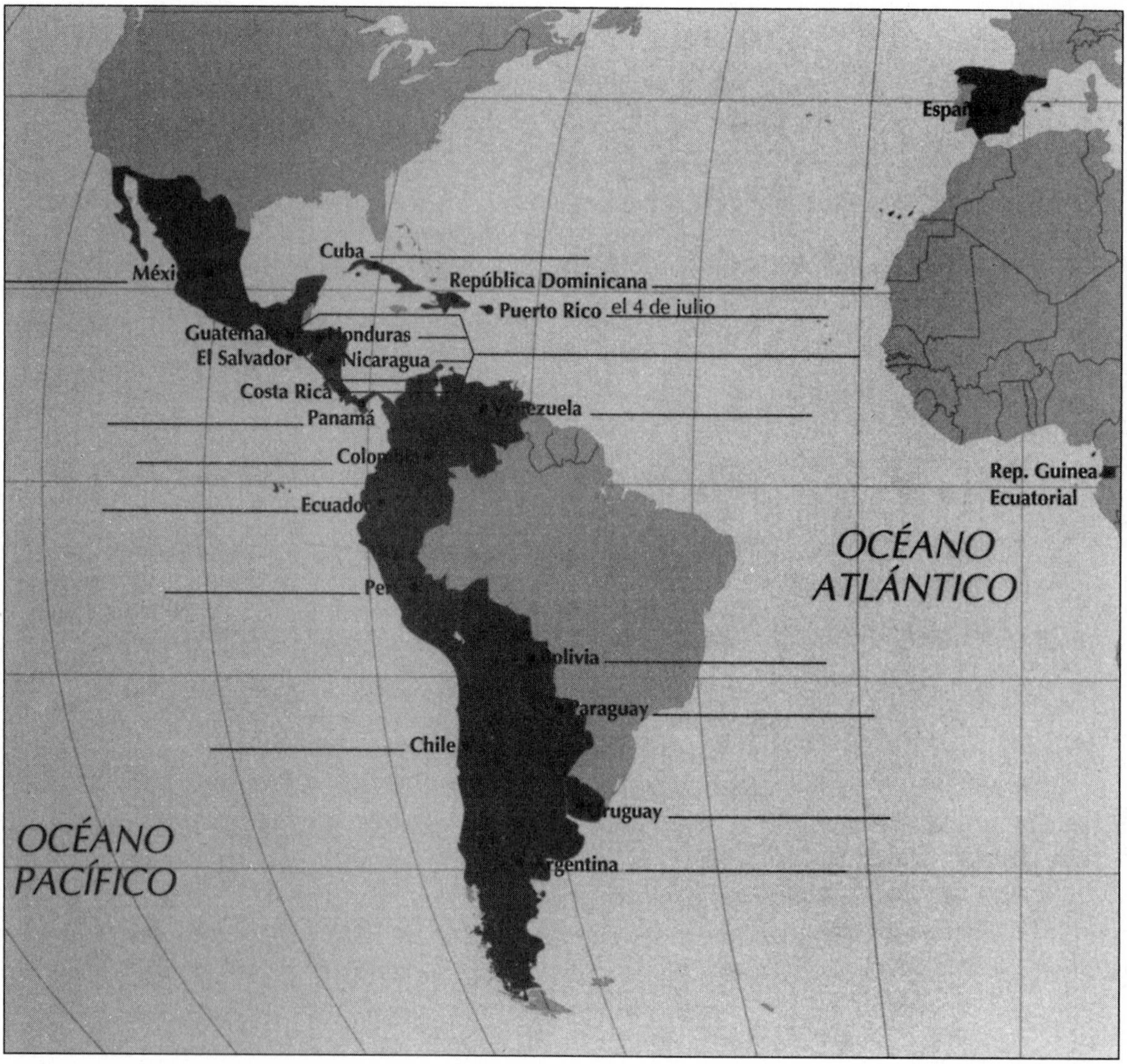

Copyright © 2008 John Wiley & Sons, Inc.

Nombre ______________________ Fecha ____________ Clase ____________

Así se dice

Telling time

1-20 **¿Qué hora es?**

Paso 1. Listen to the following times and write each number under the appropriate clock.

1. **2.** **3.** **4.**

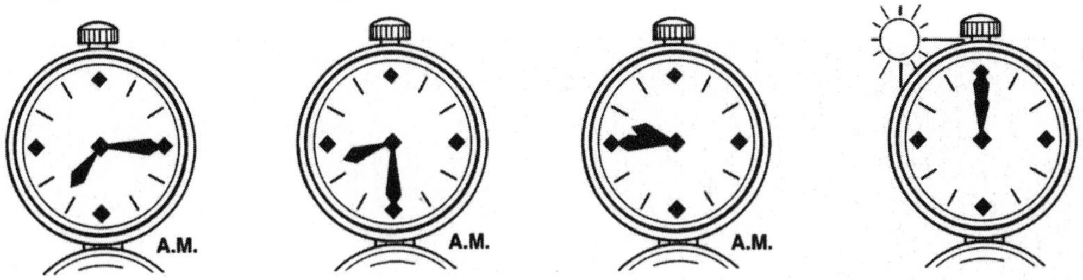

Paso 2. Now, tell the time on each clock. Listen for confirmation.

1. **2.** **3.** **4.**

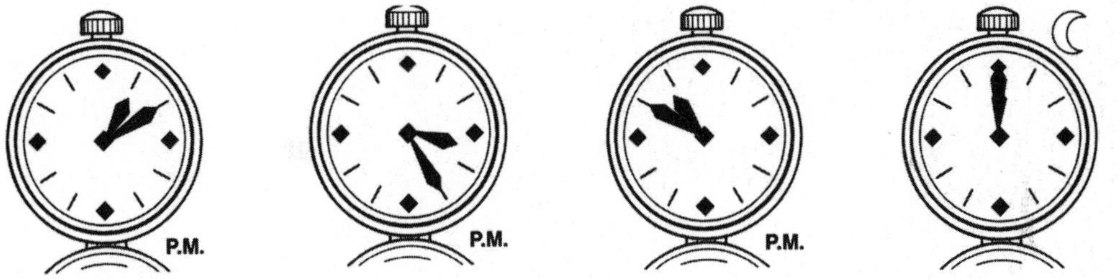

1-21 **Preguntas para ti.** Answer the following questions in complete Spanish sentences. You will hear each question twice.

1. ______________________
2. ______________________
3. ______________________
4. ______________________
5. ______________________
6. ______________________

Nombre ______________________ Fecha ____________ Clase ____________

CAPÍTULO 2 La vida universitaria

Chapter overview

In order to do the Lab Manual activities for this chapter, you will need CD 1. Listen to the recording as many times as you need to in order to do the activities. Write down the track number as you listen to the material so that you can find the activities easily when you listen to them again.

Actividad		*Page number*	*Track*
2–1.	En el laboratorio y en la clase.	LM 14–15	______
2–2.	¿Dónde?	LM 16	______
2–3.	Compulandia García.	LM 16	______
2–4.	¿Qué hay en tu escritorio?	LM 17	______
2–5.	¿Qué hay en tu cuarto?	LM 17	______
2–6.	Los nombres.	LM 17	______
2–7.	¿Adónde van?	LM 18	______
2–8.	¿Quién va?	LM 18	______
2–9.	¿Adónde vas tú?	LM 19	______
2–10.	El horario de Natalia.	LM 19	______
2–11.	Actividades de los estudiantes universitarios.	LM 20	______
2–12.	Natalia y Esteban.	LM 20	______
2–13.	¿Cierto o falso?	LM 21	______
2–14.	Octavio y sus amigos.	LM 21	______
2–15.	¿Quién?	LM 22	______
2–16.	Tú y tus amigos.	LM 22	______
2–17.	Preguntas para ti.	LM 22	______

Así se dice

La vida universitaria

2-1 **En el laboratorio y en la clase.** Listen and write the number of the word you hear next to the appropriate object or person.

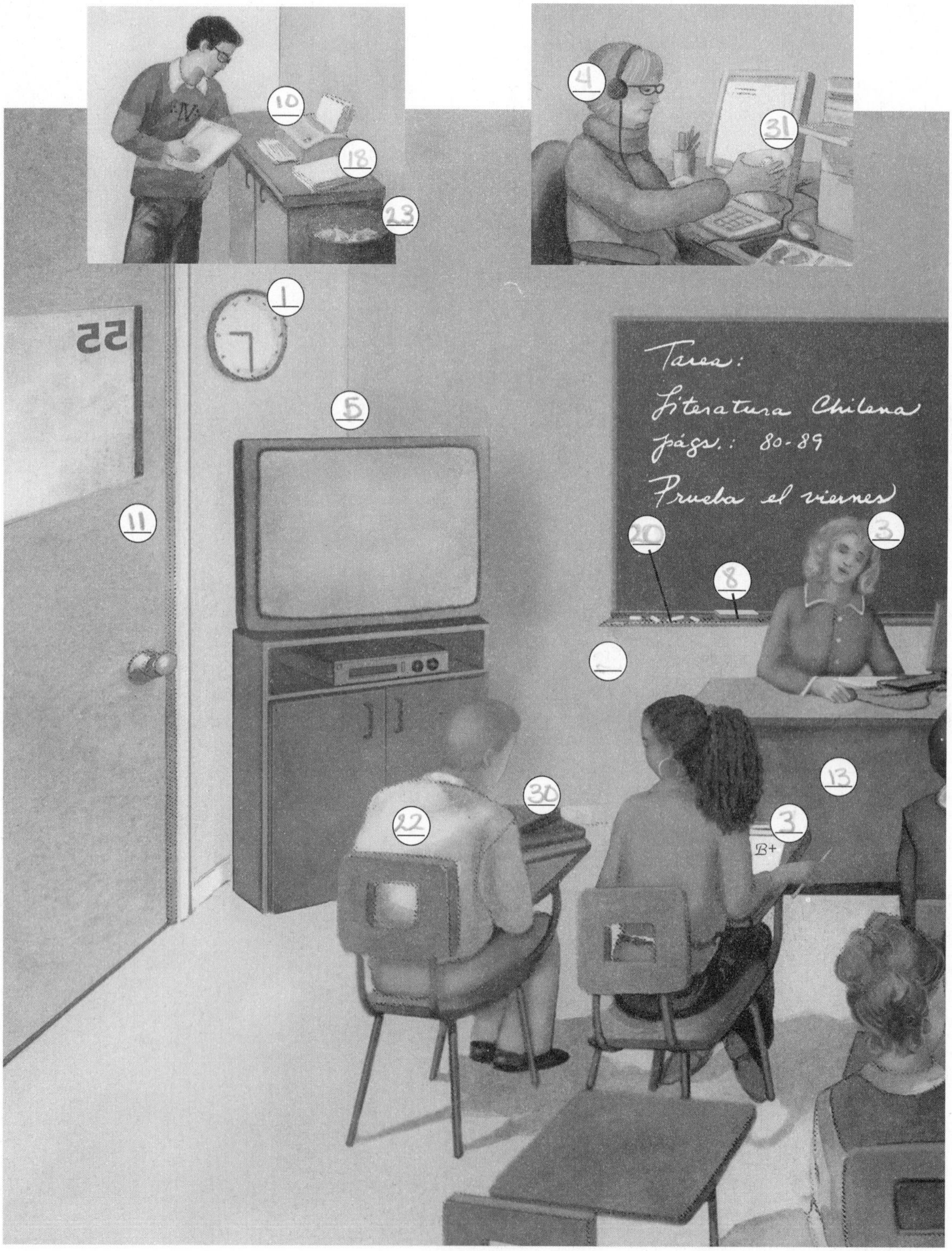

Copyright © 2008 John Wiley & Sons, Inc.

Nombre ______________________________ Fecha ______________ Clase ______________

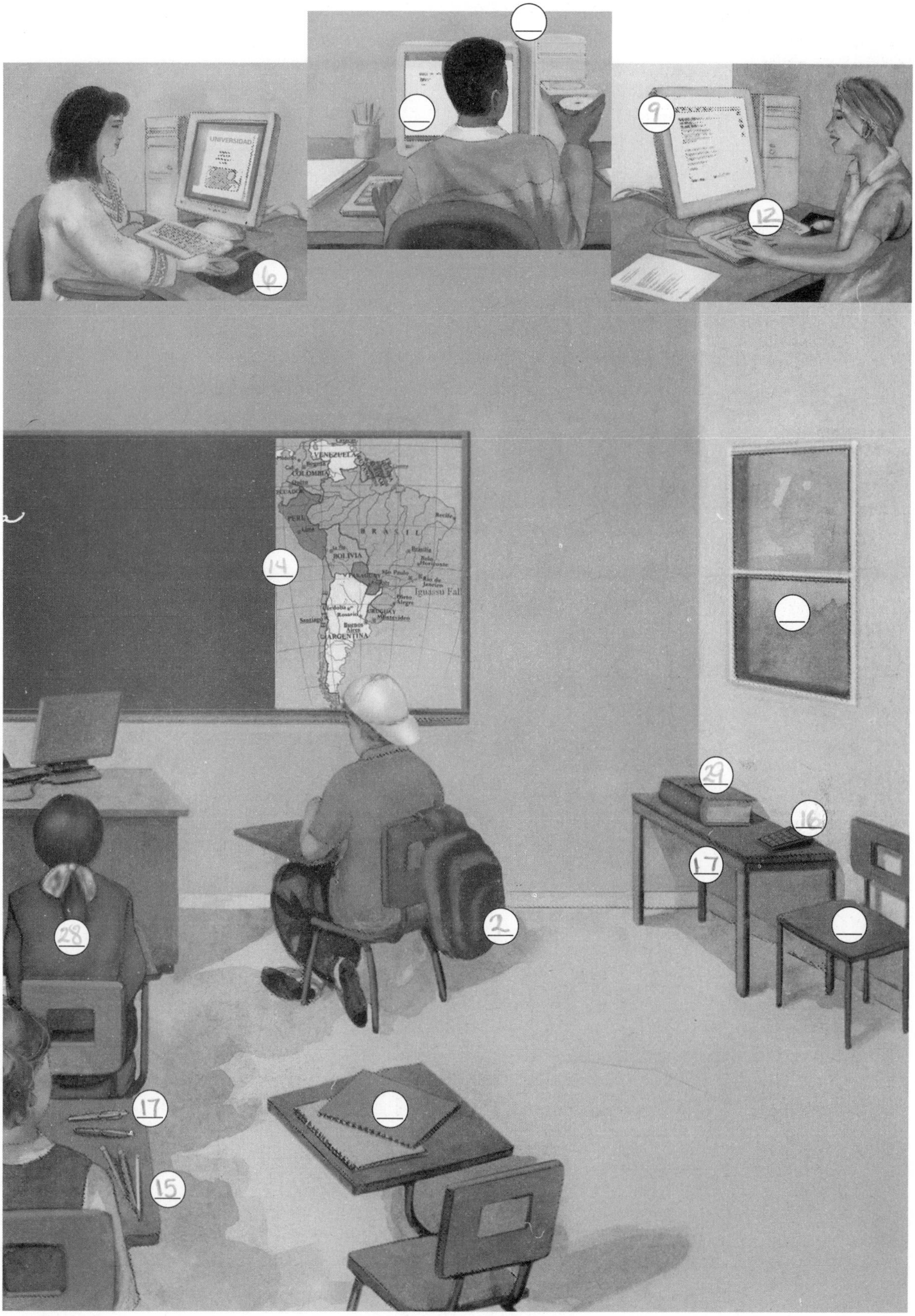

2-2 **¿Dónde?** Where can you find the following things? Listen to the following words and write them down in the appropriate column. Note that some items may belong to more than one category.

El laboratorio de computadoras	La clase	La mochila

2-3 **Compulandia García**. Listen to what "Compulandia García" has to offer. As you listen, fill in the missing information.

____
Memorias
Scanners
____
______________________ Duros
Módems
Multimedia
Impresoras a ________________
Garantizamos nuestro equipo.
Asistencia técnica 24 horas.
OFICINA CENTRAL: AVENIDA 25 MIAMI 33427
http://www.garciacompu/usa.com
SUCURSALES: MÉXICO, __________, ARGENTINA, __________, ISRAEL

Copyright © 2008 John Wiley & Sons, Inc.

Así se forma

1. Nouns; definite and indefinite articles

2-4 **¿Qué hay en tu escritorio?** Listen to the following list of things and say whether or not you have one. Remember to include the indefinite article (**un, una**).

Modelo: You hear: bolígrafo
You say: **Sí, hay un bolígrafo.** *o*
No, no hay un bolígrafo.

2-5 **¿Qué hay en tu cuarto?** Listen to the questions asking about your room. Respond, both speaking and in writing, as in the model.

Modelo: You hear: ¿Hay ventanas?
You say and write: **Sí, hay una ventana.** *o*
Sí, hay dos ventanas *o*
No, no hay ventanas.

1. ______________________
2. ______________________
3. ______________________
4. ______________________
5. ______________________
6. ______________________

2-6 **Los nombres.** Your friend is helping you review the gender of some new Spanish words you are studying. Listen to the words and respond by repeating each noun preceded by the appropriate definite article (**el, la**). Then, listen for confirmation.

Modelo: You hear: pregunta
You say: **la pregunta**
Confirmation: la pregunta

Así se forma

2. *Ir* + *a* + destination

2-7 **¿Adónde van?** Three groups of students chat. Listen to the three conversations, and as you listen, mark with an **X** the places where the students are going.

Listening hint: *In this and all listening comprehension exercises, you may find it useful to listen to each selection three times: the first time to become familiar with it, the second to write your answers, and the third to check your answers.*

1. ☐ al gimnasio
☐ a la cafetería
☐ a la librería

2. ☐ a la residencia estudiantil
☐ a la biblioteca
☐ al laboratorio de química

3. ☐ a casa
☐ al centro estudiantil
☐ a la oficina de la profesora Murphy

2-8 **¿Quién va?** Linda is talking to Manuel about everyone's plans for today. Listen to Linda and mark the appropriate columns to indicate who Linda is referring to.

	Yo (Linda)	Tú (Manuel)	Linda y Manuel	Los amigos
1.				
2.				
3.				
4.				
5.				
6.				

Copyright © 2008 John Wiley & Sons, Inc.

2-9 ***¿Adónde vas tú? (Where are you going?)*** Listen to the questions and respond in complete sentences, both speaking and in writing. Each question will be asked twice.

Modelo: You hear: ¿Vas a la librería esta tarde?

You say and write: **Sí, voy a la librería esta tarde.** *o* **No, no voy a la librería esta tarde.**

You hear: ¿Van ustedes a la cafetería ahora?

You say and write: **Sí, vamos a la cafetería ahora.** *o* **No, no vamos a la cafetería ahora.**

1. ______________________
2. ______________________
3. ______________________
4. ______________________
5. ______________________
6. ______________________

Así se forma

3. Regular *-ar* verbs

2-10 **El horario de Natalia.** Listen to Natalia's schedule and fill in the missing information.

¿CUÁNDO?	ACTIVIDAD
	llega a la universidad
8:15	
	va a clase
al mediodía	
por la tarde	*o...*
6:00	
	prepara sus lecciones
por la noche	*y...*

2-11 **Actividades de los estudiantes universitarios.** You are going to listen to some statements about a Hispanic student, Pedro, and his friends. Indicate whether the same is true for you and your friends. You will hear each statement twice.

Modelo: You hear: Trabaja por la noche.
You say: **Trabajo por la noche también.** *o*
No trabajo por la noche.

You hear: Hablan por teléfono con frecuencia.
You say: **Hablamos por teléfono con frecuencia también.** *o*
No hablamos por teléfono con frecuencia.

1. ... **2.** ... **3.** ... **4.** ... **5.** ... **6.** ...

2-12 **Natalia y Esteban.** Answer the questions according to the drawings. Please use complete sentences.

Natalia

Esteban

____

____

____

____

____

____

____

Copyright © 2008 John Wiley & Sons, Inc.

Así se forma

4. Regular *-er* and *-ir* verbs; *hacer* and *salir*

2-13 **¿Cierto o falso?** Listen to the following statements. First indicate whether they refer to you (**Yo**) or both you and your friends (**Mis amigos y yo**). Then write whether you agree or not, as in the model.

Modelo: You hear: Siempre como en la cafetería.
You mark the column: **Yo**
You write: Sí, siempre como en la cafetería. o
No, no siempre como en la cafetería.

	Yo	Mis amigos y yo	
1.	☐	☐	______________________
2.	☐	☐	______________________
3.	☐	☐	______________________
4.	☐	☐	______________________
5.	☐	☐	______________________
6.	☐	☐	______________________

2-14 **Octavio y sus amigos.** Listen to what Octavio has to say about his and his friends' activities. As you listen, write the verb that corresponds to each activity. The narration will be read a second time. Confirm your responses.

Mis amigos y yo __________ a la Universidad Politécnica de California y __________ en una residencia estudiantil. En las clases __________ y __________ mucho y participamos con frecuencia en las discusiones. Al mediodía __________ en el restaurante de la universidad y hablamos de mil cosas. En la tarde estudiamos y con frecuencia __________ ejercicio en el gimnasio. Por la noche a veces (*sometimes*) __________.

2-15 ¿Quién?

¿Quién? Listen to the following questions and answer them based on the cues below. You will hear each question twice. Then, listen for confirmation.

Modelo: You hear: ¿Quién come mucha pizza?
You see: Esteban
You could say: **Esteban come mucha pizza.**
Confirmation: Esteban come mucha pizza.

1. Alfonso
2. Octavio y Javier
3. Pepita
4. Mi amigo y yo
5. Mis profesores
6. Yo

2-16 Tú y tus amigos.

Tú y tus amigos. You are going to hear some verbs and phrases. Use them to write about you and your friends.

Modelo: You hear: asistir a muchas clases
You write: John y Pete asisten a muchas clases. o
Sarah asiste a muchas clases. o
Tom y yo asistimos a muchas clases, etc.

1. ______________________________
2. ______________________________
3. ______________________________
4. ______________________________

2-17 Preguntas para ti.

Preguntas para ti. Answer the following questions in complete Spanish sentences. You will hear each question twice.

1. ______________________________
2. ______________________________
3. ______________________________
4. ______________________________
5. ______________________________
6. ______________________________

Copyright © 2008 John Wiley & Sons, Inc.

CAPÍTULO 3

Así es mi familia

Chapter overview

In order to do the Lab Manual activities for this chapter, you will need CD 2. Listen to the recording as many times as you need to in order to do the activities. Write down the track number as you listen to the material so that you can find the activities easily when you listen to them again.

Actividad	*Page number*	*Track*
3–1. El álbum de fotos.	LM 24	______
3–2. La familia.	LM 24	______
3–3. Los cumpleaños.	LM 25	______
3–4. ¿Cuántos años tienen?	LM 25	______
3–5. Carmen y sus gemelas.	LM 25	______
3–6. ¿Quién?	LM 26	______
3–7. Descripciones.	LM 26–27	______
3–8. ¿Cómo son?	LM 27	______
3–9. Nuestro cuarto.	LM 28	______
3–10. La universidad.	LM 28	______
3–11. Vamos a la reunión.	LM 29	______
3–12. Familiares y amigos.	LM 29	______
3–13. ¿Dónde están?	LM 30	______
3–14. ¿Quién habla? ¿Y cómo está?	LM 31	______
3–15. Una de mis personas favoritas.	LM 32	______
3–16. Preguntas para ti.	LM 32	______

3-1 **El álbum de fotos.** Here is a photo from Juanito's family album.

Paso 1. Look at the family photo and indicate the relationship between Juanito and the following people. Listen for confirmation.

Modelo: You hear: ¿Quién es Noé?
You say: **Noé es el abuelo.**

Paso 2. Look at the family photo and indicate the relationship between the following people. Listen for confirmation.

Modelo: You hear: Julia y Clara
You say: **Julia es la madre de Clara.**

3-2 **La familia.** Answer the following questions with complete sentences, both orally and in writing.

1. ______________________________
2. ______________________________
3. ______________________________
4. ______________________________
5. ______________________________

Copyright © 2008 John Wiley & Sons, Inc.

Así se forma

1. The verb *tener* and *tener... años*

3-3 **Los cumpleaños.** Listen to the conversation. Pepita and her friend Natalia talk about Pepita's birthday and the ages of her favorite grandmother and great grandmothers. As you listen, mark the appropriate age with an **X**.

1. Pepita cumple... ☐ 20 años ☐ 21 años
2. Su abuela favorita cumple... ☐ 65 años ☐ 55 años
3. Una de sus bisabuelas tiene... ☐ 75 años ☐ 85 años
4. Su otra (*other*) bisabuela tiene... ☐ 87 años ☐ 97 años

3-4 **¿Cuántos años tienen?** Answer the following questions in complete Spanish sentences. You will hear each question twice.

1. ______________________________
2. ______________________________
3. ______________________________
4. ______________________________
5. ______________________________

Así se dice

Relaciones personales

3-5 **Carmen y sus gemelas.** Listen to what Carmen has to say about her life as a single mother with twins. As you listen, complete the narration by writing the appropriate verb and the "personal **a**" in the blanks provided.

Mis gemelas, Tina y Mari, tienen tres años. __________ ___ mis hijas con todo el corazón. Cuando voy al trabajo o a la universidad, mi tía o la niñera __________ ___ las niñas. Todas las mañanas, al salir de la casa, __________ y __________ ___ Tina y a Mari. Mis padres y mis abuelos, que viven en Puerto Rico, __________ ___ las niñas todos los sábados y nos visitan dos veces al año.

Así se forma

2. Descriptive adjectives

3-6

¿Quién? Listen to the following statements and indicate whether each describes Manuel, Linda, either Manuel or Linda, or both Manuel and Linda.

	Manuel	Linda	Manuel y Linda	Manuel o Linda
1.				
2.				
3.				
4.				
5.				
6.				

3-7

Descripciones. Listen to the descriptions of the people in the drawings. If they are correct, express agreement. If they are false, express disagreement and correct them. Listen for confirmation.

Modelo: You hear: Inés es baja.
You say: **Sí, Inés es baja.** *o*
No, Inés no es baja, es alta.
Confirmation: Sí, Inés es baja. *o*
No, Inés no es baja, es alta.

1.

2.

Copyright © 2008 John Wiley & Sons, Inc.

3.

4.

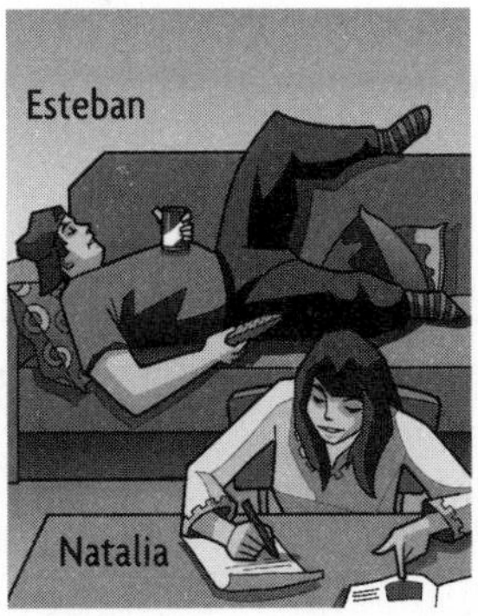

5.

6.

7.

3-8 **¿Cómo son?** Listen to the following questions and answer with descriptions that include at least two characteristics. (If the question is about a person who does not exist for you or you do not know, make up the answer.) You will hear each question twice.

1. ______________________
2. ______________________
3. ______________________
4. ______________________
5. ______________________
6. ______________________

Así se forma

3. Possessive adjectives and possession with *de*

A. Possessive adjectives

3-9 **Nuestro cuarto.** You went to study with your friend in his room. You are ready to leave now, but you are not sure which things are yours! Listen to your friend and indicate which things are yours (**Mis cosas**), his (**Cosas de mi amigo**), or his roommate's (**Cosas de su compañero**).

Modelo: You hear: Es mi libro.
You mark: **Cosas de mi amigo**

	Mis cosas	Cosas de mi amigo	Cosas de su compañero
1.			
2.			
3.			
4.			
5.			
6.			

3-10 **La universidad.** Your grandmother has heard about your life at college. Now she calls to see how you are doing. She does not have such great memory, listen to her and confirm or correct her statements as in the model. Do not forget to use possessive adjectives. Listen for confirmation.

Modelo: You hear: Tienes unos profesores muy simpáticos, ¿verdad?
You say: **Sí, mis profesores son muy simpáticos.** *o*
No, mis profesores no son muy simpáticos.
Confirmation: Sí, mis profesores son muy simpáticos. *o*
No, mis profesores no son muy simpáticos.

1. ... **2.** ... **3.** ... **4.** ... **5.** ... **6.** ...

Copyright © 2008 John Wiley & Sons, Inc.

3-11 **Vamos a la reunión.** Indicate with whom each person is attending the reunion. Listen for confirmation.

Modelo: You hear: ¿Con quién vas a la reunión? (tíos)
You say: **Voy con mis tíos.**
Confirmation: Voy con mis tíos.

B. Possession with *de*

3-12 **Familiares y amigos.** Indicate the relationship between the individuals as portrayed in the illustrations. Listen for confirmation.

Modelo: You hear: ¿Quién es Conchita?
You say: **Es la hermana de Camila.**
Confirmation: Es la hermana de Camila.

hermanas

madre e hijas

abuelo y nieto

madre e hijo

hermanos

amigas

Así se forma

4. The verb estar

A. Indicating location of people, places, and things

3-13 **¿Dónde están?** Imagine that you and some of your friends are in the following photos. Answer the questions to say where you are. Listen for confirmation.

Modelo: You hear: ¿Dónde está Ricardo?
You say: **Ricardo está en la escuela.**
Confirmation: Ricardo está en la escuela.

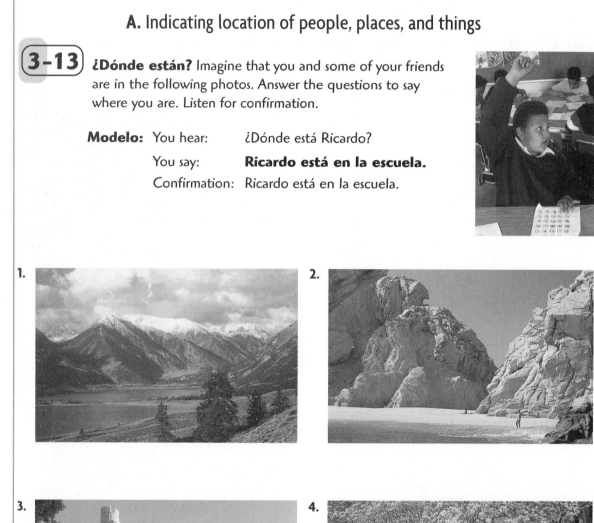

1. 

2. 

3. 

4. 

Copyright © 2008 John Wiley & Sons, Inc.

Nombre ______________________ Fecha ______________ Clase ______________

B. Describing conditions

3-14 **¿Quién habla? ¿Y cómo está?** First, identify who is speaking according to the description. Then write the word that best describes the condition of the person.

Modelo: You hear: Tengo mucha tarea y un examen mañana. ¿Quién habla?
You say: **Natalia.**
Confirmation: Natalia.
You hear: ¿Cómo está?
You say: **Está muy ocupada.**
Confirmation: Está muy ocupada.
You write: ocupada

Está muy ____________ .

Está muy ____________ .

Está muy ____________ .

Está muy ____________ .

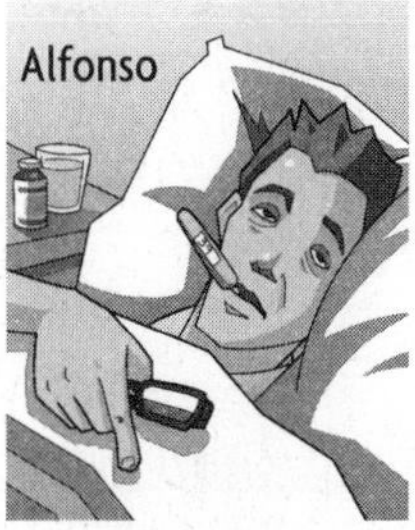

Está muy ____________ .

Está muy ____________ .

Está muy ____________ .

3-15 **Una de mis personas favoritas.** Write the name of one of your favorite persons in the blank provided. Listen to each descriptive word or phrase and say whether it applies to the person. Mark **Sí** or **No** with an **X**. Then write the word or phrase in the appropriate column. Listen for confirmation.

Modelo: You hear: amable

You mark: ☒ Sí ☐ No

You write: amable ______ in the **es** column.

Confirmation: Sí, es amable.

Una de mis personas favoritas es: ________________

	es	**está**
☒ Sí ☐ No	amable	
☐ Sí ☐ No		
☐ Sí ☐ No		
☐ Sí ☐ No		
☐ Sí ☐ No		
☐ Sí ☐ No		
☐ Sí ☐ No		

3-16 **Preguntas para ti.** Answer the following questions in complete Spanish sentences. You will hear each question twice.

1. ______________________________
2. ______________________________
3. ______________________________
4. ______________________________
5. ______________________________
6. ______________________________

Copyright © 2008 John Wiley & Sons, Inc.

Nombre ______________________ Fecha ____________ Clase ____________

CAPÍTULO 4

¡A la mesa!

Chapter overview

In order to do the Lab Manual activities for this chapter, you will need CD 2. Listen to the recording as many times as you need to in order to do the activities. Write down the track number as you listen to the material so that you can find the activities easily when you listen to them again.

Actividad	***Page number***	***Track***
4–1. En el mercado central.	LM 34–35	______
4–2. Alimentos para una buena salud.	LM 36	______
4–3. ¿Te gusta?	LM 37	______
4–4. ¡Me gusta!	LM 37	______
4–5. Los hábitos y las preferencias de Pepita.	LM 38	______
4–6. La confesión de Esteban.	LM 38	______
4–7. Querer y poder.	LM 39	______
4–8. ¿Qué comidas y bebidas hay?	LM 39–40	______
4–9. El desayuno en un restaurante. mexicano-americano.	LM 40	______
4–10. En el mercado.	LM 41	______
4–11. Años importantes.	LM 41	______
4–12. Solicitando información.	LM 42	______
4–13. Preguntas para ti.	LM 42	______

Así se dice

¡A la mesa!

4-1 **En el mercado central.** Listen and write the number of the word you hear next to the appropriate food.

Copyright © 2008 John Wiley & Sons, Inc.

Nombre ______________________ Fecha ____________ Clase ____________

4-2 **Alimentos para una buena salud (*health*).** Listen to the following recommendations for a healthy diet. As you listen, fill the table with the missing food categories and the food items mentioned. Then complete the spaces by the food pyramid with the appropriate food groups. You will listen to the text twice.

grain frutes vegtables oil milk protien

Granos	______	______	Aceites	Leche	Proteína

La pirámide del bienestar

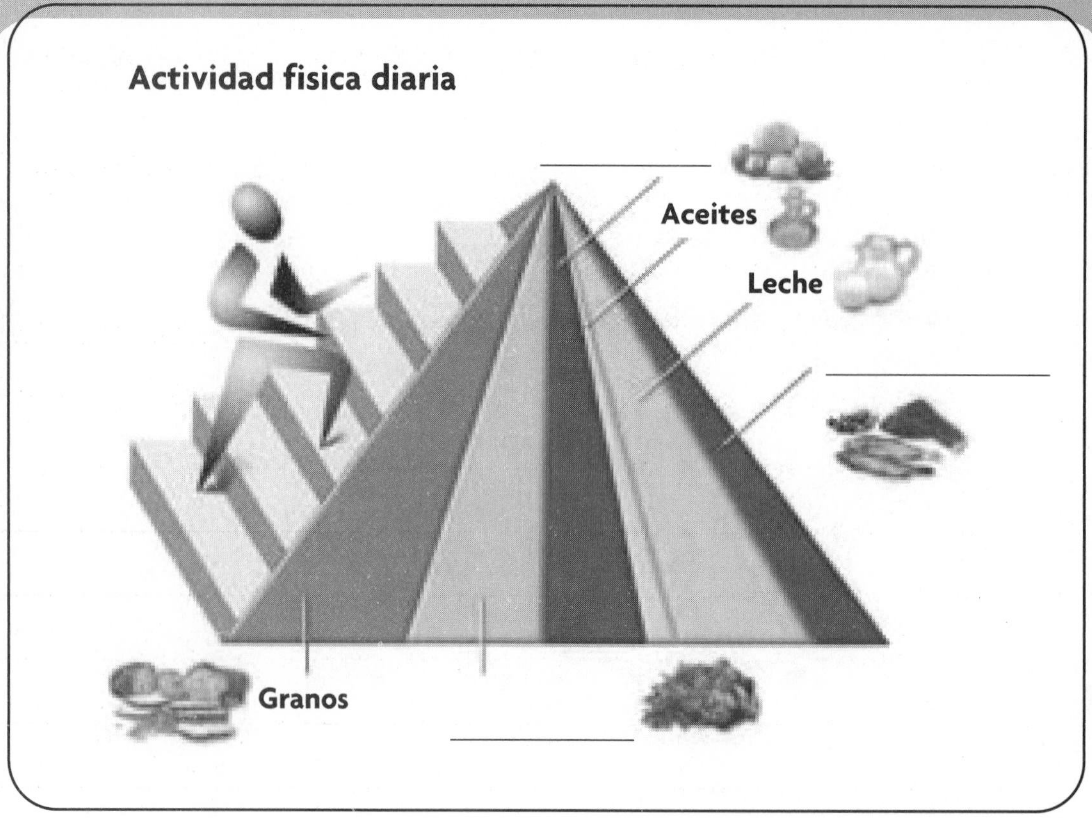

Copyright © 2008 John Wiley & Sons, Inc.

Así se forma

1. The verb *gustar*

4-3 **¿Te gusta?** Listen to the following list of foods and mark the answer that is appropriate and true for you.

Modelo: You hear: las fresas

You see: ☐ Sí, me gusta. ☐ Sí, me gustan.
☐ No, no me gusta. ☐ No, no me gustan.

You mark: ☒ Sí, me gustan. *o* ☒ No, no me gustan.

1.	☑ Sí, me gusta.	☐ Sí, me gustan.	☑ No, no me gusta.	☐ No, no me gustan.
2.	☑ Sí, me gusta.	☐ Sí, me gustan.	☑ No, no me gusta.	☐ No, no me gustan.
3.	☐ Sí, me gusta.	☑ Sí, me gustan.	☐ No, no me gusta.	☑ No, no me gustan.
4.	☐ Sí, me gusta.	☑ Sí, me gustan.	☐ No, no me gusta.	☑ No, no me gustan.
5.	☑ Sí, me gusta.	☐ Sí, me gustan.	☑ No, no me gusta.	☐ No, no me gustan.
6.	☐ Sí, me gusta.	☑ Sí, me gustan.	☐ No, no me gusta.	☑ No, no me gustan.

4-4 **¡Me gusta!** Answer the following questions to indicate the likes or dislikes of the people mentioned.

Modelo: You hear: ¿Te gustan las fresas?

You write: Sí, me gustan las fresas. *o* No, no me gustan las fresas.

1. gustan ____________________
2. gusta ____________________
3. ____________________
4. ____________________
5. ____________________
6. ____________________
7. ____________________
8. ____________________

Así se forma

2. Stem-changing verbs

4-5 **Los hábitos y las preferencias de Pepita.** Listen to the four conversations between Alfonso and Pepita. As you listen, mark with an **X** Pepita's habits and preferences.

1.	Pepita duerme	☐ de 8 a 9 horas	☐ 5 horas
2.	Pepita almuerza	☐ en la cafetería	☐ en el centro estudiantil
3.	Pepita prefiere	☐ la comida de *McDonald's*	☐ la comida de *Olive Garden*
4.	Pepita y sus amigas piden	☐ la pizza con ajo y cebollas	☐ la pizza con jamón y piña

4-6 **La confesión de Esteban.** Listen to Esteban's narration about his lazy habits. As you listen, write the missing verbs in the blanks. The paragraph will be read a second time. Check your responses.

Sí, es verdad. Soy un poco perezoso—bueno, muy perezoso. __________ estudiar por la noche, cuando estudio. Por la tarde __________, __________ a mi cuarto, y luego __________ la siesta. Es mi rutina; de lo contrario no __________ funcionar bien el resto del día. Verdaderamente __________ que es indispensable recargar las baterías. No __________ a esa gente que trabaja sin descanso. Es necesario saber vivir. ¿Para qué __________ las buenas notas cuando uno es infeliz?

Copyright © 2008 John Wiley & Sons, Inc.

4-7 **Querer y poder.** Answer the following questions. Mark with an **X** the verb that you used in your answer. Listen for confirmation.

Modelo:	You hear:	¿Quieres almorzar ahora?
	You say:	**Sí, quiero almorzar ahora.** *o* **No, no quiero almorzar ahora.**
	You mark:	X quiero
	Confirmation:	Sí, quiero almorzar ahora. *o* No, no quiero almorzar ahora.

1.	✓ quiero	__ quieres	__ quiere	__ queremos	__ quieren
2.	__ quiero	__ quieres	__ quiere	__ queremos	✓ quieren
3.	__ quiero	__ quieres	__ quiere	✓ queremos	__ quieren
4.	__ puedo	__ puedes	✓ puede	__ podemos	__ pueden
5.	✓ puedo	__ puedes	__ puede	__ podemos	__ pueden
6.	__ puedo	__ puedes	__ puede	✓ podemos	__ pueden

Así se dice

Las comidas y las bebidas

4-8 **¿Qué comidas y bebidas hay?** Listen and write the number of the word you hear next to the appropriate foods.

Es la hora del desayuno. ¿Qué hay en la mesa?

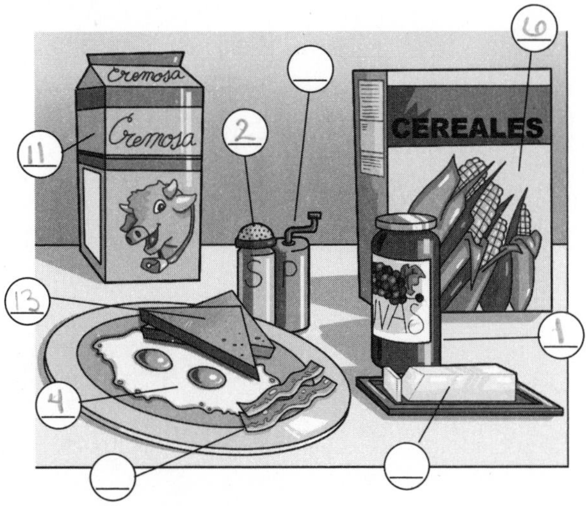

¿Qué hay para el almuerzo?

¿Qué otras comidas y bebidas hay?

4-9 **El desayuno en un restaurante mexicano-americano.** Listen to the following conversation. As you listen, mark with an **X** the foods and beverages that Linda and Manuel each order.

Linda pide:	[x] un yogur de fresa	[ ] un yogur de vainilla
	[ ] huevos fritos	[x] huevos revueltos
	[ ] pan tostado con mantequilla	[x] pan tostado sin mantequilla
	[x] jugo de naranja	[ ] jugo de manzana
	[ ] café	[ ] té
Manuel pide:	[ ] huevos fritos	[x] huevos rancheros
	[x] tocino	[ ] salchicha
	[x] café con crema y azúcar	[ ] café sin crema y azúcar
	[ ] jugo de naranja	[x] agua

Copyright © 2008 John Wiley & Sons, Inc.

Nombre ________________________________ Fecha ____________ Clase ____________

Así se forma

3. Counting from 100 and indicating the year

4-10 **En el mercado.** Imagine that you are going grocery shopping.

Paso 1. Listen to the following list of items for sale and their prices. As you listen, write the prices **(pesos per kilo)** for each item.

Paso 2. Now listen to the combinations of vegetables, fruits, or seafood that you are going to buy. Calculate the price and write it down. Listen for confirmation.

1. ____________ **3.** ____________ **5.** ____________

2. ____________ **4.** ____________ **6.** ____________

4-11 **Años importantes.** Look at the list of important events in history below. Then listen to the years when these events took place and write each year by the corresponding event. Listen for confirmation.

Modelo: You hear: 1588

You write: 1588 La destrucción de la Armada Invencible de España.

Confirmation: 1588: La destrucción de la Armada Invencible de España.

______ Cristóbal Colón llega al Nuevo Mundo.

______ La Declaración de Independencia de los EE.UU.

______ Fin de la Guerra Civil en los EE.UU.

______ Fin de la Segunda Guerra Mundial.

______ La caída (*fall*) del Muro de Berlín.

______ La caída de las Torres Gemelas.

Así se forma

4. A summary of interrogative words

4-12 **Solicitando información.** Listen to each statement about Mrs. Martínez and mark with an **X** the question that corresponds to it.

Modelo: You hear: La señora Martínez no es la profesora.

You mark: ☒ ¿Quién es la profesora?

☐ ¿Quiénes son los profesores?

1. ☐ ¿Dónde está? ☐ ¿De dónde es?
2. ☐ ¿Adónde va? ☐ ¿Dónde vive?
3. ☐ ¿Cuál es su ciudad favorita? ☐ ¿En qué ciudad está?
4. ☐ ¿Cuántos hijos tiene? ☐ ¿Cuántas hijas tiene?
5. ☐ ¿Cuánto trabaja? ☐ ¿Cuándo trabaja?
6. ☐ ¿Por qué estudia? ☐ ¿Qué estudia?
7. ☐ ¿Adónde va? ☐ ¿De dónde es?

4-13 **Preguntas para ti.** Answer the following questions in complete Spanish sentences. You will hear each question twice.

1. ______________________________
2. ______________________________
3. ______________________________
4. ______________________________
5. ______________________________

Copyright © 2008 John Wiley & Sons, Inc.

Nombre ______________________ Fecha ____________ Clase ____________

CAPÍTULO 5

Recreaciones y pasatiempos

Chapter overview

In order to do the Lab Manual activities for this chapter, you will need CD 3. Listen to the recording as many times as you need to in order to do the activities. Write down the track number as you listen to the material so that you can find the activities easily when you listen to them again.

Así se dice

Recreaciones y pasatiempos

5-1 **Un sábado por la tarde.** It's Saturday afternoon and many people are enjoying the park. Listen and indicate which pastime or sport each person likes by writing the number of the sentence that best describes the activity in the appropriate space.

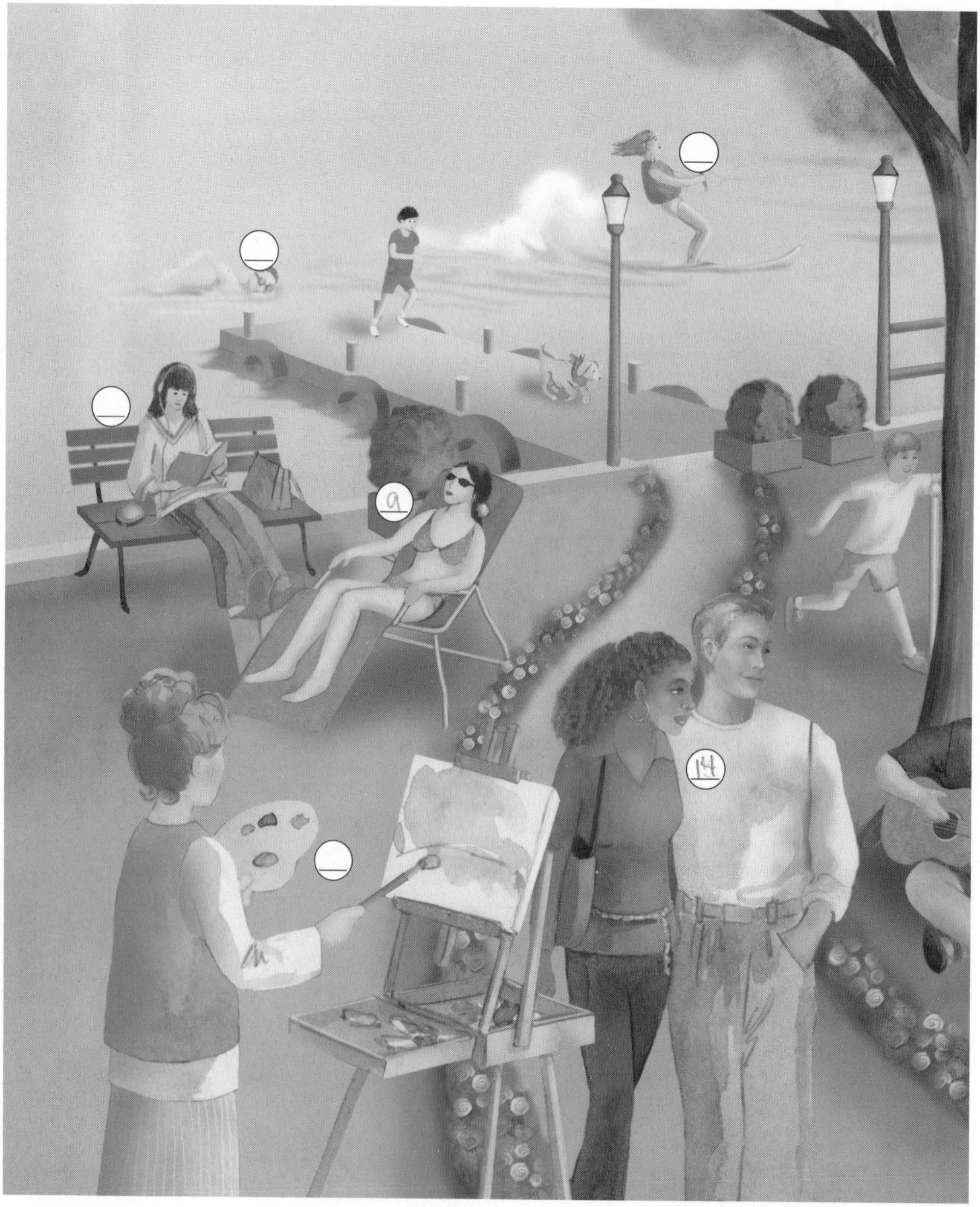

Copyright © 2008 John Wiley & Sons, Inc.

Nombre ______________________ Fecha ____________ Clase ____________

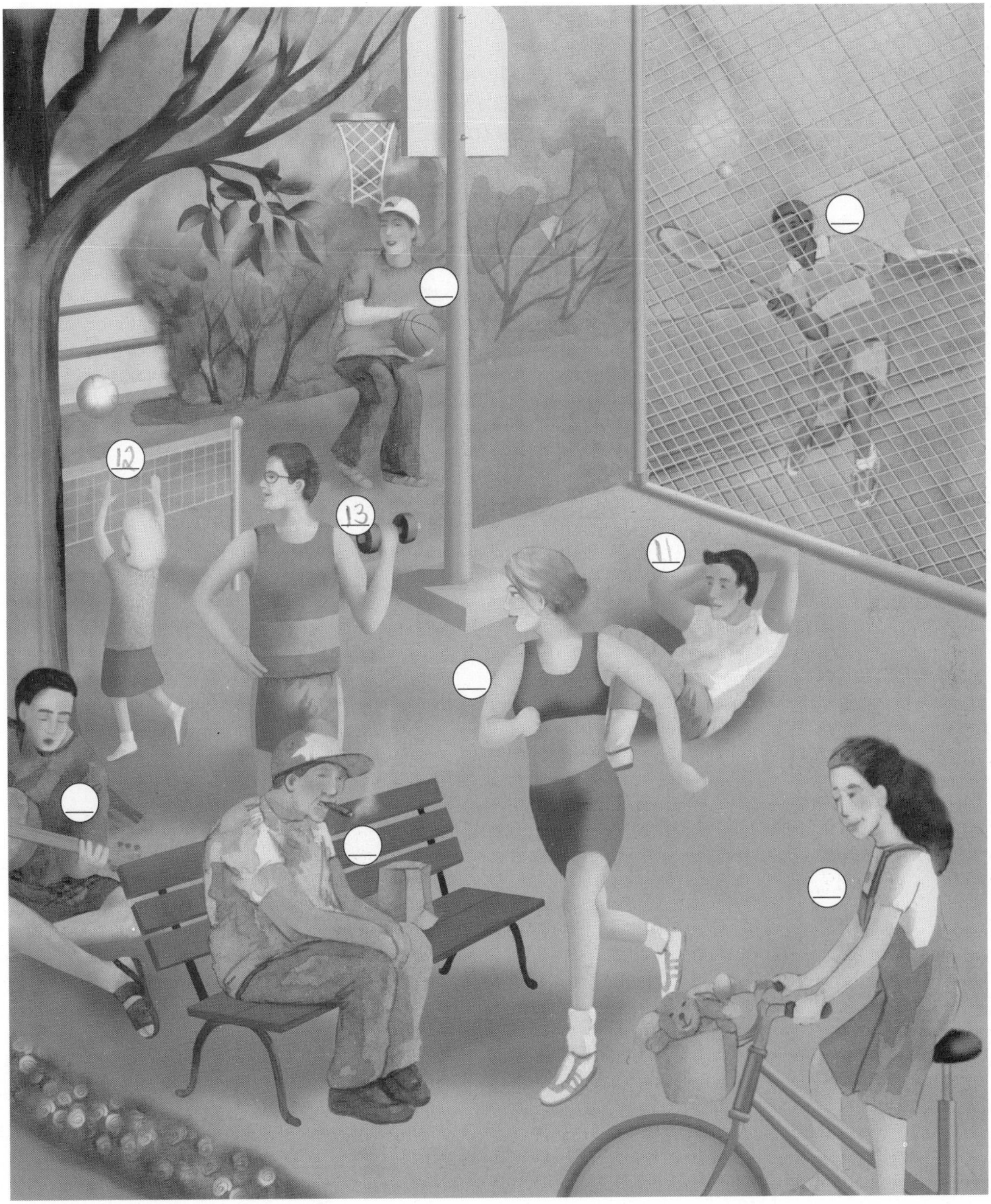

5-2 **Gimnasio-Club deportivo.** Determine in which club activities Pepita, Linda, and Octavio probably want to participate. Listen to their interests and write a **P** (Pepita), an **L** (Linda), or an **A** (Alfonso) by the activities each might enjoy.

GIMNASIO-CLUB DEPORTIVO

______ Equipo cardiovascular
______ Pesas
______ Aeróbic
______ Karate
______ Taekuondo
______ Piscina°/Natación
______ Clases/Torneos de tenis
______ Ping-Pong

Abierto lunes–viernes 6:00 A.M.–10:00 P.M.
sábado, domingo 8:00 A.M.–6:00 P.M.
Avenida del Mar, 10097

° *swimming pool*

5-3 **¿Qué actividad es?** Listen to the following descriptions and identify the activity, both orally and in writing.

1. ______________________ 3. ______________________

2. ______________________ 4. ______________________

Así se dice

Los colores

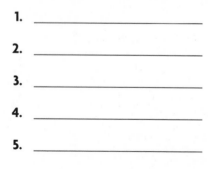

5-4 **¿De qué color?** Listen to the following lists of foods and drinks and indicate which color you associate with them.

1. ______________________
2. ______________________
3. ______________________
4. ______________________
5. ______________________

Copyright © 2008 John Wiley & Sons, Inc.

Nombre ______________________ Fecha ____________ Clase ____________

Así se dice

Más actividades y deportes

5-5 **¿Qué haces?** Listen to the following activities and indicate how often you do each.

	siempre	**generalmente**	**a veces**	**casi nunca**	**nunca**
1.					
2.					
3.					
4.					
5.					
6.					

Así se forma

1. Additional *yo*-irregular verbs

A. *Saber* and *conocer*

5-6 **¿Saber o conocer?** Listen to each cue provided. Then make a negative or an affirmative statement and select **sé** or **conozco** to accurately complete each sentence. Mark your answer with an **X**.

Modelo: You hear: hablar francés

You say: **Sí, sé hablar francés.** *o* **No, no sé hablar francés.**

You mark: ☒ sé ☐ conozco

1. ☐ sé ☐ conozco

2. ☐ sé ☐ conozco

3. ☐ sé ☐ conozco

4. ☐ sé ☐ conozco

5. ☐ sé ☐ conozco

6. ☐ sé ☐ conozco

7. ☐ sé ☐ conozco

8. ☐ sé ☐ conozco

B. Additional verbs with an irregular *yo* form

5-7 **¿Qué hace Pepita? ¿Y tú?** Answer the questions about Pepita's activities based on the illustrations below. Then answer the questions about what you do. Answer each question both orally and in writing.

Modelo: You hear: ¿Qué hace Pepita por la mañana?
You say and write: **Hace ejercicio.**
You hear: Y tú, ¿haces ejercicio por la mañana?
You say and write: **Sí, hago ejercicio por la mañana.** *o*
No, no hago ejercicio por la mañana.

1. ______________________________

____

2. ______________________________

____

3. ______________________________

____

4. ______________________________

____

5-8 **Preguntas para ti.** Answer the following questions in complete sentences. You will hear each question twice.

1. ______________________________

2. ______________________________

Copyright © 2008 John Wiley & Sons, Inc.

3. ____

4. ____

5. ____

Así se dice

Preferencias, obligaciones e intenciones

5-9 **Preferencias y obligaciones.**

Paso 1. First, identify the person who corresponds to the description. Then answer the questions about each person. Listen for confirmation.

1.

Esteban

2.

Inés

3.

Javier

4.

Rubén

5.

Linda

Paso 2. ¿Y tú?

Debo ______________________________________.

Tengo que __________________________________.

Tengo ganas de ______________________________.

Así se forma

2. *Ir* + *a* + infinitive

5-10 **¿Qué van a hacer?** Listen to each person's situation. Then indicate what each is going to do under the circumstances by writing the appropriate letter from the activity in the second column in each space.

____ **1.** yo — **a.** Van a hablar.

____ **2.** Tina — **b.** Va a almorzar.

____ **3.** Tomás y Miguel — **c.** Voy a desayunar.

____ **4.** Alfonso — **d.** Va a estudiar esta noche.

____ **5.** yo — **e.** ¡Van a salir!

____ **6.** Linda y Manuel — **f.** Voy a tomar un refresco.

Y tú, ¿qué vas a hacer esta noche? Esta noche voy a ____________ y ____________.

Así se dice

El tiempo y las estaciones

5-11 **¿Qué tiempo hace? ¿Qué estación es?** According to the drawings, indicate the weather and the seasons.

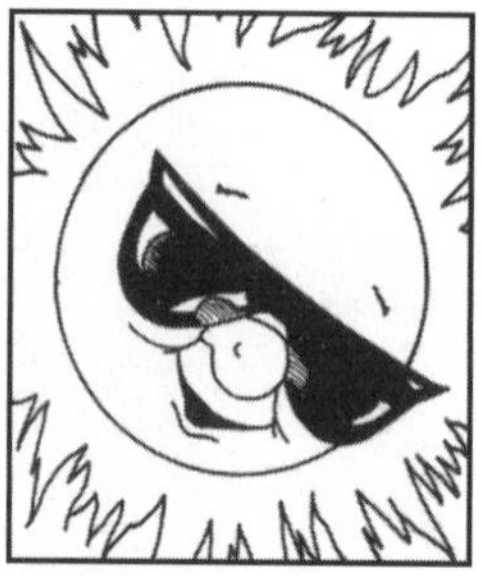

Modelo: You hear: ¿Qué tiempo hace?
You say and write: **Hace sol.**
You hear: ¿Y cuál es la estación?
You say and write: **Es verano.**

1. 

____

____

2. 

____

____

3. 

____

____

Copyright © 2008 John Wiley & Sons, Inc.

4. 

5. 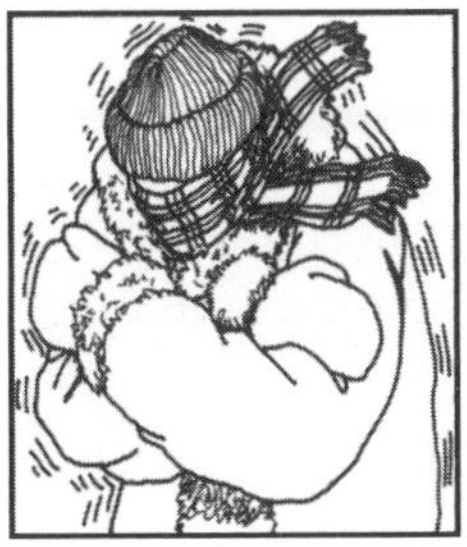

6. 

Así se forma

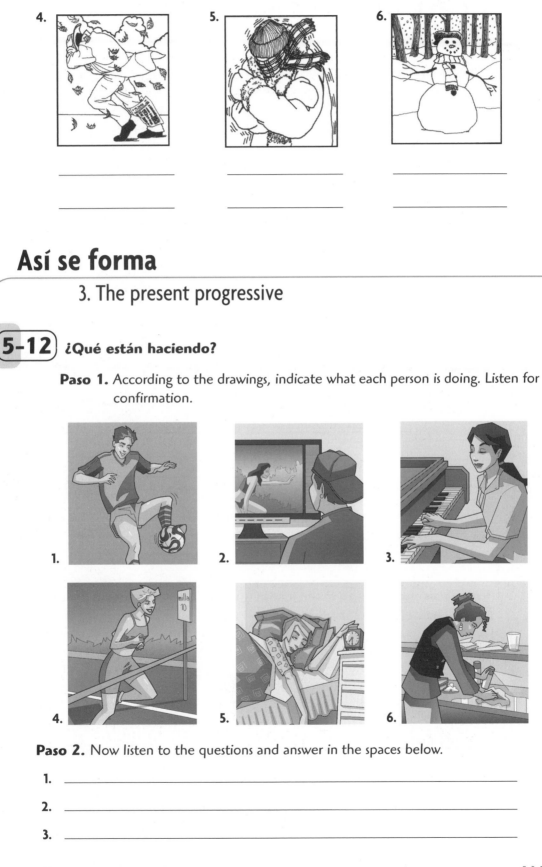

3. The present progressive

5-12 ¿Qué están haciendo?

Paso 1. According to the drawings, indicate what each person is doing. Listen for confirmation.

1.

2.

3.

4.

5.

6.

Paso 2. Now listen to the questions and answer in the spaces below.

1. ______________________________

2. ______________________________

3. ______________________________

Así se forma

4. *Ser* and *estar* (A summary)

5-13 **Natalia.** Listen to the words or phrases that describe Natalia and her day at the park. Select **es** or **está** to accurately complete each sentence. Mark your answers with an **X**.

Modelo: You hear: lunes
You say: **Es lunes.**
You mark: ☒ es ☐ está

1. ☐ es ☐ está **4.** ☐ es ☐ está **7.** ☐ es ☐ está

2. ☐ es ☐ está **5.** ☐ es ☐ está **8.** ☐ es ☐ está

3. ☐ es ☐ está **6.** ☐ es ☐ está **9.** ☐ es ☐ está

5-14 **Javier y Samuel.** Answer the questions about Javier and his younger brother Samuel according to the drawing. You will hear each question twice.

1. ______________________________

2. ______________________________

3. ______________________________

4. ______________________________

5. ______________________________

6. ______________________________

5-15 **Preguntas para ti.** Answer the following questions in complete sentences. You will hear each question twice.

1. ______________________________

2. ______________________________

3. ______________________________

4. ______________________________

5. ______________________________

6. ______________________________

Copyright © 2008 John Wiley & Sons, Inc.

Nombre ______________________ Fecha ______________ Clase ___________

CAPÍTULO 6 La rutina diaria

Chapter overview

In order to do the Lab Manual activities for this chapter, you will need CD 3. Listen to the recording as many times as you need to in order to do the activities. Write down the track number as you listen to the material so that you can find the activities easily when you listen to them again.

Actividad	*Page number*	*Track*
6–1. En la residencia estudiantil.	LM 54–55	______
6–2. Las cosas que necesita Inés.	LM 56	______
6–3. Una dentista habla.	LM 56	______
6–4. El horario de Pepita.	LM 56	______
6–5. Mi horario.	LM 57	______
6–6. Preguntas para ti.	LM 57	______
6–7. Rápidamente.	LM 58	______
6–8. Algunas profesiones.	LM 58–59	______
6–9. Anuncios de empleo.	LM 59	______
6–10. El trabajo de tiempo parcial.	LM 60	______
6–11. Una tarde de sábado.	LM 61	______
6–12. ¿Qué hicieron este fin de semana?	LM 62	______
6–13. La rutina matinal de Inés.	LM 62	______
6–14. Preguntas para ti.	LM 63	______
6–15. Por la mañana.	LM 63	______
6–16. Una fiesta.	LM 63	______

Así se dice

La rutina diaria

6-1 **En la residencia estudiantil.**

Paso 1. It is Thursday morning and everyone is getting ready for school. Listen and write the number of each thing and activity described in the appropriate spaces.

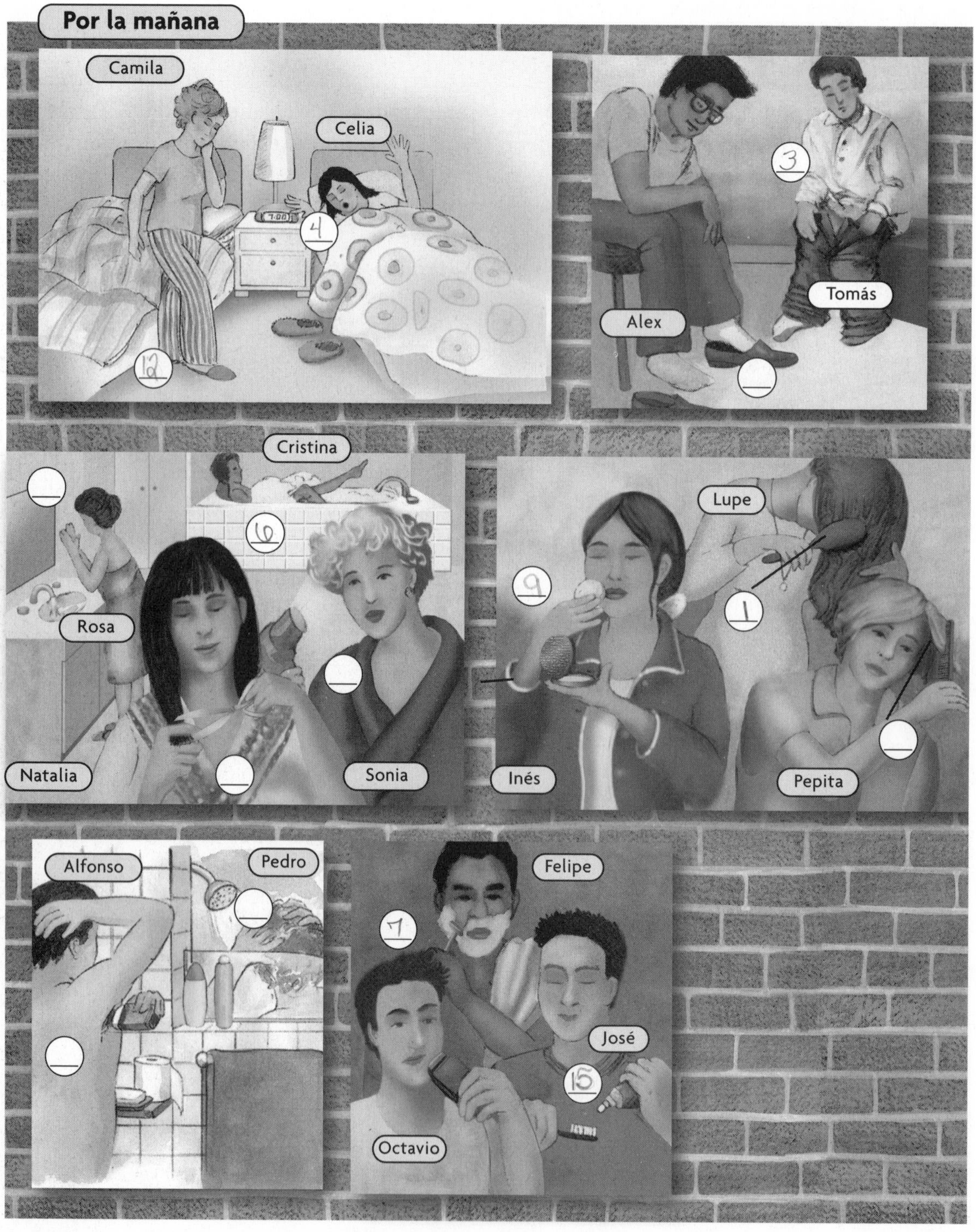

Copyright © 2008 John Wiley & Sons, Inc.

Paso 2. Classes are over for the day; some people are relaxing while others have to study. Listen and write the number of each thing and activity described in the appropriate spaces.

6-2 **Las cosas que necesita Inés.** Find in the list the object that Inés needs in order to carry out each activity mentioned. Write the number of the activity by the object.

Modelo: You hear: 1. Inés sale de la ducha y va a secarse. ¿Qué necesita?
You write: _1_ beside **la toalla**

___ el gel	___ el secador de pelo	_3_ el champú
_9_ las tijeras	___ el despertador	_6_ la pasta de dientes
_2_ el jabón	_8_ la navaja	

6-3 **Una dentista habla.** Listen to a dentist's opinion about electric toothbrushes vs. manual ones. After you listen, mark with an **X** the opinion that best represents the dentist's.

La opinión de la dentista es que...

- ☐ los cepillos eléctricos son mejores.
- ☐ los cepillos manuales son mejores.
- ☑ los dos son buenos —lo importante es usarlos adecuadamente.

Así se forma

1. Reflexive verbs

6-4 **El horario de Pepita.** Listen to Pepita's daily routine and fill in the missing information.

Actividad	Hora
se despierta	7:00
Lavante	7:15
se baña	7:
desauna	7:40
va clase	8:15
	12:30
hace ejercicio	5:00
	6:00
se acuesta	9:30

Copyright © 2008 John Wiley & Sons, Inc.

Nombre ______________________ Fecha ______________ Clase __________

6-5 **Mi horario**. Listen to each question and answer it providing the missing information as per your daily routine. Include the time (**...a las 8:00,** etc.) or the general time of day (**por la mañana/ tarde/ noche,** etc.) when each activity generally occurs.

Modelo: You hear: ¿A qué hora te despiertas?

You say and write: **Me despierto a las 8:00.**

1. Me lento a las seis.
2. Me baño a las seis media.
3. Me
4. Me pieno
5. me cillo de diente a las
6. Me
7. Me a las ocho.
8. Me
9. Me
10. Me
11. Me
12. Me d

6-6 **Preguntas para ti.** Answer the following questions in complete sentences. You will hear each question twice.

1. ______________________
2. ______________________
3. ______________________
4. ______________________
5. ______________________
6. ______________________
7. ______________________

Así se forma

2. Adverbs

6-7 **Rápidamente.** Listen to each of the following adjectives. Change each adjective you hear to an adverb and write it in the space provided to complete the sentence. Then read the complete sentence out loud. Listen for confirmation.

Modelo: You see: Voy a contarles lo que ________ hago por la mañana.
You hear: normal
You write: normalmente
You say: **Voy a contarles lo que normalmente hago por la mañana.**

1. Cuando suena el despertador, no me despierto ____________________.
2. Me despierto ____________________.
3. Y nunca me levanto ____________________.
4. Al levantarme, ____________________ me ducho y me lavo el pelo.
5. ____________________, me pongo jeans y un suéter.
6. ____________________, desayuno en la cafetería.
7. ____________________, después, me voy a clase.
8. ____________________, a veces llego un poco tarde.

Así se dice

El trabajo

6-8 **Algunas profesiones.** Listen to the descriptions of these people's professions and identify the person, by writing the appropriate number next to the illustrations and telling their name.

Modelo: You hear: Es ama de casa.
You write: 1 under **Señora Casona**
You say: **Es la señora Casona.**

Copyright © 2008 John Wiley & Sons, Inc.

Nombre ______________________ Fecha ______________ Clase __________

el señor Vega

____

la señora Vega

____

el doctor López

____

la señorita Rojas

____

la señora Ruiz

____

el señor Gómez

____

la señorita Cortés

____

la señora Casona

__1__

6-9 **Anuncios de empleo.** First, listen to the descriptions of the job ads on the right. Then, listen to the description of each person and determine which job is best suited to him/her. In the blank provided, write the letter (**a, b,...**) that corresponds to the appropriate job.

___ **1.** Laura González

___ **2.** Pedro Sánchez

___ **3.** Pablo Caputo

___ **4.** Fernanda Blanco

___ **5.** Ana Rojas

a.

ASISTENTES DE MARKETING
relacionadores públicos.

Entrevista personal, lunes 20 de julio, de 10:00 a 13:00 hrs. y de 16:00 a 18:00 hrs. en Av. 11 de Septiembre, 1987, piso 10, oficina 120.

b.

CONTADOR/A AUDITOR/A

con experiencia y recomendaciones para administración y finanzas. Enviar currículum al Fax: **2-27-52-84**

c.

PROFESORA DE AEROBICS

Urgente necesito. Presentarse lunes de 8:30 en adelante.

Zapatillo 85,
San Bernardo. 8-58-43-21

d.

DISEÑADOR/A GRÁFICO/A

Enviar currículum a Fonofax: 8-56-12-87

(OPERADOR/A MACINTOSH)
con experiencia mínima dos años en scanner y matricería digital.

e.

PROFESOR/A DE COMPUTACIÓN

laboratorio multimedia,
disponibilidad inmediata.
Currículum personalmente.
Avenida Colón 36715, la Cisterna.

(6-10) El trabajo de tiempo parcial. The students depicted in the following drawings hold part-time jobs. Listen to each description and indicate who is being described.

Carmen

Linda

Alfonso y Natalia

Esteban

1. ______________________

2. ______________________

3. ______________________

4. ______________________

5. ______________________

Now, answer the follow-up questions. ***Hint:* Me gustaría/ No me gustaría...** *I would like/I wouldn't like ...*

6. ______________________

7. ______________________

8. ______________________

9. ______________________

10. ______________________

Copyright © 2008 John Wiley & Sons, Inc.

Nombre ______________________ Fecha ______________ Clase __________

Así se forma

3. The preterit of regular verbs, *ser* and *ir*

6-11 **Una tarde de sábado.** Listen to Rubén talk about what he and his friends did on Saturday and indicate who did each activity. Then say and write whether you did the same.

Modelo: You hear: Fui al parque.
You mark: **Rubén**
You say and write: **Yo fui al parque también.** *o* **Yo no fui al parque.**

	Rubén (yo)	Manuel (él)	Rubén y Manuel (nosotros)	Tú
1.	limpi ✓	limpó	limiamos	limpiaste
2.	hugue	hugó	hugamos	hugueaste
3.	amorce	amorcó	amorceamos	amorceaste
4.	comí	comió	comiamos	comiaste
5.	fuí	feó	feamos	fuiaste
6.	estuedé	estudó	estuiamos	estudiaste

6-12 **¿Qué hicieron tú y tus amigos el fin de semana?** Listen to the questions about what you and your friends did this past weekend. First mark **Sí,...** or **No, no...** with an **X**. Then write the correct form of the verb in the blank and complete the sentence with some details.

Modelo: You hear: ¿Comieron en un restaurante?

You mark: ☐ Sí,... *o* ☐ No, no...

You write: Sí, comimos en un restaurante mexicano el sábado por la noche. *o* No, no comimos en la cafetería de la universidad.

1. ☐ Sí,... ☐ No, no... estudiamos
2. ☐ Sí,... ☐ No, no... fuiamos
3. ☐ Sí,... ☐ No, no... fuiamos
4. ☐ Sí,... ☐ No, no... vivemos
5. ☐ Sí,... ☐ No, no... saliamos

6-13 **La rutina matinal de Inés.** Describe what Inés did this morning, using the cues provided to begin each sentence. Listen for confirmation.

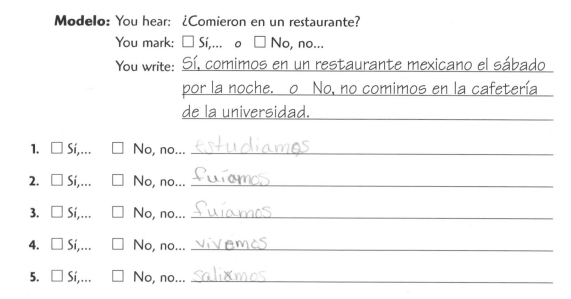

1. 
Primero,...

2. 
Luego,...

3. 
Después,...

4. 
Entonces,...

5. 
Y más tarde,...

6. 
Finalmente,...

Copyright © 2008 John Wiley & Sons, Inc.

Nombre ______________________ Fecha ______________ Clase ____________

6-14 **Preguntas para ti.** Answer the questions in complete sentences. You will hear each question twice.

1. ________________________________
2. ________________________________
3. ________________________________
4. ________________________________
5. ________________________________

Así se forma

4. Direct-object pronouns

6-15 **Por la mañana.** Your roommate is late for class and she is asking about some things. Listen to her and indicate what she is referring to among the options provided. Pay attention to the pronouns she uses!

1.	a. el secador de pelo	b. la navaja	c. los zapatos	d. las tijeras
2.	a. el champú	b. la pasta de dientes	c. los libros	d. las llaves
3.	a. el cepillo	b. la ropa	c. los cuadernos	d. las toallas
4.	a. el cereal	b. la leche	c. los plátanos	d. las fresas
5.	a. el libro de español	b. la mochila	c. los lápices	d. las tareas

6-16 **Una fiesta.** You are giving a party tonight. Listen to your friends' questions and follow the cues below to answer, using appropriate direct-object pronouns.

Modelo: You hear: ¿Invistaste a Elena?
You respond: Sí, ______________.
You write: **Sí, la invité.**

Palabra útil: invitar *to invite*

1. Sí, ______________.
2. No, ______________.
3. Sí, ______________.
4. Sí, ______________.
5. No, ______________.
6. Sí, ______________.
7. Sí, ______________.

Nombre ______________________ Fecha ______________ Clase ____________

CAPÍTULO 7 Por la ciudad

Chapter overview

In order to do the Lab Manual activities for this chapter, you will need CD 4. Listen to the recording as many times as you need to in order to do the activities. Write down the track number as you listen to the material so you can find the activities easily when you listen to them again.

Así se dice

Por la ciudad

7-1 **¡Vamos al centro!** Escucha estas preguntas, contéstalas (*answer them*) y escribe el número de la oración en el círculo apropiado. Después, escucha la confirmación.

Copyright © 2008 John Wiley & Sons, Inc.

Nombre ______________________ Fecha ______________ Clase ____________

Modelo: Oyes: 1. ¿Dónde podemos ver arte en la ciudad?

Dices: **En el Museo de Arte Colonial.**

Escribes: __1__ en el círculo del Museo de Arte

Confirmación: En el Museo de Arte Colonial.

7-2 **¿Adónde vamos?** Escucha a estas personas e indica la opción que representa el lugar adonde van.

Modelo: Oyes: 1. Necesito ropa, zapatos y otras cosas.
Escribes: _e_ junto al número 1

1. _e_ **a.** al quiosco
2. ___ **b.** a la iglesia.
3. ___ **c.** al cine
4. ___ **d.** al teatro
5. ___ **e.** al centro comercial
6. ___ **f.** al banco

Así se forma

1. Prepositions of location

7-3 **¿Dónde está situado?** Contesta las preguntas según el dibujo de las páginas LM 66–67 y marca con una **X** la respuesta correcta.

Modelo: Oyes: ¿Está la oficina de correos al lado del bar o frente al bar?
Dices: **Está al lado del bar.**
Marcas: ☒ al lado del bar ☐ frente al bar

1. ☐ detrás de la pizzería ☐ al lado de la pizzería
2. ☐ entre la zapatería y el restaurante ☐ entre el restaurante y el cine
3. ☐ detrás de la zapatería ☐ enfrente de la zapatería
4. ☐ lejos de la estatua ☐ cerca de la estatua
5. ☐ enfrente del quiosco ☐ detrás del quiosco
6. ☐ dentro de la iglesia ☐ fuera de la iglesia
7. ☐ frente a la oficina de correos ☐ al lado de la oficina de correos

Copyright © 2008 John Wiley & Sons, Inc.

Nombre ______________________ Fecha ______________ Clase __________

7-4 **¿Dónde están los gatos?** Escucha donde está cada gato y escribe el número en el círculo apropiado. Vas a escuchar cada oración dos veces.

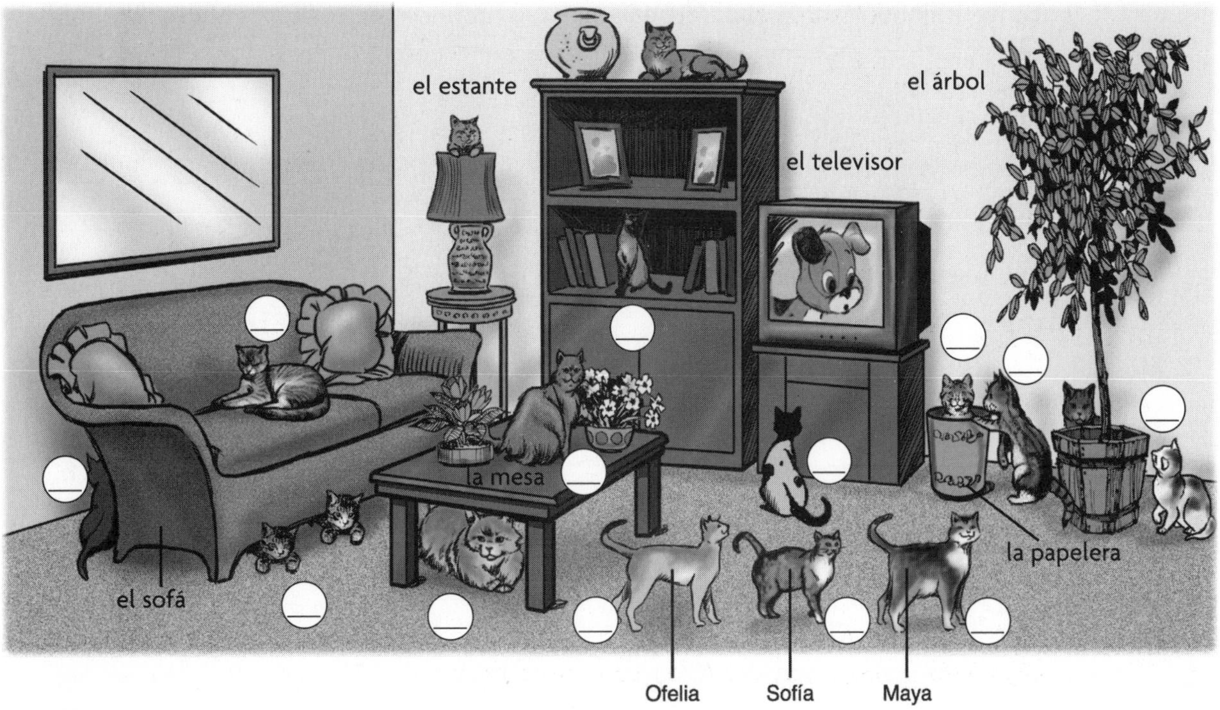

7-5 **¿Para quién?** Manuel está hablando con Linda de sus planes para esta tarde. Escucha a Manuel e indica a quién se refiere en cada oración.

1. "conmigo" se refiere a...
   a. Manuel b. Linda c. Octavio d. Manuel y Octavio
2. "con él" se refiere a...
   a. Manuel b. Linda c. Octavio d. Manuel y Octavio
3. "con nosotros" se refiere a...
   a. Manuel b. Linda c. Octavio d. Manuel y Octavio
4. "con él" se refiere a...
   a. Manuel b. Linda c. Octavio d. Manuel y Octavio
5. "contigo" se refiere a...
   a. Manuel b. Linda c. Octavio d. Manuel y Octavi
6. "para ti" se refiere a...
   a. Manuel b. Linda c. Octavio d. Manuel y Octavio

Así se forma

2. Demonstrative adjectives and pronouns

7-6 **Linda va de compras**. Linda visita una zapatería y un almacén y habla con las dependientas. Les indica los zapatos, ropa, etc. que desea ver. Escucha las conversaciones y complétalas (*complete them*) con los demostrativos apropiados. ¡Atención! Los pronombres demostrativos llevan acento.

1. En la zapatería:

DEPENDIENTA: ¿Qué zapatos desea usted ver, señorita?

LINDA: ésos de color rojo, éstos negros, y ______ de color café.

DEPENDIENTA: Hoy las sandalias se venden a precio especial.

LINDA: ¡Qué bien! Entonces, quisiera ver a______ blancas allí, ______ rosadas, y ______ de color amarillo.

2. En el almacén:

DEPENDIENTA: ¿Desea usted ver los suéteres, señorita?

LINDA: Sí, por favor. éste de color verde, éste azul, y... aquél de color naranja.

DEPENDIENTA: También tenemos blusas muy bonitas. ¿Desea verlas?

LINDA: Por supuesto. Me gustaría ver ésta blusa blanca, ésta de color *beige* y aquélla de color violeta.

7-7 **¿Cuál quieres?** Escucha a la dependienta de la pastelería y responde usando pronombres demostrativos apropiados para indicar si las cosas que quieres están aquí (**éste/a/os/as**), cerca (**ése/a...**) o lejos (**aquél/aquella...**).

Copyright © 2008 John Wiley & Sons, Inc.

Modelo: Oyes: ¿Quiere usted galletas?
Ves: (lejos)
Dices: **Sí, quiero aquéllas.**

1. (aquí) **2.** (cerca) **3.** (cerca) **4.** (aquí) **5.** (lejos) **6.** (cerca)

7-8 **Preferencias diferentes.** Tu compañero de piso y tú están en el supermercado comprando algunas cosas juntos. Escucha a tu compañero y responde con la forma apropiada.

Modelo: Oyes: ¿Qué leche tomas?
Ves: a. ése b. ésa c. ésos d. ésas
Dices: **Tomo ésa.**

1. a. éste b. ésta c. éstos d. éstas
2. a. ése b. ésa c. ésos d. ésas
3. a. aquél b. aquélla c. aquéllos d. aquéllas
4. a. ése b. ésa c. ésos d. ésas
5. a. aquél b. aquélla c. aquéllos d. aquéllas
6. a. éste b. ésta c. éstos d. éstas

Así se dice

En la oficina de correos

7-9 **En la oficina de correos.** Contesta las preguntas según los dibujos. Después, escucha la confirmación.

1.

2.

3.
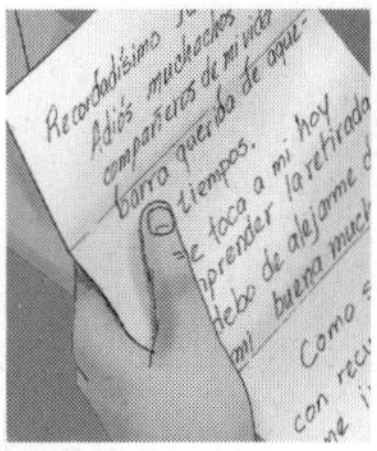

4.

5.

Así se forma

3. The preterit of *hacer* and stem-changing verbs

A. *Hacer* (y otros verbos en el pretérito)

7-10 **Lo que hizo Natalia.** Escucha la narración de Natalia y completa con los verbos que faltan (*that are missing*).

Ayer no ______________ pero sí ______________ muchas cosas. Era sábado, así que ______________, ______________ y ______________ tranquilamente. A las diez de la mañana, Pepita y yo fuimos al gimnasio e ______________ ejercicio. Después fui a la biblioteca para llevar unos libros. ______________ a mi cuarto, y ______________ a Inés para hacer planes. ______________ a un restaurante vegetariano y luego, ______________ compras en el centro comercial. Por la noche, ______________ con nuestros amigos. ______________ a una fiesta que Linda y Manuel ______________ en el apartamento de Manuel.

B. Stem-changing verbs

7-11 **¿Qué pasó?** Contesta las preguntas según los dibujos. Escucha la confirmación.

¿Qué es
poesía?
Eres tú...

Modelo: Oyes: En el laboratorio, ¿qué repitieron Carmen y Natalia?

Dices: **Repitieron el poema.**

1. 
Una grande con salchicha.
Una vegetariana.
Pizzería Roma

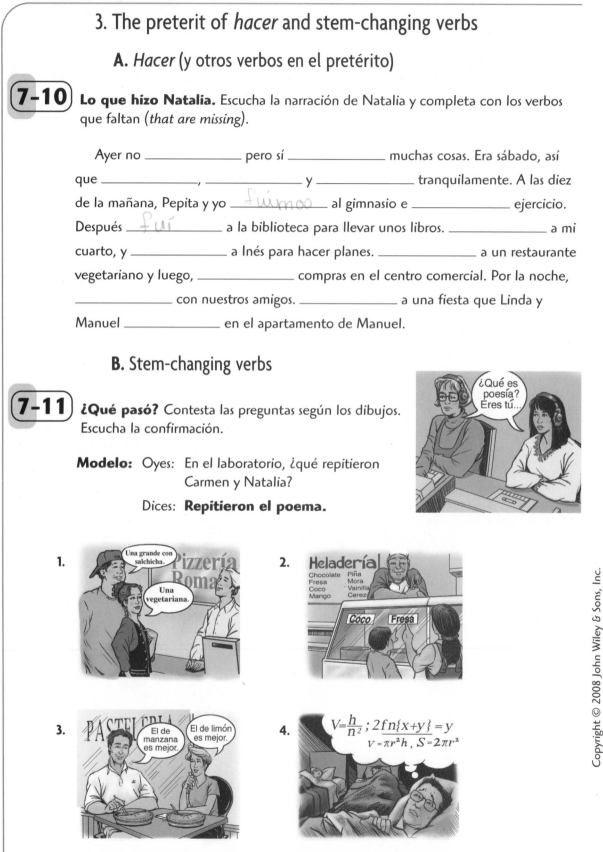

2. 
Heladería
Chocolate
Fresa
Coco
Mango
Piña
Mora
Vainilla
Coco
Fresa

3. 
El de manzana es mejor.
El de limón es mejor.

4. 
$V=\frac{h}{n^2}$; $2fn\{x+y\}=y$
$V=\pi r^2 h$, $S=2\pi r^2$

Copyright © 2008 John Wiley & Sons, Inc.

7-12 **Preguntas para ti.** Escucha las siguientes preguntas (cada pregunta se repite) y contesta con oraciones completas y añade detalles (*add details*).

1. ______________________________
2. ______________________________
3. ______________________________
4. ______________________________
5. ______________________________
6. ______________________________

Así se dice

El dinero y los bancos

7-13 **¿Qué hizo con el dinero?** Juan Fernando ganó $3.000 el verano pasado. Escucha para saber lo que hizo con el dinero. Completa el cuadro (*chart*) con la información que falta.

Categorías	%
Ahorró	
	15%
Pagó las cuentas	
	25%
	10%

Así se forma

4. Indefinite and negative words

7-14 **Los ladrones (*robbers*).** Un hombre y una mujer caminan por una calle oscura del centro de una ciudad. Escucha con atención. Luego, marca con una **X** la respuesta correcta para cada pregunta.

1. ☐ hay alguien ☐ no hay nadie
2. ☐ oye algo ☐ no oye nada
3. ☐ hay alguien ☐ no hay nadie
4. ☐ hay ladrones ☐ no hay ladrones
5. ☐ el hombre y la mujer ☐ los hombres de la Avenida 8

Copyright © 2008 John Wiley & Sons, Inc.

Nombre ______________________ Fecha ______________ Clase ____________

CAPÍTULO 8 De compras

Chapter overview

In order to do the Lab Manual activities for this chapter, you will need CD 4. Listen to the recording as many times as you need to in order to do the activities. Write down the track number as you listen to the material so you can find the activities easily when you listen to them again.

Actividad	*Page number*	*Track*
8–1. La ropa.	LM 76–77	______
8–2. ¿Qué debe usted llevar?	LM 78	______
8–3. Lo nuevo para la primavera.	LM 78	______
8–4. La transformación de Carmen.	LM 79	______
8–5. Un gran contraste.	LM 79	______
8–6. Preguntas para ti.	LM 80	______
8–7. ¿De quién es?	LM 80	______
8–8. Una fiesta para el cumpleaños de Carmen.	LM 81	______
8–9. ¡Hay mucha tarea!	LM 82	______
8–10. Preguntas para ti.	LM 82	______
8–11. Dos amigos hablan.	LM 83	______
8–12. La generosa tía Sonia.	LM 83	______
8–13. Regalos de Ecuador.	LM 84	______
8–14. ¡Sí, te lo devolví!	LM 84	______
8–15. Preguntas para ti.	LM 85	______

De compras

8-1 **La ropa.** Escucha estas oraciones y escribe el número de cada oración en el círculo apropiado.

Copyright © 2008 John Wiley & Sons, Inc.

Modelo: Oyes: Lleva impermeable.
Escribes: __1__ en el círculo sobre el impermeable

8-2 **¿Qué debe usted llevar?** Escucha los dos pronósticos del tiempo. Marca con una **X** las cosas que debes llevar ese día. Cada pronóstico se repite una vez.

Hoy	**Sí**	**No**	**Mañana**	**Sí**	**No**
impermeable	☐	☐	abrigo	☐	☐
pantalones cortos	☐	☐	pantalones cortos	☐	☐
paraguas	☐	☐	botas	☐	☐
suéter	☐	☐	sandalias	☐	☐
sandalias	☐	☐	camiseta	☐	☐

8-3 **Lo nuevo para la primavera.** Escucha el anuncio de la tienda CRISTINA y anota los precios de la ropa y los accesorios que se mencionan.

Ahora, escucha la siguiente descripción de dos chicas: Dulce y María. Según la descripción, ¿qué ropa o accesorios del anuncio van a comprar ellas? Marca con una **D** lo que va a comprar Dulce. Marca con una **M** lo que va a comprar María.

1. _____ Bikini de la marca Caribe
2. _____ Pantalones de la marca Liz
3. _____ Camisa de la marca George
4. _____ De la colección Cristina, chaqueta
5. _____ De la colección Cristina, falda
6. _____ Sombrero de paja
7. _____ Camiseta sin manga
8. _____ Jeans de marca Herrero

Copyright © 2008 John Wiley & Sons, Inc.

Nombre ______________________ Fecha ______________ Clase ___________

Así se dice

La transformación de Carmen

8-4 **La transformación de Carmen.** Carmen habla de cómo ha cambiado su vida desde su transformación. Escúchala (*Listen to her*) y después contesta las preguntas. Cada pregunta se repite una vez.

1. ______________________________
2. ______________________________
3. ______________________________
4. ______________________________
5. ______________________________

8-5 **Un gran contraste.** Contesta las preguntas para indicar cómo es la ropa que lleva Esteban y la que lleva Octavio. Escucha la confirmación.

ESTEBAN:

1. ______________________________
2. ______________________________
3. ______________________________

OCTAVIO:

4. ______________________________
5. ______________________________
6. ______________________________

8-6 **Preguntas para ti.** Escribe las respuestas a las siguientes preguntas.

1. ____________________
2. ____________________
3. ____________________
4. ____________________
5. ____________________
6. ____________________

Así se forma

1. Possessive adjectives and pronouns

8-7 **¿De quién es?** Alfonso, Rubén y tú están en la lavandería, pero ¿de quién es esta ropa? Contesta las preguntas según los modelos.

Modelo: Oyes: Ese suéter, ¿es tuyo?
Dices y escribes: **No, no es mío.**
Oyes: Pues, ¿de quién es?
Dices y escribes: **Es de Alfonso.**
Oyes: Entonces, ¿el suéter es de Alfonso?
Dices y escribes: **Sí, es suyo.**

1. ____________. ____________. ____________.
2. ____________. ____________. ____________.
3. ____________. ____________. ____________.

Copyright © 2008 John Wiley & Sons, Inc.

Nombre ______________________ Fecha ______________ Clase ____________

Así se forma

2. The preterit of irregular verbs

8-8 **Una fiesta para el cumpleaños de Carmen.** Contesta las preguntas según los dibujos. Responde oralmente y por escrito.

Modelo: Oyes: ¿Qué compraron Inés y Camila?
Dices y escribes: **Compraron algunos regalos.**

1. 

esteron

2. 

La tortá en la
cocca

3. 

trajo refrescos

4. 

Se los abrillo

5. 

a medionoche.

8-9 **¡Hay mucha tarea!** Natalia está describiendo lo que ella y sus amigos hicieron anoche. Escúchala e indica a quién se refiere cada oración. Después, escucha su pregunta y contesta, como en el modelo.

Modelo: Oyes: Anoche tuve que estudiar.
Marcas: **Natalia**
Oyes: Y tú, ¿tuviste que estudiar?
Dices: **Sí, yo tuve que estudiar también.** *o* **No, yo no tuve que estudiar.**

	Natalia	Pepita	Natalia y Pepita
1.			
2.			
3.			
4.			
5.			
6.			

8-10 **Preguntas para ti.** Escribe respuestas para las siguientes preguntas. Contesta con oraciones completas. Cada pregunta se repite una vez.

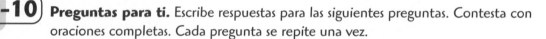

1. Estuve a casa.
2. Estuve la trade.
3. Me stuve.
4. le e
5. No posiste dormer.

Copyright © 2008 John Wiley & Sons, Inc.

Así se forma

3. Indirect-object pronouns

8-11 **Dos amigos hablan.** José y Susana hablan mientras esperan a la profesora de español. Escucha las tres conversaciones. Al final de cada conversación, marca con una **X** la respuesta que corresponde a la conversación.

1. Susana... ☐ le prestó el coche. ☑ no le prestó el coche.
2. Susana... ☐ le mostró las fotos a la profesora. ☑ no le mostró las fotos a la profesora.
3. Pedro... ☑ le devolvió el CD a José. ☐ no le devolvió el CD a José.

8-12 **La generosa tía Sonia.** Todos tus parientes están muy contentos porque la tía Sonia, que vive en Australia, les mandó regalos magníficos. Responde las preguntas usando un pronombre de complemento indirecto e imaginando un regalo que les gustaría a estas personas.

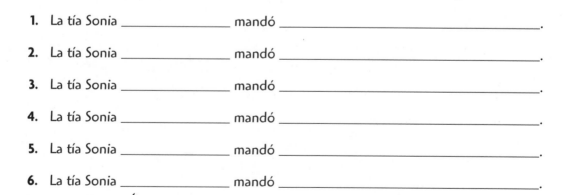

Modelo: Oyes: Tu hermano está muy contento, ¿verdad?

Dices: **Sí, porque la tía Sonia le mandó un CD de Kylie Minogue.**

Escribes: La tía Sonia <u>le</u> mandó <u>un CD de Kylie Minogue</u>.

1. La tía Sonia ______________ mandó ____________________________.
2. La tía Sonia ______________ mandó ____________________________.
3. La tía Sonia ______________ mandó ____________________________.
4. La tía Sonia ______________ mandó ____________________________.
5. La tía Sonia ______________ mandó ____________________________.
6. La tía Sonia ______________ mandó ____________________________.

Así se forma

4. Direct- and indirect-object pronouns combined

8-13 **Regalos de Ecuador.** Contesta las preguntas indicando que Octavio les regaló estas cosas a sus amigas. Escribe los pronombres apropiados en el espacio en blanco para completar la oración.

Modelo: Oyes: ¿Quién le regaló la camiseta a Natalia?
Dices y escribes: **Octavio se la regaló.**

Octavio _se_ _la_ regaló.

1. 

Octavio _Se_ _lo_ regaló.

2. 

Octavio _Se_ _las_ regaló.

3. 

Octavio _Se_ _los_ regaló.

8-14 **¡Sí, te lo devolví!** Tu amiga tiene muy mala memoria, te prestó algunas cosas pero tú le devolviste todo. Escucha sus preguntas y contéstalas (*answer them*) según el modelo.

Modelo: Oyes: ¿Me devolviste las fotos?
Dices y escribes: **Sí, te las devolví.**
Oyes: ¿Y la calculadora?
Dices y escribes: **Sí, te la devolví.**

1. ____________________. ____________________.
2. ____________________. ____________________.
3. ____________________. ____________________.

Copyright © 2008 John Wiley & Sons, Inc.

8-15 **Preguntas para ti.** Escucha las siguientes preguntas sobre tu último cumpleaños. Di y escribe las respuestas usando pronombres para evitar repeticiones. Añade detalles. Cada pregunta se repite una vez.

Modelo: Oyes: ¿Te regalaron un CD de tu cantante favorito?

Dices y escribes: **Sí, me lo regaló mi hermana. Es el último CD de Madonna.** *o* **No, no me lo regaló nadie.**

1. ____

2. ____

3. ____

4. ____

5. ____

Nombre ______________________ Fecha ____________ Clase ____________

CAPÍTULO 9 La salud

Chapter overview

In order to do the Lab Manual activities for this chapter, you will need CD 5. Listen to the recording as many times as you need to in order to do the activities. Write down the track number as you listen to the material so that you can find the activities easily when you listen to them again.

Actividad	*Page number*	*Track*
9–1. En el hospital.	LM 88–89	______
9–2. Los dichos y el cuerpo humano.	LM 90	______
9–3. El cuerpo humano.	LM 90	______
9–4. ¿Qué es?	LM 91	______
9–5. Consejos.	LM 91	______
9–6. Alfonso está muy enfermo.	LM 92	______
9–7. El diagnóstico.	LM 92	______
9–8. Cuando era niño/a...	LM 93	______
9–9. La abuela y el abuelo.	LM 93	______
9–10. La recuperación de Rodolfo.	LM 94	______
9–11. En el pasado.	LM 94	______
9–12. ¿Qué hacían?	LM 95	______
9–13. Preguntas para ti.	LM 95	______
9–14. ¿Cuánto tiempo hace?	LM 96	______
9–15. ¿Y tú?	LM 97	______

Así se dice

En el hospital

9-1 **En el hospital.** Escucha estas oraciones y escribe en el círculo el número que corresponde a las personas, cosas o situaciones descritas (*described*).

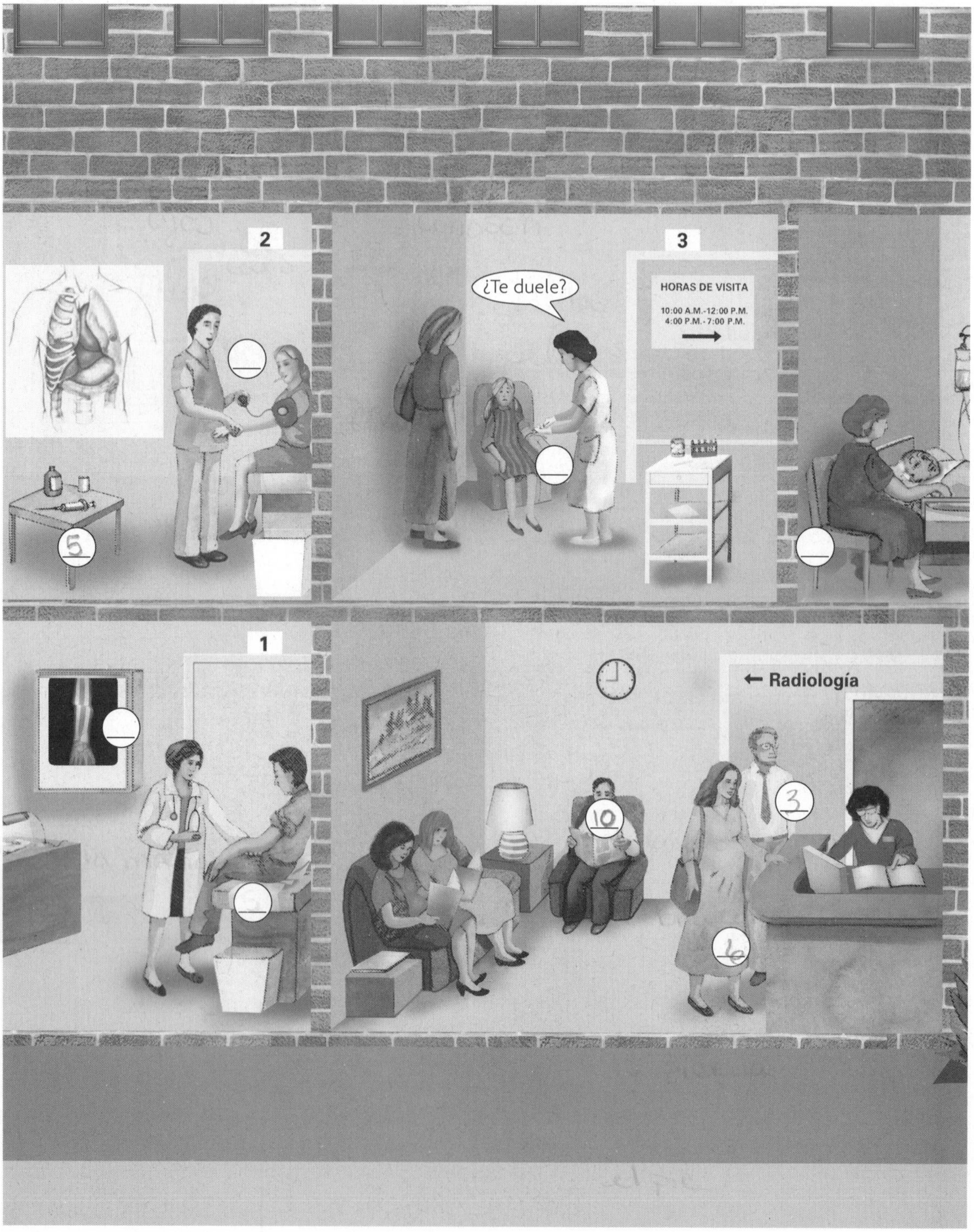

Copyright © 2008 John Wiley & Sons, Inc.

Nombre ______________________ Fecha ____________ Clase ____________

Así se dice

El cuerpo humano

9-2 **Los dichos (*sayings*) y el cuerpo humano.** Escucha los siguientes dichos. Al escuchar, complétalos con las partes del cuerpo que faltan (*that are missing*). Cada dicho se repite una vez.

1. Abre la boco, que te va la sopa.
2. ojo por ojo, diente por diente.
3. La lengua es el castigo (*punishment*) del cuerpo.
4. (eyes) ojos que no ven, (heart) conoson que no siente.
5. (ears) oreas curiosas, noticias dolorosas (*painful*).
6. Hasta al mejor cocinero se le va un pelo en la sopa.
7. Al mal tiempo, buena cuello.
8. Dos caballsos piensan mejor que una.
9. A (hands) ______ frías, (heart) ______ ardiente.
10. Adonde el (heart) ______ se inclina, el pie camina.

9-3 **El cuerpo humano.** Vas a oír partes del cuerpo humano. Escríbelas en la línea correspondiente.

el cuello

el hombro

la mana

el brazo

la pierna

el pie

Copyright © 2008 John Wiley & Sons, Inc.

Nombre ______________________ Fecha ____________ Clase ____________

9-4 **¿Qué es?** Escucha estas descripciones y escribe el nombre de la parte del cuerpo descrita (*described*).

1. ojos
2. oreas
3. legana
4. naris
5. pelo
6. dientes
7. ____________
8. En la cabaso

Así se forma

1. *Ud./Uds.* commands

9-5 **Consejos.** Escucha los siguientes consejos para estudiantes de primer (*first*) año. Indica *si* deben o no deben hacer esto.

Modelo: Oyes: Estudien sólo (*only*) antes de un examen.
Marcas: la columna **No**
Dices: **No, no estudien sólo antes de un examen.**

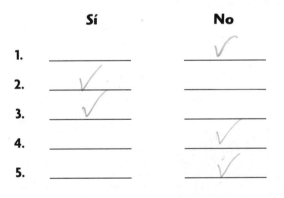

	Sí	No
1.		✓
2.	✓	
3.	✓	
4.		✓
5.		✓

9-6 **Alfonso está muy enfermo.** Escucha la lista de lo que debe y no debe hacer Alfonso. Imagina los consejos del doctor, cambiando cada verbo al mandato (*command*) de **usted** y completando los espacios.

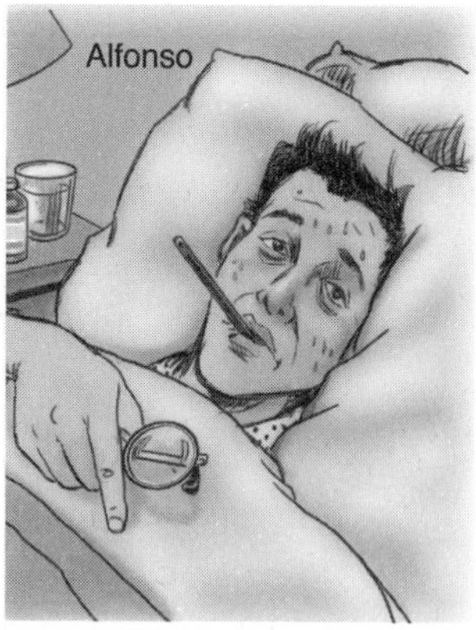

Modelo: Oyes: tomar jugo de naranja
Dices: **Tome jugo de naranja.**
Escribes: Tome jugo de naranja.

1. Tome aspirina.
2. baba agua.
3. descanse todo el día.
4. quedese en la cama.
5. No Salga de la casa.
6. No ___ ________ hoy.
7. No aga ejercicio.
8. No Coma hamburguesas.
9. pieda sopa de pollo.
10. No se procupse por nada.

Así se dice

Tu salud

9-7 **El diagnóstico.** Escucha lo que dicen estos pacientes y marca con una **X** el problema que probablemente tienen.

1. ☐ Le duele la cabeza. ☐ Le duele un pie.
2. ☐ Tiene dolor de cabeza. ☐ Tiene dolor de estómago.
3. ☐ Tiene diarrea. ☐ Tiene fiebre.
4. ☐ Tiene alergias. ☐ Tiene gripe.
5. ☐ Tiene resfriado. ☐ Tiene gripe.
6. ☐ Tiene problemas digestivos. ☐ Tiene problemas psicológicos.

Copyright © 2008 John Wiley & Sons, Inc.

Nombre ______________________ Fecha ____________ Clase ____________

Así se forma

2. The imperfect

9-8 **Cuando era niño/a...** ¿Qué hacías cuando ibas al consultorio del pediatra (*pediatrician*)? ¿Y qué hacían las otras personas? Escucha las siguientes acciones e indica quién las hacía.

Modelo: Oyes: hablar con el pediatra
Dices: **Mi mamá y yo hablábamos con el pediatra.**
Escribes: hablábamos en la columna **mi mamá y yo**

	yo	las enfermeras	el/la pediatra	mi mamá	mi mamá y yo
1.					
2.					
3.					
4.					
5.					
6.					
7.					
8.					

9-9 **La abuela y el abuelo.** Los abuelos vivían en una casa en el campo. Describe la escena, cambiando las oraciones del presente al imperfecto. Escucha la confirmación.

Modelo: Oyes: Hace frío.
Dices: **Hacía frío.**
Confirmación: Hacía frío.

Así se forma

3. The imperfect and the preterit

9-10 **La recuperación de Rodolfo.** Escucha la narración y completa con los verbos que escuchas.

El pobre Rodolfo ______________ la semana pasada. Lo ______________ al veterinario. Lo ______________, ______________ que Rodolfo ______________ una infección intestinal y le ______________ un antibiótico. Cuando ______________ a casa, le ______________ su medicamento. Al principio Rodolfo no ______________ y, claro, no ______________ energía. Pero ______________ y ______________ mucho y todos lo ______________ muy bien. Todos los días mi mamá le ______________ su medicina, mi hermana lo ______________ con una manta y yo le ______________ agua fresca. Después de dos o tres días, ______________ a pasear por la casa, ______________ mucho y ______________ su energía. ¡Todos nos ______________ muy contentos porque queremos mucho a nuestro gato!

9-11 **En el pasado.** Escucha a Felipe e indica si habla de lo que **hacía** *normalmente* en el pasado o de lo que **hizo** *ayer*.

Modelo: Oyes: Jugaba al tenis.
Marcas: X en la columna **Normalmente**

	Normalmente	**Ayer**
1.		
2.		
3.		
4.		
5.		
6.		

Copyright © 2008 John Wiley & Sons, Inc.

9-12 **¿Qué hacían?** Indica lo que hacían estas personas cuando alguien o algo los interrumpió. Contesta las preguntas.

Modelo: Oyes: ¿Qué hacía el profesor cuando Carmen entró en el laboratorio?

Dices: **Navegaba por Internet.**

1.

2.

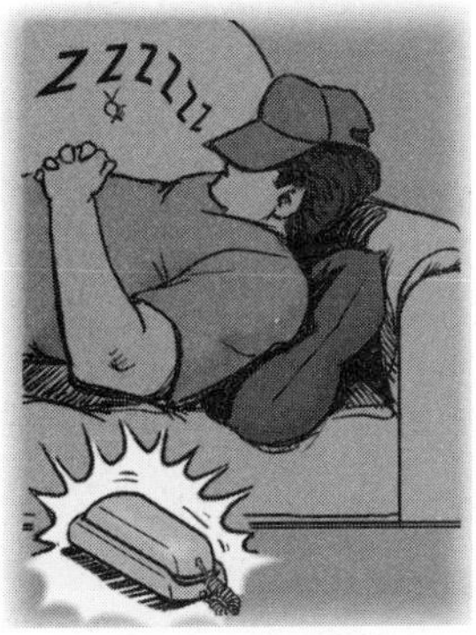

3.

4.

9-13 **Preguntas para ti.** Escribe respuestas para las cinco preguntas siguientes. Contesta con oraciones completas. Cada pregunta se repite una vez.

1. ________________________________

2. ________________________________

3. ________________________________

4. ________________________________

5. ________________________________

Así se forma

4. *Hacer* in time constructions

A. *Hacer* to express an action that has been going on for a period of time

9-14 **¿Cuánto tiempo hace?** Completa la información sobre el día y la hora en que estás haciendo esta tarea.

Hoy es ______ (día) de ______________________________ (mes), de

____________ (año). Ahora es/ son ____________________________________ (hora).

Ahora, escucha a Alfonso y completa las siguientes oraciones basándote en la información que oyes.

Modelo: (Por ejemplo, son las 9 de la noche)
Oyes: Hace siete horas que no tengo fiebre.
Dices y completas: **Hace siete horas que no tiene fiebre. Es decir, su temperatura bajó a las dos de la tarde.**

1. Hace ____________________________________ años que vive en los Estados Unidos. Por tanto, llegó en el año ____________________________________.

2. Hace ____________________________________ meses que estudia en esta universidad. Es decir, empezó a estudiar aquí en __________________________.

3. Hace ____________________________________ días que Alfonso está enfermo. Se puso enfermo el ____________________________________.

4. Hace ____________________________________ horas que se siente mejor. Por tanto, empezó a mejorar a las ____________________________________.

5. Hace ____________________________________ minutos que Alfonso hace su tarea. Empezó a hacer tarea a las ____________________________________.

Copyright © 2008 John Wiley & Sons, Inc.

B. *Hacer* to express *ago*

9-15 **¿Y tú?** ¿Cuándo hiciste las siguientes cosas? Contesta las cuatro preguntas personales. Completa las respuestas con las palabras que faltan. Usa la construcción pretérito + **hace** + **días**/ **semanas**/ **meses** o **años**.
Cada pregunta se repite una vez.

Modelo: Oyes: ¿Cuándo te graduaste de la escuela secundaria?
Dices y escribes: **Me gradué de la escuela secundaria hace dos años.**

1. ______________________ a estudiar español hace ______________________.
2. ______________________ a manejar hace ______________________.
3. ______________________ a mi mejor amigo/a hace ______________________.
4. ______________________ a mi médico/ dentista hace ______________________.

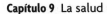

Nombre ______________________ Fecha __________ Clase __________

CAPÍTULO 10

Así es mi casa

Chapter overview

In order to do the Lab Manual activities for this chapter, you will need CD 5. Listen to the recording as many times as you need to in order to do the activities. Write down the track number as you listen to the material so that you can find the activities easily when you listen to them again.

Actividad	*Page number*	*Track*
10–1. En el hogar.	LM 100–101	______
10–2. A la mesa.	LM 102	______
10–3. En Miami.	LM 102	______
10–4. El hogar de Rodolfo.	LM 103	______
10–5. ¿Quién lo dice?	LM 103	______
10–6. Los quehaceres domésticos.	LM 104	______
10–7. Un conflicto de conciencia.	LM 105	______
10–8. Recientemente.	LM 106	______
10–9. ¿Qué ha pasado?	LM 106–107	______
10–10. Preguntas para ti.	LM 107	______
10–11. Antes de salir.	LM 107	______
10–12. Son iguales.	LM 108	______
10–13. ¡Yo también!	LM 109	______
10–14. Silvia y Fernando.	LM 109	______
10–15. Preguntas para ti.	LM 110	______

Así se dice

Así es mi casa

10-1 **En el hogar.** Escucha cada pregunta, contéstala y escribe el número de la pregunta en el círculo apropiado.

Copyright © 2008 John Wiley & Sons, Inc.

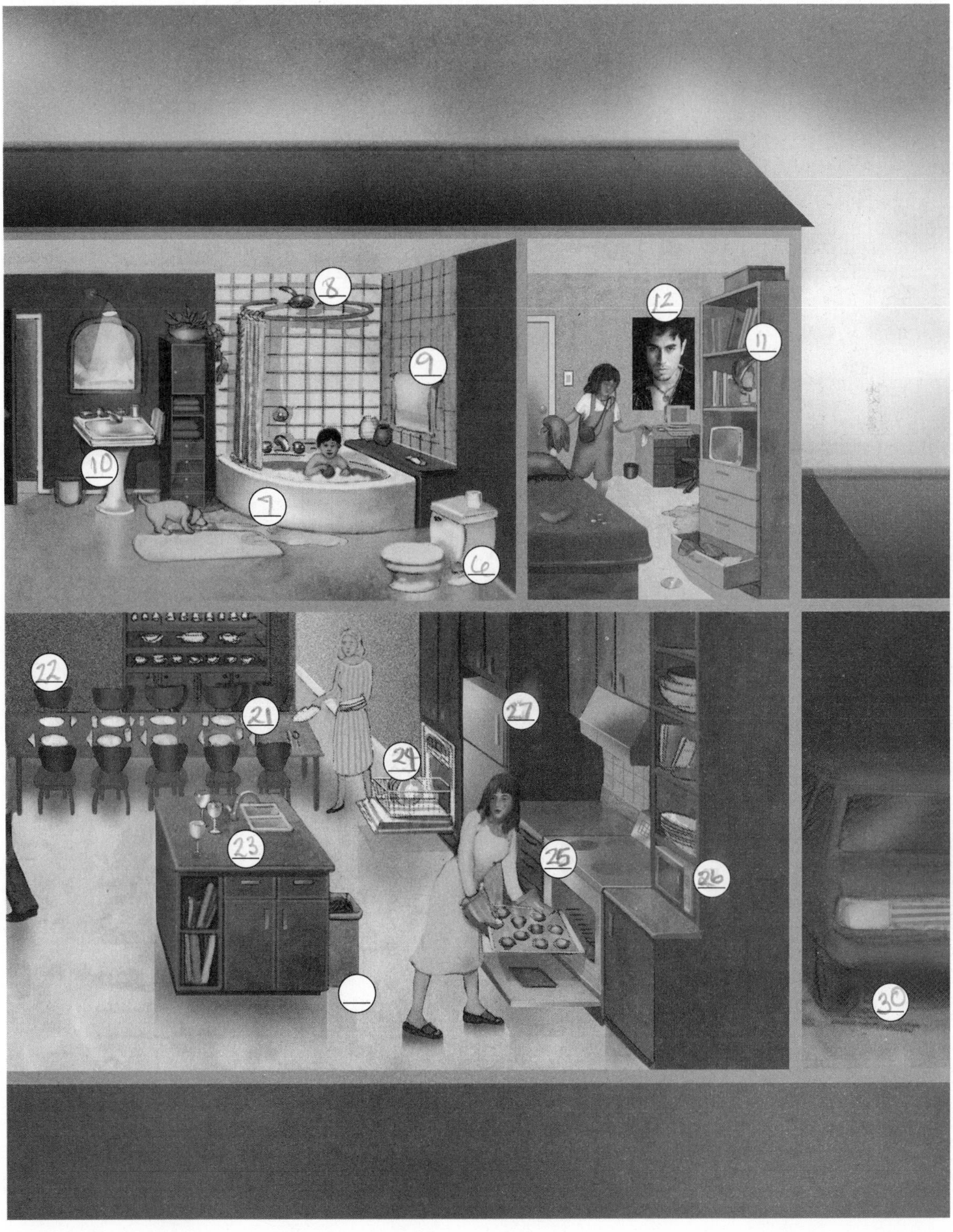

10-2 **A la mesa.** Escucha las definiciones y escribe el número junto al objeto apropiado.

2 el vaso	5 la cuchara
4 la servilleta	3 la copa
6 la taza	1 el cuchillo

10-3 **En Miami.** Escucha y lee los tres anuncios siguientes. Luego, escucha la descripción de las tres personas. Decide qué casa o apartamento es apropiado para cada persona y marca el número al lado del nombre correspondiente.

¡GRAN VENTA!

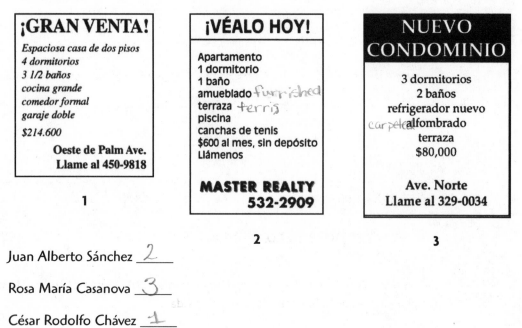

Espaciosa casa de dos pisos
4 dormitorios
3 1/2 baños
cocina grande
comedor formal
garaje doble
$214.600

Oeste de Palm Ave.
Llame al 450-9818

1

¡VÉALO HOY!

Apartamento
1 dormitorio
1 baño
amueblado furnished
terraza terris
piscina
canchas de tenis
$600 al mes, sin depósito
Llámenos

MASTER REALTY
532-2909

2

NUEVO CONDOMINIO

3 dormitorios
2 baños
refrigerador nuevo
carpeted alfombrado
terraza
$80,000

Ave. Norte
Llame al 329-0034

3

Juan Alberto Sánchez 2

Rosa María Casanova 3

César Rodolfo Chávez 1

Copyright © 2008 John Wiley & Sons, Inc.

Así se dice

En el hogar

10-4 **El hogar de Rodolfo.** Escucha la narración del gato Rodolfo. Luego, contesta las preguntas. Cada pregunta se repite una vez.

1. ____________
2. ____________
3. ____________
4. ____________
5. ____________
6. ____________
7. ____________
7. ____________
9. ____________

Así se forma

1. *Tú* commands

A. Affirmative *tú* commands

10-5 **¿Quién lo dice?** Escucha los mandatos y escribe cada número junto a la situación apropiada. Puede haber más de una posibilidad.

Modelo: Oyes: 1. Haz lo que te dice mamá.

Escribes: 1 junto a "Un padre se lo dice a su hijo"

Un padre se lo dice a su hijo. 1,... ____________

Un chico se lo dice a su padre. ____________

Un profesor se lo dice a un estudiante. ____________

Un estudiante se lo dice a su compañero de cuarto. ____________

10-6 **Los quehaceres domésticos.** Según los dibujos, dile a cada persona lo que debe hacer. Usa el mandato de **tú**.

Modelo: Oyes 1. hacer la cama

Dices y escribes: **Alfonso, haz la cama.**

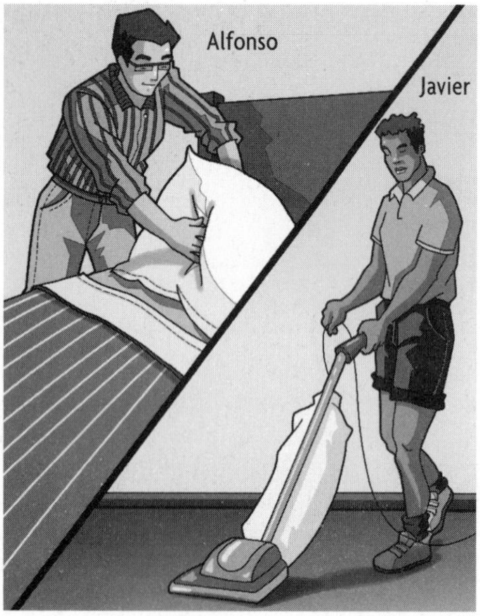

Alfonso, haz la cama.

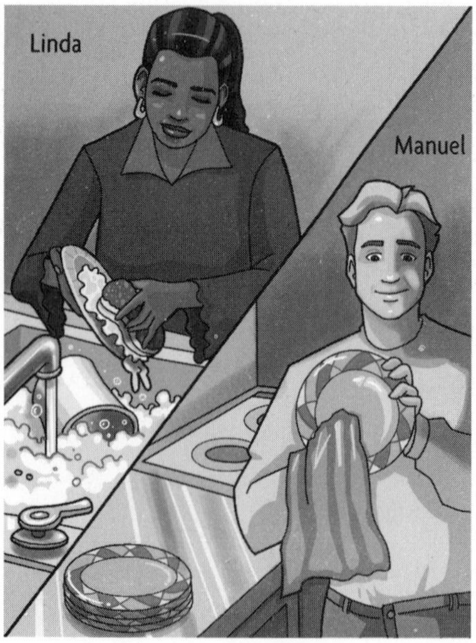

Copyright © 2008 John Wiley & Sons, Inc.

B. Negative *tú* commands

10-7 **Un conflicto de conciencia.** El ángel le dice a Esteban que haga ciertas cosas. Tú, el diablo, le dices que no las haga. Sigue los números. Escribe el mandato de **tú** negativo en el espacio.

Modelo: El ángel le dice: 1. Haz la cama.
Tú (el diablo) le dices: **No la hagas.**
Escribes: No la hagas.

1. No la hagas.
2. No la seas
3. No
4. No contesas
5. No tele llavantas
6. No ordenao
7. No pongas
8. No la llaveo

Así se forma

2. The present perfect

10-8 **Recientemente.** Di si has hecho o no has hecho las siguientes cosas recientemente. Cambia el verbo al presente perfecto. Marca **Sí** o **No** con una **X** según tu respuesta.

Modelo: Oyes: limpiar mi cuarto

Dices: **Sí, he limpiado mi cuarto.** *o*
No, no he limpiado mi cuarto.

Marcas: ☐ Sí *o* ☐ No

1. ☐ Sí ☐ No **3.** ☐ Sí ☐ No **5.** ☐ Sí ☐ No

2. ☐ Sí ☐ No **4.** ☐ Sí ☐ No

Ahora, di si tú y tus amigos han hecho las siguientes cosas recientemente.

6. ☐ Sí ☐ No **8.** ☐ Sí ☐ No **10.** ☐ Sí ☐ No

7. ☐ Sí ☐ No **9.** ☐ Sí ☐ No

10-9 **¿Qué ha pasado?** Escucha las preguntas, y responde según las fotos. ¡Usa tu imaginación!

Modelo: Oyes: ¿Por qué está contenta?

Dices y escribes: **Porque ha sacado una A en su examen de español.**

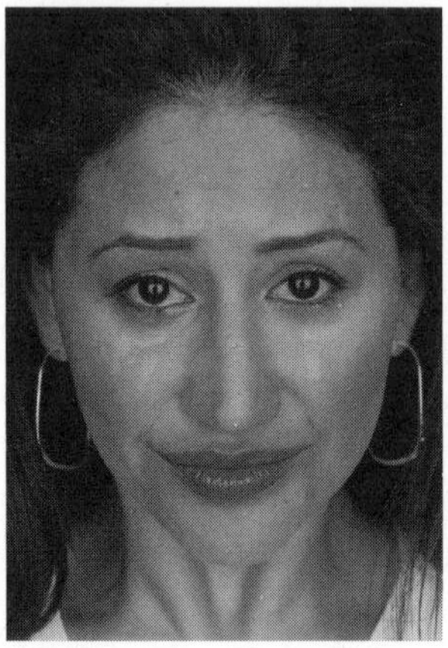

Copyright © 2008 John Wiley & Sons, Inc.

1. ______________________________
____
____

2. ______________________________
____
____

3. ______________________________
____
____

4. ______________________

5. ______________________

10-10 **Preguntas para ti.** Escribe respuestas para las siguientes preguntas. Contesta con oraciones completas. Cada pregunta se repite una vez.

1. ______________________
2. ______________________
3. ______________________
4. ______________________

Así se forma

3. The past perfect

10-11 **Antes de salir.** Ayer por la noche, tú diste una fiesta. Di lo que tú y tus amigos habían hecho antes de la fiesta. Después, escucha la confirmación.

Modelo: Oyes: Pablo, bañarse
Dices: **Pablo se había bañado.**
Confirmación: Pablo se había bañado.

1. … **2.** … **3.** … **4.** … **5.** … **6.** … **7.** …

Así se forma

4. Comparisons of equality and inequality and the superlative

A. Comparisons of equality

10-12 **Son iguales.** Haz las comparaciones según los dibujos. Usa **tan... como, tanto/a... como** o **tanto como** según la oración. Pueden ser oraciones negativas también: **no tan... como**, etc.

Javier / su amigo

Modelo: Oyes: Javier es alto.

Dices: **Es tan alto como su amigo.**

Confirmación: Es tan alto como su amigo.

1. Camila / su hermana

2. el ogro / su amigo

3. Alfonso / el profesor

4. Linda / Inés

5. Natalia / Rubén

6. Pepita / Esteban

Copyright © 2008 John Wiley & Sons, Inc.

10-13 **¡Yo también!** Tu amiga y tú compiten en todo. Escucha lo que te dice y responde indicando que tú o tu situación son similares.

Modelo: Oyes: Soy muy alta.
Dices y escribes: **Sí, pero yo soy tan alto/a como tú.**

1. ______________________________
2. ______________________________
3. ______________________________
4. ______________________________
5. ______________________________

B. Comparisons of inequality and the superlative

10-14 **Silvia y Fernando.** Escucha las cinco conversaciones entre Silvia y Fernando. Contesta las preguntas. Marca con una **X** la respuesta correcta.

1. Silvia es...
   - ☐ mayor que Fernando.
   - ☐ menor que Fernando.
2. La nota de Silvia es...
   - ☐ mejor que la nota de Fernando.
   - ☐ peor que la nota de Fernando.
3. Silvia ganó...
   - ☐ más dinero que Fernando.
   - ☐ menos dinero que Fernando.
4. Silvia corrió ...
   - ☐ más rápido que Fernando.
   - ☐ menos rápido que Fernando.
5. El apartamento que alquiló Silvia es...
   - ☐ más pequeño que el de Fernando.
   - ☐ más grande que el de Fernando.

10-15 **Preguntas para ti.** Escribe respuestas para las siguientes preguntas. Contesta con oraciones completas. Cada pregunta se repite una vez.

1. ____

2. ____

3. ____

4. ____

Copyright © 2008 John Wiley & Sons, Inc.

Nombre ______________________ Fecha ____________ Clase ____________

CAPÍTULO

11 Amigos y algo más

Chapter overview

In order to do the Lab Manual activities for this chapter, you will need CD 6. Listen to the recording as many times as you need to in order to do the activities. Write down the track number as you listen to the material so that you can find the activities easily when you listen to them again.

Actividad	*Page number*	*Track*
11–1. Las amistades y el amor.	LM 112–113	______
11–2. ¿Vale más la personalidad?	LM 114	______
11–3. Amor en la universidad.	LM 114	______
11–4. ¿Amigos o novios?	LM 115	______
11–5. Amor a primera vista.	LM 115	______
11–6. Un mensaje telefónico.	LM 116	______
11–7. Mi media naranja.	LM 116	______
11–8. ¿Qué quiere la profesora?	LM 117	______
11–9. ¿Qué más quiere la profesora?	LM 117	______
11–10. Juanito y su madre.	LM 118	______
11–11. Lo que quiere mi amiga.	LM 119	______
11–12. ¿Qué les dices?	LM 119	______
11–13. Las reacciones.	LM 120	______
11–14. Preguntas para ti.	LM 121	______

Así se dice

Amigos y algo más

11-1 **Las amistades y el amor.** Escucha cada pregunta, contéstala y escribe el número de la pregunta en el círculo apropiado.

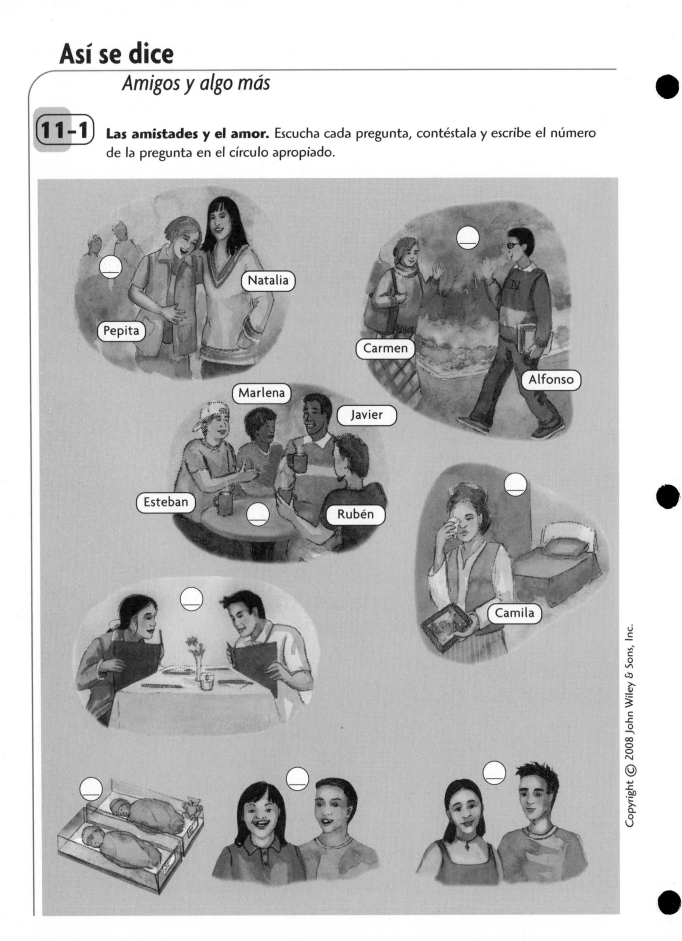

Copyright © 2008 John Wiley & Sons, Inc.

Nombre ______________________ Fecha ____________ Clase ____________

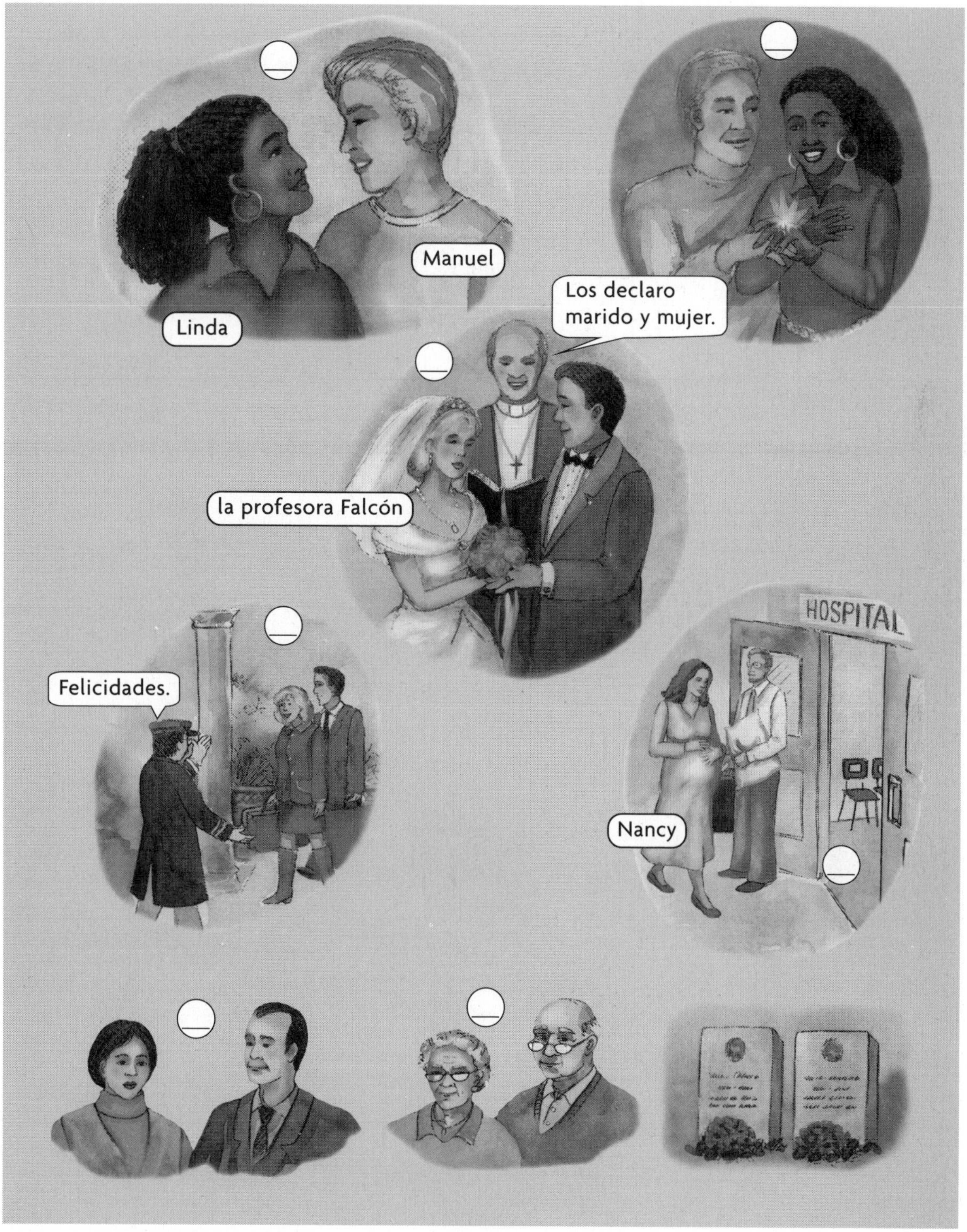

11-2 **¿Vale más la personalidad?** Escucha la siguiente información acerca de las características que buscan los estudiantes universitarios al escoger (*when choosing*) su pareja. Mientras escuchas, completa los espacios con las características que oyes sobre las preferencias de cada categoría: **mujeres, ambos** (*both*) **sexos** y **hombres**.

1. Las **mujeres universitarias** buscan hombres ____________ y ____________.
2. **Ambos sexos** buscan una persona ____________, ____________ y ____________.
3. Los **hombres** que buscan pareja para salir por un corto tiempo prefieren mujeres ____________ ante todo.

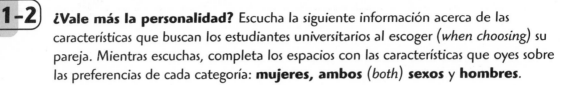

11-3 **Amor en la universidad.** Escucha las preguntas de este sondeo sobre el amor en la universidad. Marca o anota las respuestas y añade (*add*) tu respuesta también.

1. María: ☐ Sí ☐ No
   Eduardo: ☐ Sí ☐ No
   Miguel: ☐ Sí ☐ No
   Tú: ☐ Sí ☐ No
2. María: ____.
   Eduardo: ____.
   Miguel: ____.
   Tú: ____.
3. María: ☐ Sí ☐ No
   Eduardo: ☐ Sí ☐ No
   Miguel: ☐ Sí ☐ No
   Tú: ☐ Sí ☐ No
4. María: ☐ Sí ☐ No
   Eduardo: ☐ Sí ☐ No
   Miguel: ☐ Sí ☐ No
   Tú: ☐ Sí ☐ No

Copyright © 2008 John Wiley & Sons, Inc.

Nombre ______________________ Fecha ____________ Clase ____________

Así se forma

1. Reciprocal constructions

11-4 **¿Amigos o novios?** Escucha las siguientes oraciones y marca si describen una relación de amistad, de amor o las dos.

	Amigos	Novios	Las Dos
1.			
2.			
3.			
4.			
5.			

11-5 **Amor a primera vista.** Escucha la siguiente conversación y complétala con las palabras que faltan.

NATALIA: Alfonso, ¿oíste que Linda y Manuel ____ ____________________?

ALFONSO: No me digas. ¿De veras? No lo puedo creer. Recuerdo cuando ____ ____________________. Fue el primer día de clase. ¡Y ahora están ____________________!

NATALIA: Fue amor a primera vista. _____ ____________________... se hablaron...luego, _____ ____________________ en el parque...

ALFONSO: ..._____ ____________________... ¡Siempre están ____________________! ¿Sabes cuándo van a casarse?

NATALIA: No sé. Probablemente después de ____________________.

Así se dice

Para estar en contacto: Las llamadas telefónicas

11-6 **Un mensaje telefónico.** Es sábado por la mañana. Linda va camino al centro comercial para comprarle un regalo de cumpleaños a su madre. Llama a Manuel pero nadie contesta. Escucha el mensaje que deja.

Ahora, escucha el mensaje otra vez. Mientras escuchas, marca con una **X** las cosas que Manuel debe hacer según el mensaje.

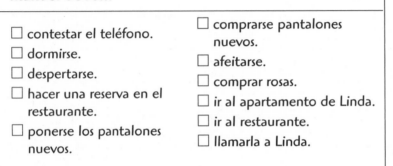

Manuel debe...	
☐ contestar el teléfono.	☐ comprarse pantalones nuevos.
☐ dormirse.	☐ afeitarse.
☐ despertarse.	☐ comprar rosas.
☐ hacer una reserva en el restaurante.	☐ ir al apartamento de Linda.
☐ ponerse los pantalones nuevos.	☐ ir al restaurante.
	☐ llamarla a Linda.

Así se forma

2. The subjunctive mood; the present subjunctive

11-7 **Mi media naranja.** ¿Qué características debe tener tu media naranja? Escucha cada característica y marca **Sí** o **No** con una **X**.

Es importante que mi media naranja...

1. ☐ Sí ☐ No **7.** ☐ Sí ☐ No

2. ☐ Sí ☐ No **8.** ☐ Sí ☐ No

3. ☐ Sí ☐ No **9.** ☐ Sí ☐ No

4. ☐ Sí ☐ No **10.** ☐ Sí ☐ No

5. ☐ Sí ☐ No **11.** ☐ Sí ☐ No

6. ☐ Sí ☐ No **12.** ☐ Sí ☐ No

Copyright © 2008 John Wiley & Sons, Inc.

Nombre ______________________ Fecha ____________ Clase ____________

11-8 **¿Qué quiere la profesora?** Escucha a la profesora e indica quien debe hacer estas cosas.

Modelo: Oyes: Quiero que repitan el vocabulario.

Marcas: **todos los estudiantes**

	la profesora	**yo**	**Juan**	**todos los estudiantes**
1.				
2.				
3.				
4.				
5.				
6.				

11-9 **¿Qué más quiere la profesora?** Indica lo que la profesora quiere que hagan las siguientes personas. Escribe el verbo en el espacio en blanco.

Modelo: Oyes: Juan debe hacer la tarea.

Dices y escribes: **Quiere que Juan haga la tarea.**

1. ______________________________

2. ______________________________

3. ______________________________

4. ______________________________

5. ______________________________

Así se forma

3. The subjunctive with expressions of influence

11-10 **Juanito y su madre.** Escucha la descripción de cada dibujo. Identifica el número del dibujo que le corresponde y luego escribe la forma correcta del verbo en el espacio en blanco.

Modelo: Oyes: Son las siete de la mañana y la madre quiere que Juanito se despierte.

Identificas: el dibujo nº 2

Escribes: Quiere que se despierte.

1. Quiere que ________ ________ ...

2. Quiere que se despierte.

3. Quiere que ________ ________ ...

4. Quiere que ________ ________ ...

5. Quiere que ________ ... y que ________ ...

6. Quiere que ________ ________ ...

Copyright © 2008 John Wiley & Sons, Inc.

Nombre ______________________ Fecha ____________ Clase ____________

11-11 **Lo que quiere mi amiga.** Escucha las siguientes oraciones. Di y escribe lo que tu amiga quiere que hagas.

Modelo: Oyes: dormir más

Dices y escribes: **Quiere que duerma más.**

1. ______________________
2. ______________________
3. ______________________
4. ______________________
5. ______________________
6. ______________________
7. ______________________
8. ______________________

11-12 **¿Qué les dices?** Escribe las respuestas a las siguientes preguntas. Cada pregunta se repite una vez.

1. ______________________
2. ______________________
3. ______________________
4. ______________________

Así se forma

4. The subjunctive with expressions of emotion

11-13 **Las reacciones.** Describe las reacciones o los sentimientos de las personas según los dibujos. Usa las expresiones **siente(n) que...** y **se alegra(n) de que...** Escucha la confirmación.

Elena y Juanito

Modelo: Oyes: Llueve.

Dices: **Elena y Juanito sienten que llueva.**

Confirmación: Elena y Juanito sienten que llueva.

1. Elena y Juanito

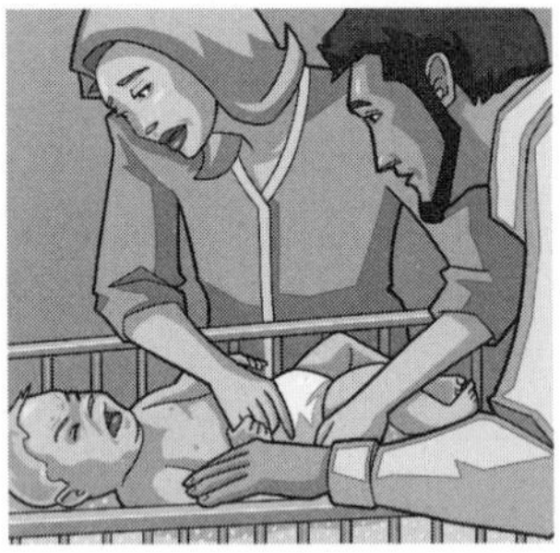

2. Nancy y el profesor

3. Esteban

Javier

4. Manuel y Linda

5. Pepita

6. Camila

Copyright © 2008 John Wiley & Sons, Inc.

Nombre ______________________ Fecha ____________ Clase ____________

11-14 **Preguntas para ti.** Escribe respuestas para las siguientes preguntas. Contesta con oraciones completas. Cada pregunta se repite una vez.

1. ______________________________
2. ______________________________
3. ______________________________
4. ______________________________
5. ______________________________

Nombre ______________________ Fecha ____________ Clase ____________

CAPÍTULO

12 Aventuras al aire libre

Chapter overview

In order to do the Lab Manual activities for this chapter, you will need CD 6. Listen to the recording as many times as you need to in order to do the activities. Write down the track number as you listen to the material so that you can find the activities easily when you listen to them again.

Actividad	*Page number*	*Track*
12–1. ¡Aventuras!	LM 124–125	______
12–2. ¿Agua o tierra?	LM 126	______
12–3. ¿Playa o montañas?	LM 126	______
12–4. Más aventuras.	LM 127	______
12–5. Mis gustos.	LM 127	______
12–6. Preguntas para ti.	LM 127	______
12–7. ¿Para qué?	LM 128	______
12–8. El viaje de Carmen a Panamá.	LM 128	______
12–9. Los efectos de la contaminación.	LM 128–129	______
12–10. ¿Lo dudas o lo crees?	LM 129	______
12–11. ¿Lo duda o está seguro/a?	LM 129–130	______
12–12. No lo creo.	LM 130	______
12–13. Mi reacción.	LM 130	______

Así se dice

Aventuras al aire libre

12-1 **¡Aventuras!** Podemos hacer muchas actividades al aire libre. Escucha las oraciones y escribe el número de cada oración junto al lugar o actividad mencionados.

Copyright © 2008 John Wiley & Sons, Inc.

Nombre _______________ Fecha _______________ Clase _______________

12-2 **¿Agua o tierra?** Escucha lo que está haciendo cada grupo de estudiantes. Indica con una **X** si es una actividad acuática o terrestre.

Modelo: Oyes: Están practicando el descenso de ríos.
Marcas: ☒ acuática ☐ terrestre

1.	☐ acuática	☐ terrestre	**6.**	☐ acuática	☐ terrestre
2.	☐ acuática	☐ terrestre	**7.**	☐ acuática	☐ terrestre
3.	☐ acuática	☐ terrestre	**8.**	☐ acuática	☐ terrestre
4.	☐ acuática	☐ terrestre	**9.**	☐ acuática	☐ terrestre
5.	☐ acuática	☐ terrestre	**10.**	☐ acuática	☐ terrestre

12-3 **¿Playa o montañas?** Escucha las dos descripciones siguientes—una de la playa y la otra de las montañas. Mientras escuchas, escribe una lista de algunas de las actividades que corresponden a cada lugar. Después, escucha otra vez, y escribe más actividades para completar tu lista.

La playa: el lugar de vacaciones por excelencia	**En las montañas: ¡vacaciones de altura!**

Copyright © 2008 John Wiley & Sons, Inc.

Nombre ______________________ Fecha ____________ Clase ____________

Así se dice

Más aventuras

12-4 **Más aventuras.** También hay otros lugares para pasar unas vacaciones interesantes. Escucha y escribe el número apropiado junto al lugar o actividad mencionado.

Explorando la selva

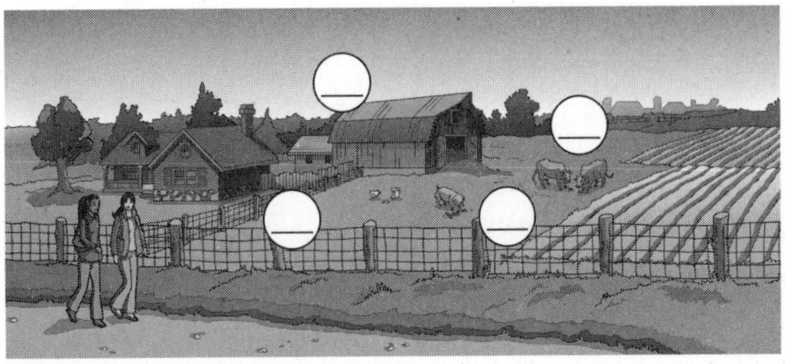

Un paseo por el campo

En el desierto

Así se forma

1. Verbs similar to *gustar*

12-5 **Mis gustos.** Contesta las preguntas para indicar tus gustos e intereses personales.

Modelo: Oyes: ¿Te fascinan las tormentas?

Dices: **Sí, me fascinan.** *o* **No, no me fascinan.**

1. ... **2.** ... **3.** ... **4.** ... **5.** ... **6.** ... **7.** ...

12-6 **Preguntas para ti.** Contesta las siguientes preguntas con oraciones completas. Cada pregunta se repite una vez.

1. ______________________________

2. ______________________________

3. ______________________________

4. ______________________________

2. *Para* and *por*

12-7 **¿Para qué?** Los estudiantes indicados van a lugares diferentes. Di para qué oralmente y por escrito.

Modelo: Oyes: Ana va a la biblioteca. ¿Para qué?
Dices y escribes: **para estudiar**

1. ______________________ 4. ______________________

2. ______________________ 5. ______________________

3. ______________________ 6. ______________________

12-8 **El viaje de Carmen a Panamá.** Contesta las preguntas según los dibujos y según el modelo. Presta atención a las preposiciones **por** y **para**.

Modelo: Oyes: ¿Para qué compañía trabaja Carmen?
Dices: **Trabaja para AT&P.**
Confirmación: Trabaja para AT&P.

Así se dice

La naturaleza y el medio ambiente

12-9 **Los efectos de la contaminación.** Escucha lo que ocurre a causa de la contaminación. Mientras escuchas, busca la sección del dibujo que corresponde a la descripción y escribe el número correspondiente en el círculo.

Modelo: Oyes: 1. La fábrica contamina el aire.
Escribes: <u>1</u> en el círculo apropiado

Copyright © 2008 John Wiley & Sons, Inc.

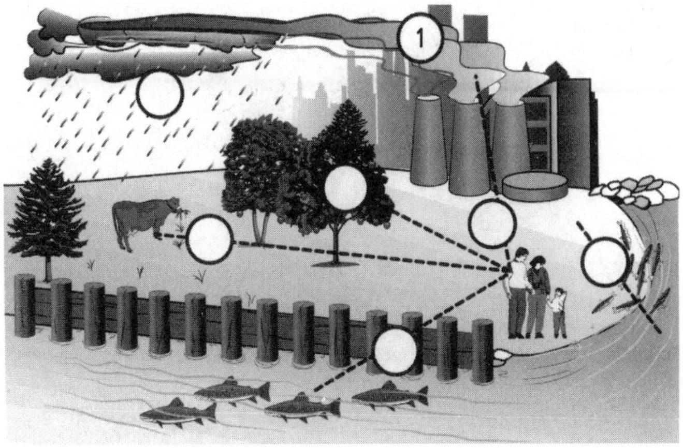

Palabras útiles
envenenar *to poison*
envenenado/a *poisoned*

Así se forma

3. The subjunctive with expressions of doubt or negation

12-10 **¿Lo dudas o lo crees?** En un futuro muy cercano, ¿crees que van a ocurrir las siguientes cosas? Escucha cada pronóstico. Indica con una **X** si dudas que sea posible, o crees que es posible.

En un futuro muy cercano...

1. ☐ Dudo que sea posible. ☐ Creo que es posible.
2. ☐ Dudo que sea posible. ☐ Creo que es posible.
3. ☐ Dudo que sea posible. ☐ Creo que es posible.
4. ☐ Dudo que sea posible. ☐ Creo que es posible.
5. ☐ Dudo que sea posible. ☐ Creo que es posible.
6. ☐ Dudo que sea posible. ☐ Creo que es posible.
7. ☐ Dudo que sea posible. ☐ Creo que es posible.

12-11 **¿Lo dudas o estás seguro/a?** Escucha lo que se dice de Esteban. Cada declaración se repite una vez. Luego, marca con una **X** la reacción más probable, según el dibujo: **Dudo que...** *o* **Estoy seguro/a de que...** y escribe la forma apropiada del verbo en el espacio en blanco.

Modelo: Oyes: A Esteban le gusta dormir.
Marcas: ☒ Estoy seguro/a de que...
Escribes: a Esteban le gusta dormir.

1. ☐ Dudo que... ☐ Estoy seguro/a de que... Esteban _____ ___________ temprano cada noche.
2. ☐ Dudo que... ☐ Estoy seguro/a de que... _____ ___________ temprano todos los días.
3. ☐ Dudo que... ☐ Estoy seguro/a de que... ___________ ganas de levantarse.
4. ☐ Dudo que... ☐ Estoy seguro/a de que... ___________ que levantarse ahora.
5. ☐ Dudo que... ☐ Estoy seguro/a de que... ___________ un poco perezoso.
6. ☐ Dudo que... ☐ Estoy seguro/a de que... ___________ el mejor estudiante de la clase.

Así se forma

4. The present perfect subjunctive

12-12 **No lo creo.** Escucha estas afirmaciones y di que dudas que las personas indicadas hayan hecho estas cosas.

Modelo: Oyes: Esteban ha montado a caballo.
Dices y escribes: **Dudo que Esteban haya montado a caballo.**

1. ______________________________
2. ______________________________
3. ______________________________
4. ______________________________
5. ______________________________

12-13 **Mi reacción.** Indica si **te alegra que** o **sientes que** las siguientes cosas hayan ocurrido.

Modelo: Oyes: He sacado una A en biología.
Dices y escribes: **Me alegro de que hayas sacado una A en biología.**

1. ______________________________
2. ______________________________
3. ______________________________
4. ______________________________
5. ______________________________

Copyright © 2008 John Wiley & Sons, Inc.

Nombre ______________________ Fecha ____________ Clase ____________

CAPÍTULO 13 De viaje

Chapter overview

In order to do the Lab Manual activities for this chapter, you will need CD 7. Listen to the recording as many times as you need to in order to do the activities. Write down the track number as you listen to the material so that you can find the activities easily when you listen to them again.

Actividad	*Page number*	*Track*
13–1. De viaje.	LM 132–133	______
13–2. Se van de viaje.	LM 134	______
13–3. El vuelo 782.	LM 134	______
13–4. ¿Cómo se dice?	LM 135	______
13–5. El viaje de Esteban.	LM 135	______
13–6. En mi vida.	LM 136	______
13–7. En el hotel.	LM 136	______
13–8. El Hotel Mil Estrellas.	LM 137	______
13–9. Un hotel muy grande.	LM 137	______
13–10. En México.	LM 138	______
13–11. Preguntas para ti.	LM 138	______
13–12. ¿Quién puede ayudarme?	LM 139	______
13–13. Sí y no.	LM 139	______
13–14. De viaje a Guatemala.	LM 140	______
13–15. Preguntas para ti.	LM 140	______

Así se dice

De viaje al extranjero

13-1 **De viaje.** Los estudiantes y sus profesores se van de viaje. Escucha las preguntas, responde y escribe el número de la pregunta en el círculo apropiado.

Modelo: Oyes: 1. ¿Cómo se llama la aerolínea?

Dices: **Se llama AeroSA.**

Escribes: 1 en el círculo apropiado

Copyright © 2008 John Wiley & Sons, Inc.

Nombre ______________________ Fecha ______________ Clase ______________

Así se dice

Se van de viaje

13-2 **Se van de viaje.** Contesta las preguntas según los dibujos. Después, escucha la confirmación.

1. 

2. 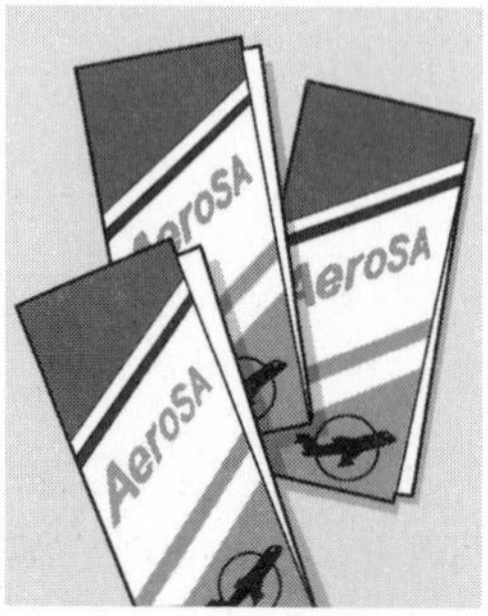

3. 

4. 

5. 

6. 

7. 

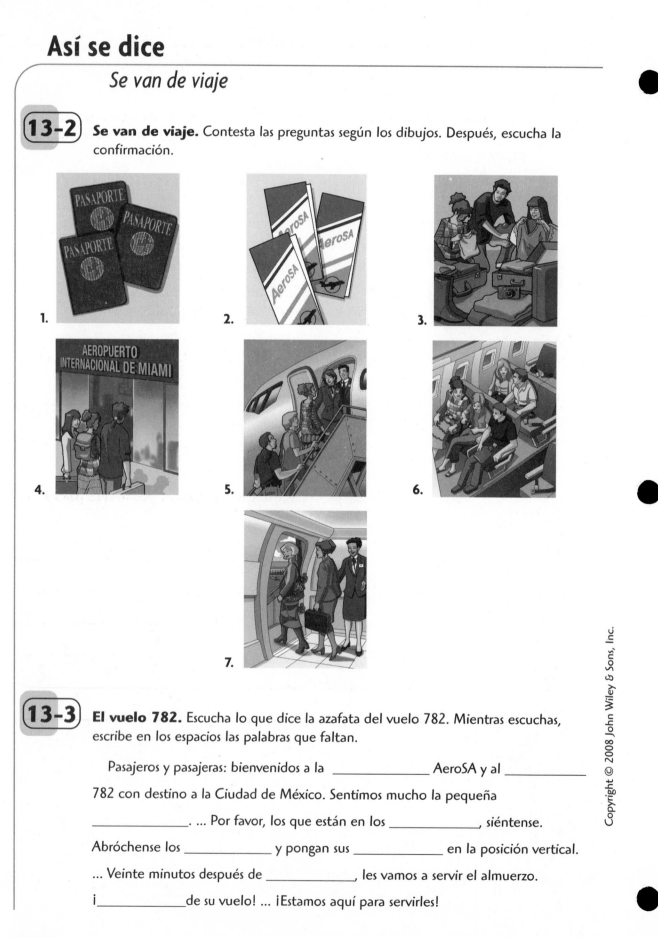

13-3 **El vuelo 782.** Escucha lo que dice la azafata del vuelo 782. Mientras escuchas, escribe en los espacios las palabras que faltan.

Pasajeros y pasajeras: bienvenidos a la ______________ AeroSA y al ____________ 782 con destino a la Ciudad de México. Sentimos mucho la pequeña ______________. ... Por favor, los que están en los ____________, siéntense. Abróchense los ____________ y pongan sus ____________ en la posición vertical. ... Veinte minutos después de ____________, les vamos a servir el almuerzo. ¡____________de su vuelo! ... ¡Estamos aquí para servirles!

Copyright © 2008 John Wiley & Sons, Inc.

Nombre ______________________ Fecha ____________ Clase ____________

13-4 **¿Cómo se dice?** Tu amigo y tú se van de viaje y están en la sala de espera del aeropuerto; tu amigo está un poco nervioso. Escucha sus preguntas y ayúdale con las palabras que ha olvidado.

1. ______________________ 3. ______________________

2. ______________________ 4. ______________________

Así se forma

1. The subjunctive with impersonal expressions

13-5 **El viaje de Esteban.** Esteban va a viajar a Guatemala y te pide consejo. Responde sus preguntas usando las frases de abajo.

| (no) es necesario | (no) es importante | es posible | es imposible |

Modelo: Oyes: ¿Debo sacar un pasaporte?
Dices y escribes: **Sí, es necesario que tengas un pasaporte para ir a Guatemala.**

1. ____
2. ____
3. ____
4. ____
5. ____
6. ____

13-6 **En mi vida.** Completa las cinco oraciones para indicar lo que es necesario, etc., en tu vida. Escribe las respuestas.

Modelo: Oyes: Es importante que...
Escribes: Es importante que saque buenas notas.

1. ______________________________

2. ______________________________

3. ______________________________

4. ______________________________

5. ______________________________

Así se dice

En el hotel

13-7 **En el hotel.** Identifica cada objeto, persona, etc., y escribe el número en el círculo apropiado.

Copyright © 2008 John Wiley & Sons, Inc.

13-8 **El Hotel Mil Estrellas.** Escucha el anuncio sobre el Hotel Mil Estrellas. Mientras escuchas, escribe frases breves para indicar lo que ofrece el hotel.

El Hotel Mil Estrellas
ambiente tropical

Así se dice

Los números ordinales

13-9 **Un hotel muy grande.** Di en qué piso están las habitaciones. Escribe la respuesta. Sigue el modelo.

Modelo: Oyes: Las habitaciones 100 a 199 están en el primer piso. Las número 400 a 499 están...

Dices: **en el cuarto piso**

Escribes: cuarto

1. ______
2. ______
3. ______
4. ______
5. ______
6. ______
7. ______

Así se forma

2. More indefinite and negative words

13-10 **En México.** Alfonso habla de su visita a la Ciudad de México hace unos meses. Escucha la narración y complétala con las palabras que faltan.

Primero, fuimos a la Ciudad Universitaria y conocimos a ______________ estudiantes muy simpáticos, pero no visitamos ______________ clase. Luego, ______________ nos acompañó al centro, donde exploramos la ciudad en metro, sin la ayuda de ______________. Después de visitar el impresionante Museo de Antropología, fuimos de compras en la Zona Rosa. Mis compañeros se compraron ______________ artesanías, pero yo no me compré ______________. ______________ fuimos a un restaurante, donde pedimos varios platos típicos mexicanos. ¡No pedimos ______________ plato norteamericano! De noche no fuimos _____ a la ópera _____ a una obra de teatro, pero sí vimos el famoso Ballet Folclórico. ¡______________ día tienes que visitar esta magnífica ciudad!

13-11 **Preguntas para ti.** Contesta las siguientes preguntas sobre el cuarto o sala donde estás ahora. Cada pregunta se repite una vez.

1. ____
2 ____
3. ____
4. ____
5. ____

Copyright © 2008 John Wiley & Sons, Inc.

Nombre ______________________ Fecha ____________ Clase ____________

3. The subjunctive with indefinite entities

13-12 **¿Quién puede ayudarme?** Acabas de llegar a una ciudad en Latinoamérica y necesitas ayuda. Haz preguntas a las personas que ves para ver quién puede ayudarte. Después, escucha la confirmación.

Modelo: Oyes: hablar inglés

Dices: **¿Hay alguien que hable inglés?**

1. ... **2.** ... **3.** ... **4.** ...

13-13 **Sí y no.** ¿Conoces a alguien así? Contesta las preguntas con detalles. Luego, completa el espacio con tu respuesta.

Modelo: Oyes: ¿Conoces a alguien que tenga motocicleta?

Dices: **Sí, conozco a alguien que tiene una Harley Davidson.** *o* **No, no conozco a nadie que tenga motocicleta.**

Escribes (en la línea apropiada): tiene motocicleta *o* tenga motocicleta

1. Sí, conozco a alguien que ______________________... *o*

   No, no conozco a nadie que ______________________.

2. Sí, conozco a alguien que ______________________... *o*

   No, no conozco a nadie que ______________________.

3. Sí, conozco a alguien que ______________________... *o*

   No, no conozco a nadie que ______________________.

4. Sí, conozco a alguien que ______________________... *o*

   No, no conozco a nadie que ______________________.

5. Sí, conozco un restaurante que ______________________... *o*

   No, no conozco un restaurante que ______________________.

Así se forma

4. The future tense

13-14 **De viaje a Guatemala.** Imagina que tú y tus amigos van a hacer un viaje a Guatemala en unos meses. Explica lo que cada uno de ustedes hará antes del viaje y escucha la confirmación.

Modelo: Oyes: Tú - <u>buscar</u> vuelos económicos en Internet.

Dices: **Buscarás vuelos económicos en Internet.**

1. … **2.** … **3.** … **4.** … **5.** … **6.** …

13-15 **Preguntas para ti.** Escucha las siguientes situaciones y contesta las preguntas correspondientes para indicar lo que harás. Cada situación y pregunta se repite una vez.

1. ____________________

2. ____________________

3. ____________________

4. ____________________

Copyright © 2008 John Wiley & Sons, Inc.

Nombre ______________________________ Fecha ______________ Clase ______________

CAPÍTULO 14 En la carretera

Chapter overview

In order to do the Lab Manual activities for this chapter, you will need CD 7. Listen to the recording as many times as you need to in order to do the activities. Write down the track number as you listen to the material so that you can find the activities easily when you listen to them again.

Actividad	*Page number*	*Track*
14–1. De viaje.	LM 142–143	______
14–2. Señales de tráfico.	LM 144	______
14–3. Puesta a punto.	LM 144	______
14–4. Un paseo por la ciudad.	LM 145	______
14–5. ¿Qué quieres hacer?	LM 145	______
14–6. Antes del viaje en carro.	LM 146	______
14–7. Condiciones.	LM 146	______
14–8. La maleta de Alfonso.	LM 146–147	______
14–9. En la estación de ferrocarril.	LM 147	______
14–10. Natalia de voluntaria.	LM 148	______
14–11. ¿Qué quería la profesora?	LM 149	______
14–12. Preguntas para ti.	LM 149	______
14–13. ¿Qué se hace?	LM 150	______
14–14. Repaso cultural.	LM 150	______

Así se dice

En la carretera

14-1 **De viaje.** Contesta las preguntas y escribe el número de cada pregunta en el círculo apropiado.

Copyright © 2008 John Wiley & Sons, Inc.

Nombre ______________________ Fecha ______________ Clase ______________

14-2 **Señales de tráfico.** Escucha la descripción de cada letrero. Luego, escribe la letra de la descripción debajo del letrero apropiado.

1. ______________

2. ______________

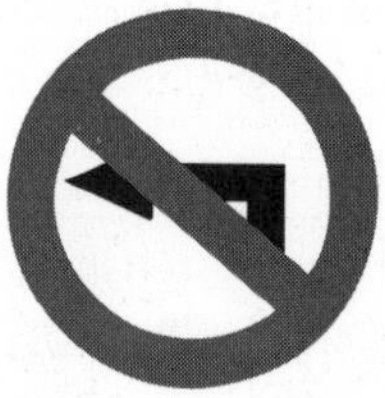

3. ______________

4. ______________

5. ______________

6. ______________

Así se dice

Los vehículos y los mecánicos

14-3 **Puesta a punto (*a tune-up*).** Necesitas un servicio de puesta a punto completo para tu coche. Escucha los anuncios de estos dos talleres mecánicos, indica qué servicios ofrece cada uno y anota sus números de teléfono.

	Talleres Fórmula 1	**Talleres La Torre**
cambian el aceite		
cambian el filtro de aire		
rotan las llantas		
revisan los frenos		
afinan el motor		
número de teléfono		

Copyright © 2008 John Wiley & Sons, Inc.

14-5 **Un paseo por la ciudad.** Contesta las preguntas según el mapa de la ciudad. Después, escucha la confirmación de cada respuesta.

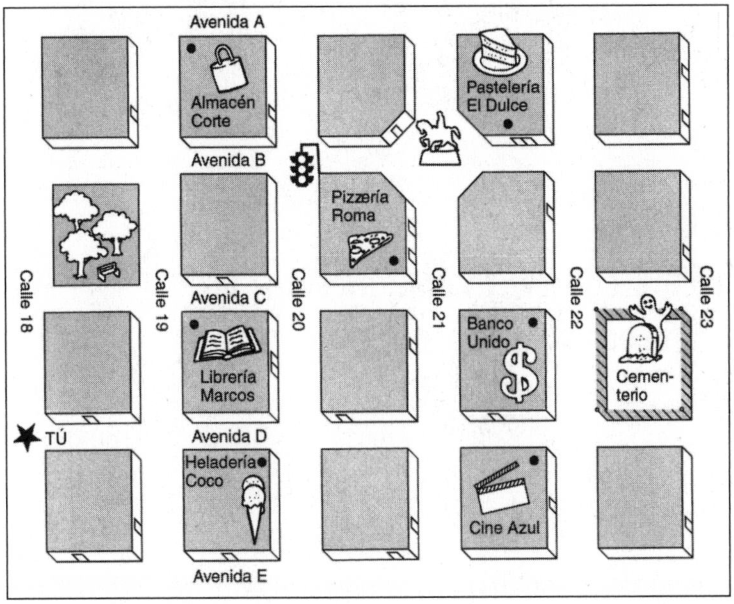

1. … 2. … 3. … 4. … 5. … 6. … 7. … 8. … 9. …

Así se forma

1. *Nosotros* (Let's) commands

14-6 **¿Qué quieres hacer?** Tu amigo y tú están planeando viajar. Escucha las sugerencias de tu amigo y dile si estás de acuerdo o no.

Modelo: Oyes: Vayamos a una playa.
Dices: **Sí, vayamos a una playa.** *o* **No, vayamos a una ciudad/las montañas…**

1. … 2. … 3. … 4. … 5. …

14-6 **Antes del viaje en carro.** Indica lo que tú y tu amigo van a hacer antes de su viaje. Usa la forma de mandato de **nosotros**.

Modelo: Oyes: ¿Tenemos que ir a la gasolinera para llenar el tanque?
Dices: **Sí, vayamos a la gasolinera** *o* **No, no vayamos a la gasolinera.**

1. ... **2.** ... **3.** ... **4.** ... **5.** ... **6.** ... **7.** ...

Así se forma

2. The subjunctive with conjunctions of condition or purpose

14-7 **Condiciones.** Ronaldo está pensando hacer un viaje en tren, pero depende de muchas cosas. Escucha lo que le dice a su amiga Marisela. Completa las oraciones con las palabras que faltan.

Marisela, haré el viaje en tren con tal que ____________ hacer las reservaciones esta semana, y con tal que ____________ boletos de ____________ clase, porque en segunda no se puede dormir bien. Y no voy a menos que me ____________ tres semanas de vacaciones. Me van a avisar mañana. Y claro, no voy a menos que tú ____________ el viaje ____________. ¿Qué te parece? Será un viaje muy interesante, ¿no?

14-8 **La maleta de Alfonso.** Alfonso va a hacer un viaje a Yucatán, México. ¿Por qué lleva las cosas indicadas? Usa la expresión **en caso de que** en cada respuesta.

Modelo: Oyes: ¿Por qué lleva el paraguas?
Dices y escribes: **Lo lleva en caso de que llueva.**

llover

Copyright © 2008 John Wiley & Sons, Inc.

1. 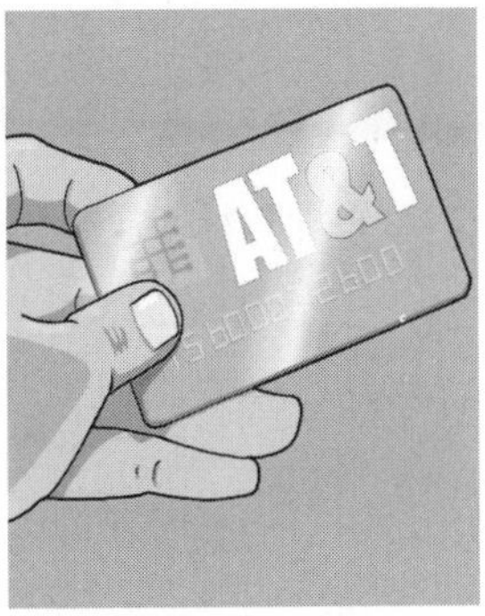

querer hacer llamadas

____

2. 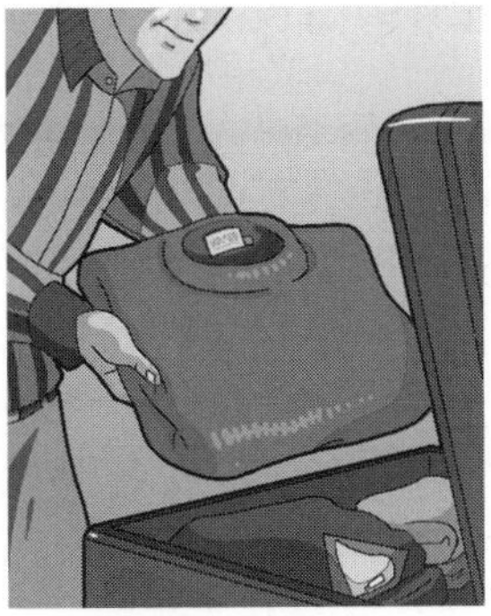

hacer fresco

____

3. 

querer sacar fotos

____

4. 

necesitar dinero

____

5. 

tener dolor de cabeza

____

6. 

ir a la playa

____

Así se dice

En la estación

14-9 **En la estación de ferrocarril.** Contesta las preguntas y escribe el número de cada pregunta en el círculo apropiado.

Así se forma

3. The imperfect subjunctive

14-10 **Natalia de voluntaria.** Natalia trabajaba en una clínica y decidió llevar medicamentos a Los Nevados, un pueblo remoto de los Andes. Su amiga había hecho el viaje antes y le hizo varias recomendaciones. Escucha cada recomendación y completa el espacio apropiado.

Modelo: Oyes: Le recomendó que se despertara a las 5:00.
Escribes: que se despertara a las 5:00.

____
____

____
____

____
____

____
____

____
____

____
____

Copyright © 2008 John Wiley & Sons, Inc.

14-11 **¿Qué quería la profesora?** Di lo que la profesora quería que cada persona hiciera. Después escucha la confirmación.

Modelo:	Oyes:	Tienes que estudiar los verbos.
	Dices:	**Quería que yo estudiara los verbos.**
	Confirmación:	Quería que yo estudiara los verbos.
	Oyes:	Todos ustedes tienen que estudiar los verbos.
	Dices:	**Quería que todos nosotros estudiáramos los verbos.**
	Confirmación:	Quería que todos nosotros estudiáramos los verbos.

14-12 **Preguntas para ti.** Contesta las siguientes preguntas. Menciona por lo menos (*at least*) dos ejemplos en cada caso. Cada pregunta se repite una vez.

1. Me... ____________________

   y ____________________

2. ____________________

   y ____________________

3. ____________________

   y ____________________

Así se forma

4. The impersonal *se*

14-13 **¿Qué se hace?** Escucha las preguntas. Luego, marca con una **X** las respuestas apropiadas. Hay más de una respuesta posible.

1. ☐ se juega al golf o al tenis ☐ se practica el esquí acuático ☐ se estudia
2. ☐ se compran boletos ☐ se usan los aseos ☐ se bucea
3. ☐ se hace ejercicio ☐ se leen revistas ☐ se descansa
4. ☐ se pone aire en las llantas ☐ se revisa el aceite ☐ se toma aspirina

14-14 **Repaso cultural.** Escucha las siguientes oraciones e indica a qué país se refieren.

1. ____________________
2. ____________________
3. ____________________
4. ____________________
5. ____________________
6. ____________________

Copyright © 2008 John Wiley & Sons, Inc.

Nombre ______________________ Fecha ____________ Clase ____________

CAPÍTULO

15 El mundo en las noticias

Chapter overview

In order to do the Lab Manual activities for this chapter, you will need CD 8. Listen to the recording as many times as you need to in order to do the activities. Write down the track number as you listen to the material so that you can find the activities easily when you listen to them again.

Actividad	*Page number*	*Track*
15–1. Noticias actuales.	LM 152–153	______
15–2. Mi entrevista de trabajo.	LM 154	______
15–3. Lo positivo y lo negativo.	LM 154	______
15–4. Asociaciones.	LM 154	______
15–5. ¿Cuándo se van?	LM 155	______
15–6. El viaje de Ronaldo.	LM 156	______
15–7. Preguntas para ti.	LM 156	______
15–8. ¿Qué harían con el dinero?	LM 156	______
15–9. ¿Qué haría Ronaldo?	LM 157	______
15–10. ¿Qué harías?	LM 157	______
15–11. Estaría muy feliz.	LM 158	______
15–12. Y tú, ¿qué harías?	LM 158	______
15–13. Preguntas para ti.	LM 159	______
15–14. Somos idealistas.	LM 159	______

Así se dice

El mundo en las noticias

15-1 **Noticias actuales.** Completa las oraciones con las palabras que faltan. Responde y escribe el número apropiado junto al lugar o actividad mencionado. Después, escucha la confirmación.

Copyright © 2008 John Wiley & Sons, Inc.

Nombre ______________________ Fecha ____________ Clase ____________

15-2 **Mi entrevista de trabajo.** Escucha la lista de lo que se debe hacer antes de o durante una entrevista de trabajo con una empresa. Marca **Sí** o **No** con una **X** para indicar si cada sugerencia es buena o no.

1. ☐ Sí ☐ No
2. ☐ Sí ☐ No
3. ☐ Sí ☐ No
4. ☐ Sí ☐ No
5. ☐ Sí ☐ No
6. ☐ Sí ☐ No
7. ☐ Sí ☐ No
8. ☐ Sí ☐ No
9. ☐ Sí ☐ No
10. ☐ Sí ☐ No
11. ☐ Sí ☐ No
12. ☐ Sí ☐ No

Así se dice

Tus opiniones sobre los problemas mundiales

15-3 **Lo positivo y lo negativo.** Escucha las siguientes expresiones. Indica con una **X** si cada una tiene un efectivo positivo o negativo en nuestra sociedad.

Modelo: Oyes: el desempleo

Marcas: ☐ positivo ☒ negativo

1. ☐ positivo ☐ negativo
2. ☐ positivo ☐ negativo
3. ☐ positivo ☐ negativo
4. ☐ positivo ☐ negativo
5. ☐ positivo ☐ negativo
6. ☐ positivo ☐ negativo
7. ☐ positivo ☐ negativo
8. ☐ positivo ☐ negativo
9. ☐ positivo ☐ negativo
10. ☐ positivo ☐ negativo
11. ☐ positivo ☐ negativo
12. ☐ positivo ☐ negativo

15-4 **Asociaciones.** Escucha las siguientes palabras y escribe otras palabras asociadas en los espacios.

1. ______________________________
2. ______________________________
3. ______________________________
4. ______________________________
5. ______________________________
6. ______________________________

Copyright © 2008 John Wiley & Sons, Inc.

Nombre ______________________ Fecha ______________ Clase ______________

Así se forma

1. The subjunctive with time expressions

15-5 **¿Cuándo se van?** Los universitarios se van de viaje para ser voluntarios en Baja California, pero todavía no están listos para salir. Di que se van **cuando/ tan pronto como/ después de que** hagan ciertas cosas.

Modelo: Oyes: limpiar su apartamento.

Dices: **Se van tan pronto como Camila limpie su apartamento.**

tan pronto como / Camila

1. 

cuando / Javier

2. 

tan pronto como / Alfonso

3. 

después de que / Esteban

4. 

tan pronto como / Rubén

5. 

cuando / Carmen y Linda

6. 

después de que / Pepita e Inés

15-6 **El viaje de Ronaldo.** Escucha a Ronaldo hablar de cuándo hará un viaje por todo el mundo. Escribe una lista de las condiciones necesarias para que haga su viaje.

Ronaldo hará su viaje
cuando...
se gradúe,

15-7 **Preguntas para ti.** Escribe respuestas para las siguientes preguntas. Contesta con oraciones completas. Cada pregunta se repite una vez.

1. ______
2. ______
3. ______
4. ______

Así se forma

2. The conditional tense

15-8 **¿Qué harían con el dinero?** Indica lo que estas personas harían con el dinero si ganaran la lotería. Después, escucha la confirmación.

Modelo: Oyes: Carlos, ir a Europa
Dices: **Carlos iría a Europa.**
Confirmación: Carlos iría a Europa.

1. ... **2.** ... **3.** ... **4.** ... **5.** ... **6.** ... **7.** ... **8.** ...

Copyright © 2008 John Wiley & Sons, Inc.

Nombre ______________________ Fecha ____________ Clase ____________

15-9 **¿Qué haría Ronaldo?** Ronaldo siempre está pensando en viajes imaginarios. Hoy, piensa en lo que haría si estuviera en la península de Yucatán en México. Escucha lo que dice, y mientras escuchas, escribe una lista de algunas de sus actividades imaginarias. Usa el condicional.

Si estuviera en Yucatán...
alquilaría una casa

15-10 **¿Qué harías?** Escucha las siguientes situaciones e indica qué harías en cada caso.

Modelo: Oyes: Hace calor en tu cuarto pero no puedes abrir la ventana.
Escribes: Me quitaría el suéter/ Pondría el aire acondicionado...

1. ______________________
2. ______________________
3. ______________________
4. ______________________

Así se forma

3. *If* clauses

15-11 **Estaría muy feliz (*happy*).** Escucha la descripción de cada persona. Después, completa las oraciones imaginando qué haría felices a estas personas.

Modelo: Oyes: Carlos: es un candidato en las próximas elecciones.
Escribes: si ganara las elecciones/ consiguiera muchos votos...

1. Lidia estaría muy feliz si ______________________________
2. Teresa estaría muy feliz si ______________________________
3. Héctor estaría muy feliz si ______________________________
4. Humberto estaría muy feliz si ______________________________
5. Elena estaría muy feliz si ______________________________
6. Margarita estaría muy feliz si ______________________________

15-12 **Y tú, ¿qué harías?** Tu amiga tiene muchos problemas, escúchale y dile qué harías tú.

Modelo: Oyes: Estoy muy cansada.
Dices y escribes: **Si yo estuviera cansado/a intentaría acostarme temprano esta noche.**

1. ______________________________
____
2. ______________________________
____
3. ______________________________
____
4. ______________________________
____
5. ______________________________
____

Copyright © 2008 John Wiley & Sons, Inc.

Nombre ______________________________ Fecha ______________ Clase ______________

15-13 **Preguntas para ti.** Escribe respuestas para las siguientes preguntas. Contesta con oraciones completas. Cada pregunta se repite una vez.

1. ______________________________
2. ______________________________
3. ______________________________

Así se forma

4. The imperfect subjunctive with *ojalá*

15-14 **Somos idealistas.** Escucha la lista de ocho deseos y completa cada oración.

☐ **1.** Ojalá que hiciera ______________ todos los días.

☐ **2.** Ojalá que ______________ vacaciones muy largas.

☐ **3.** Ojalá que no tuviéramos ______________ finales.

☐ **4.** Ojalá que no ______________ enfermedades.

☐ **5.** Ojalá que ______________ hasta los 150 años.

☐ **6.** Ojalá que pudiéramos ______________ los problemas del mundo.

☐ **7.** Ojalá que no existiera la ______________.

☐ **8.** Ojalá que ______________ ______________ la naturaleza.

Ahora, marca con una **X** los deseos que sean más importantes para ti.

Cuaderno de actividades

Answer Key

Answer Key
for Cuaderno de actividades

Capítulo 1

1-1
1. ¿Cómo se llama usted?
2. ¿Cómo te llamas?
3. Me llamo...
4. ...le presento a mi amigo Octavio.
5. ...te presento a mi amigo Octavio.
6. Encantado/a. *o* Mucho gusto.
7. El gusto es mío. *o* Igualmente.

1-2
1. ¿De dónde es la profesora Guzmán? Es de España.
2. ¿De dónde es usted? Soy de Texas.
3. ¿De dónde eres tú? Soy de Arizona.
4. ¿De dónde son ellas? Son de Chicago.

1-3
1. Buenas tardes, señor Gutiérrrez.
2. ¿Cómo está usted?
3. Hola, Lisa.
4. ¿Cómo estás?
5. ¿Qué pasa? *o* ¿Qué hay de nuevo?
6. Hasta mañana.

1-4
1. yo
2. nosotros/as
3. tú
4. vosotros/as
5. ustedes
6. ellas
7. usted

1-5
1. somos 2. soy 3. son 4. es

1-6
1. Sí, es pesimista. *o* ¡No, no es pesimista!
2. Sí, es inteligente. *o* ¡No, no es inteligente!
3. Sí, es irresponsable. *o* ¡No, no es irresponsable!
4. Sí, es sentimental. *o* ¡No, no es sentimental!

1-7
1. Perdón. *o* Disculpa.
2. Muchas gracias. *o* Gracias. De nada.
3. Con permiso.
4. Perdón, (profesor/a).

1-8
1. quince
2. veintisiete
3. sesenta
4. ochenta
5. cuarenta y seis
6. cincuenta y cinco
7. catorce
8. noventa y tres

1-9
(Answers will vary.)

1-10
martes miércoles jueves viernes sábado domingo
1. ...lunes, el miércoles, el viernes
2. el martes, el jueves
3. el martes
4. el sábado
5. el domingo

1-11
1. enero, febrero
2. abril, mayo
3. julio, agosto
4. octubre, noviembre

1-12
(Answers will vary.)

1-13
(No answers provided for reading exercises.)

1-14
1. ...tres y media de la mañana.
2. Son las ocho y diez de la mañana.
3. Es la una menos cuarto de la tarde. *o* Son las doce y cuarenta y cinco de la tarde.
4. Son las doce menos diez de la noche. *o* Son las once y cincuenta de la noche.

1-15
(No answers provided for ***General review*** *exercises.)*

Capítulo 2

2-1

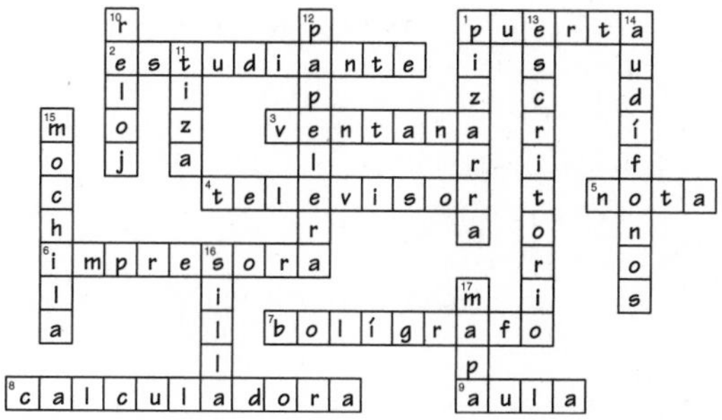

2-2
1. la composición
2. la red
3. el cuaderno
4. el sitio web
5. el teclado
6. el ratón
7. la tarea
8. la nota

2-3

(No answers provided for reading exercises.)

2-4

1. Sí, hay VCR o DVD *o* No, no hay.
2. Sí, hay televisor. *o* No, no hay televisor.
3. Sí, hay pantalla/s. *o* No, no hay pantalla/s.
4. Sí, hay pizarra/s. *o* No, no hay pizarra/s.
5. Sí, hay un escritorio. *o* No, no hay un escritorio.
6. Sí, hay un mapa. *o* No, no hay un mapa.
7. Sí, hay computadora/s. *o* No, no hay computadora/s.

2-5

1. la, los, el, las, las, la, la
2. unos, un, una, una, unos, un, un

2-6

(Answers will vary.)

1. los exámenes
2. los lápices
3. las notas
4. las respuestas
5. los cuadernos
6. las composiciones

2-7

1. Va a la clase de español. Académico
2. (Carlos y Teresa) Van al centro estudiantil. No académico
3. (Lisa y yo) Vamos a la biblioteca. Académico
4. Vas a la oficina del profesor. Académico
5. Van al gimnasio. No académico
6. Va al restaurante. No académico

2-8

1. Va a la clase de historia los lunes, los miércoles y los viernes a las diez y veinticinco de la mañana.
2. Va a la clase de química los martes y los jueves a las once y cuarto (once y quince) de la mañana.
3. Va al laboratorio de química los martes a la una y media (una y treinta) de la tarde.
4. Va a la clase de economía los lunes y los miércoles a las dos y treinta y cinco (a las tres menos veinticinco) de la tarde.

2-9

(Answers will vary.)

1. Es a las ocho y media.
2. Es a las nueve.
3. Es a las siete y cuarto *o* siete y quince.

2-10

1. por la mañana *o* por la noche
2. la noche
3. por la tarde *o* por la noche
4. temprano *o* a tiempo
5. los días
6. los fines de semana

2-11

(Answers will vary.)

1. Cenamos...
2. Compramos...
3. Estudiamos...
4. Llegamos...

2-12

(Answers will vary.)

1. ¿Escuchas discos compactos con frecuencia?
2. ¿Usas las computadoras del laboratorio?
3. ¿Tomas buenos apuntes en tus clases?
4. ¿Sacas buenas notas?

2-13

1. a. Sí, los estudiantes *estudian* los fines de semana. *o* No, los estudiantes no *estudian* los fines de semana.
   b. Yo (no) *estudio* los fines de semana.
2. a. Sí, *desayunan* todas las mañanas. *o* No, no *desayunan* todas las mañanas.
   b. Yo (no) *desayuno* todas las mañanas.
3. a. Sí, *trabajan* por la noche. *o* No, no *trabajan* por la noche.
   b. Yo (no) *trabajo* por la noche.
4. a. Sí, *toman* apuntes en todas las clases. *o* No, no *toman* apuntes en todas las clases.
   b. Yo (no) *tomo* apuntes en todas las clases.
5. a. Sí, *navegan* por la red y *mandan* mensajes electrónicos. *o* No, no *navegan* por la red y no *mandan* mensajes electrónicos.
   b. Yo (no) *navego* por la red y (no) *mando* mensajes electrónicos.

2-14

1. comer *o* beber
2. vivir
3. comprar
4. estudiar *o* leer *o* escribir
5. escribir
6. estudiar o leer
7. hablar
8. imprimir
9. estudiar
10. beber

2-15

(Answers will vary.)

1. Vivo en...
2. Hago la tarea...
3. Como en...
4. Salgo con mis amigos...

2-16

1. Sí, (No, no) asistimos a muchos conciertos.
2. Sí, (No, no) comemos en restaurantes con frecuencia.
3. Sí, (No, no) bebemos cerveza.
4. Sí, (No, no) vamos al centro estudiantil con frecuencia.
5. Sí, (No, no) vivimos en las residencias estudiantiles de la universidad.

Copyright © 2008 John Wiley & Sons, Inc.

2-17, 2-18
*(No answers provided for **General review** exercises.)*

Capítulo 3

3-1

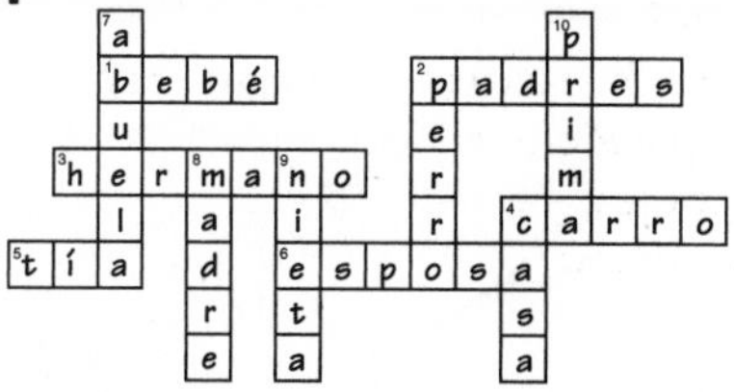

3-2
1. padrastro
2. hermanastros
3. cuñada
4. sobrino
5. bisabuela
6. mejor

3-3
1. tengo
2. tiene
3. tienes
4. tienen
5. tenemos

3-4
1. ...veintiún años
2. ...tiene cuarenta y cuatro años
3. ...tiene sesenta y siete años
4. ...tiene cien años
5. ...tengo...

3-5
(Answers will vary.)

3-6
1. al = En su oficina.
2. En el campus.
3. a = En el parque.
4. En su mochila.

3-7
(Answers will vary.)
1. Son guapos.
2. Soy rico.
3. Es inteligente.
4. Es trabajadora.
5. Es alta.
6. Son morenos.
7. Son fuertes.
8. Son interesantes.
9. Es simpático.
10. Son mayores.
11. Son pequeñas.
12. Son fáciles.
13. Son buenos.

3-8
(Answers will vary.)

3-9
(Answers will vary.)
1. mi
2. sus
3. su
4. tu, tus
5. nuestros
6. nuestro

3-10
1. ¿De quién son los casetes? Son del profesor.
2. ¿De quién son los discos compactos? Son de la profesora.
3. ¿De quién es el bolígrafo? Es de Alberto.
4. ¿De quién son los cuadernos? Son de los estudiantes.
5. ¿De quién es la casa? Es del rector de la universidad.

3-11
(Answers will vary.)
1. ...estoy en...
2. ...está en...
3. ...están en...
4. ...está en...
5. estás?...

3-12
1. Estamos en la ciudad.
2. Estamos en las montañas.
3. Estamos en la playa.
4. Estamos en la clase *o* la universidad.
5. Estamos en el trabajo.
6. Estamos en casa.

3-13
1. Están cansadas.
2. ...están preocupados *o* nerviosos *o* estresados.
3. ...está enojada *o* triste *o* preocupada!
4. Están tristes *o* preocupados!
5. ...están aburridos.
6. Están cansados.
7. Está enfermo.

3-14
(No answers provided for reading exercises.)

3-15
1. ...es de México.
2. ...es estudiante.
3. ...es súper simpática y muy divertida.
4. ...está en Washington.
5. ...está contenta.
6. ...están ocupados.

3-16
1. está
2. Es
3. es, es
4. están
5. es
6. Es
7. Es
8. está
9. es
10. Está

3-17, 3-18
*(No answers provided for **General review** exercises.)*

Capítulo 4

4-1

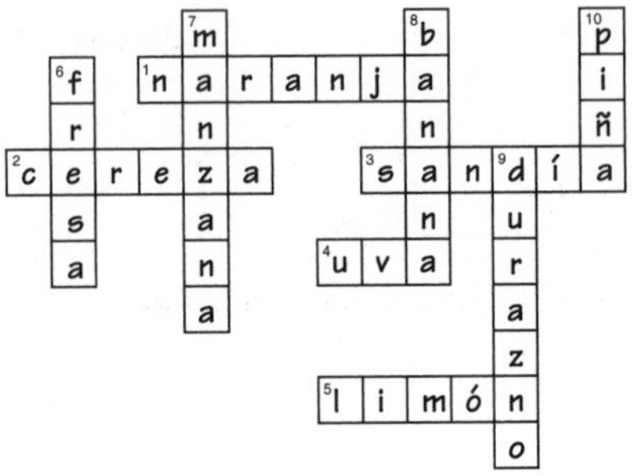

4-2
(Answers will vary.)

4-3
(No answers provided for reading exercises.)

4-4
1. Anita va a cocinar. Va a preparar una paella. Sí, le gustan (los mariscos).
2. Le gusta la pizza de pepperoni. Prefiere la Coca-Cola.
3. No, a Anita y a Pablo no les gustan las frutas. Sí, a Elena le gustan (las frutas).
4. *(Anwers will vary.)* Me gusta comprar...

4-5
1. A mis hermanos les gustan las chuletas de cerdo. *o* A mis hermanos no les gustan las chuletas de cerdo.
2. A mi mamá le gusta el pollo. *o* A mi mamá no le gusta el pollo.
3. A mí me gustan las frutas. *o* A mí no me gustan las frutas.
4. A mi papá le gustan las papas con carne de res. *o* A mi papá no le gustan las papas con carne de res.

4-6
2. Duermes
3. Puedes
4. Almuerzas
5. Sirven
6. Entiendes

1. Prefiero la clase de...
2. Sí, duermo ocho horas todas las noches. *o* No, no duermo ocho horas todas las noches.
3. Sí, puedo estudiar toda la noche sin dormir. *o* No, no puedo estudiar toda la noche sin dormir.
4. Sí, almuerzo al mediodía. *o* No, no almuerzo al mediodía.
5. Sí, sirven platos vegetarianos en la cafetería. *o* No, no sirven platos vegetarianos en la cafetería.
6. Sí, entiendo lo que dice mi profesor/a de español. *o* No, no entiendo lo que dice mi profesor/a de español.

4-7
1. ¿Dónde almuerzan ustedes?
   Almorzamos en...
2. En los restaurantes, ¿qué comida piden con frecuencia?
   Pedimos...
3. ¿Qué bebidas prefieren?
   Preferimos...
4. ¿Adónde quieren ir esta noche?
   Queremos ir a...
5. ¿Cuándo pueden salir?
   Podemos salir...

4-8
1. desayuno
2. almuerzo
3. cena
4. ensalada
5. vinagre
6. fritas
7. pimienta
8. mermelada
9. azúcar
10. vino
11. frío
12. bebidas
13. postres

4-9
(Answers will vary.)

4-10
(Answers will vary.)

4-11
1. 2.064 dos mil sesenta y cuatro
2. 584 quinientos ochenta y cuatro
3. 397 trescientos noventa y siete
4. 758 setecientos cincuenta y ocho
5. 728 setecientos veintiocho
6. 3.134 tres mil ciento treinta y cuatro

4-12
1. ¿Cuándo vas a cenar? ¿Ahora o más tarde?
2. ¿Dónde está el restaurante?
3. ¿Qué tipo de comida sirven?
4. ¿Quién es esa mujer?
5. ¿Cómo preparan el pescado? ¿Frito o al horno?
6. ¿Cuál de los postres deseas?
7. ¿Cuánto cuesta la cena?

4-13
(Answers will vary.)
1. ¿Cómo estás hoy? Bien gracias, ¿y tú?
2. ¿Dónde vives ahora? Vivo en...
3. ¿Cuántos hermanos o hermanas tienes? Tengo...
4. ¿Cuál es tu comida favorita? Es...
5. ¿Cuándo puedes ir al cine conmigo? Puedo ir al cine (contigo)...

4-14, 4-15
(No answers provided for ***General review*** *exercises.)*

Copyright © 2008 John Wiley & Sons, Inc.

Capítulo 5

5-1

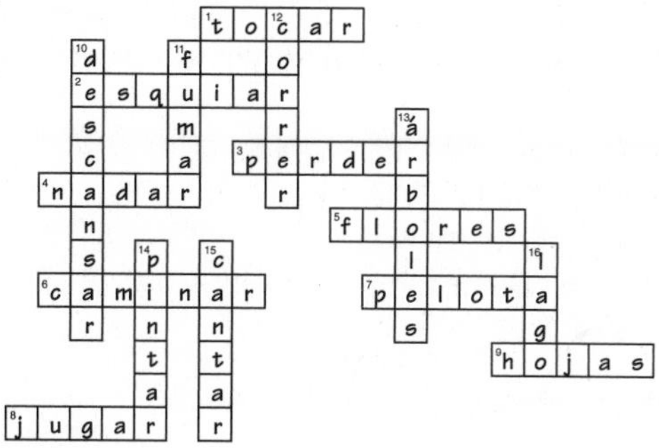

5-2

1. amarillas
2. rojas
3. verde
4. anaranjadas
5. blancas *o* rojas
6. azules

5-3

1. Quiere ir de compras.
2. Quiere limpiar el apartamento.
3. Quiere ver el partido en la tele.
4. Quieren bailar.
5. Quiere manejar.

5-4

(No answers provided for reading exercises.)

5-5

1. *Conozco* a María Luisa.
2. *Sé* su número de teléfono.
3. ¿*Sabes* dónde vive ella?
4. ¿*Conoces* bien esa parte de la ciudad?
5. María Luisa *sabe* tocar el piano muy bien.
6. ¿*Saben* tocar algún instrumento musical?

5-6

Los fines de semana...

1. yo hago... él/ella hace...
2. yo doy... él/ella da...
3. yo salgo... él/ella sale...
4. yo veo... él/ella ve...

Los lunes

1. vengo... viene
2. traigo... trae
3. pongo... pone
4. digo... dice

5-7

1. hacer investigación para su trabajo escrito
2. trabajar el sábado por la tarde
3. ir al supermercado
4. limpiar el apartamento
5. jugar al tenis con Javier
6. ir al cine o a una fiesta con algunos de sus amigos
7. descansar

5-8

(Answers will vary.)

1. Pienso...
2. Tengo que...
3. Debo...
4. Tengo ganas de...

5-9

1. Vamos a cenar en un restaurante.
2. Va a descansar.
3. Van a ir a una discoteca.
4. Voy a hacer ejercicio en el gimnasio.

5-10

1. frío
2. Hace calor
3. Hace buen tiempo o Hace sol
4. Hace mal tiempo
5. Hace fresco
6. Está nublado. *o* Hay nubes
7. lloviendo, Llueve, lluvia
8. nieve
9. Hace, viento

5-11

1. ¿Qué tiempo hace en Buenos Aires? *o* ¿Cómo está/ Qué tal el clima en Buenos Aires?
2. Hace mucho frío y tengo frío porque mi apartamento no tiene calefacción.
3. Hace calor aquí y tengo calor porque mi apartamento no tiene aire acondicionado.

5-12

1. Están jugando al vólibol.
2. Está nadando.
3. Está tomando el sol.
4. Está leyendo una novela.
5. Está durmiendo.
6. Están escuchando música.

5-13

1. es, *origin*
2. Es, *characteristics/qualities*
3. está, *location*
4. están, *action in progress*
5. Está, *condition*
6. Es, *identity*

5-14, 5-15

(No answers provided for ***General review*** *exercises.)*

Capítulo 6

6-1

6-2
(No answers provided for reading exercises.)

6-3
(The frequency of each activity can vary.)
1. Inés se maquilla todas las mañanas.
2. Octavio se afeita.
3. Linda y Manuel bailan.
4. Las chicas se quitan el maquillaje.
5. Yo me ducho.
6. Nosotros nos peinamos.
7. Camila lava la ropa.
8. Ana y Lupe se ponen las pijamas.
9. Mi hermano limpia su casa.
10. Yo me acuesto muy tarde.

6-4
(Answers will vary.)
1. (Mi despertador) suena a las... (los lunes por la mañana).
2. Sí, me levanto inmediatamente. *o* No, no me levanto inmediatamente.
3. Sí, tengo que levantarme temprano todos los días. *o* No, no tengo que levantarme temprano todos los días.
4. Me acuesto a las... (normalmente).
5. Sí, me duermo fácilmente. *o* No, no me duermo fácilmente.

6-5
(The locations may vary.)
1. Raúl y Javier acaban de desayunar. Están en la cocina.
2. María se acaba de lavar el pelo. Está en la ducha.
3. Nuestros amigos se acaban de vestir. Están en sus cuartos.
4. Nosotros acabamos de salir de la residencia. Estamos en la calle.

6-6
1. frecuentemente
2. fácilmente
3. rápidamente
4. constantemente
5. Usualmente

6-7
1. recepcionista
2. dependienta
3. mesero
4. repartidor
5. de tiempo parcial
6. de tiempo completo

6-8
(No) escribí, Escribió, No escribieron
(No) busqué, Buscó, No buscaron
(No) fui, No fue, Fueron
(No) dormí, Durmió, No durmieron
(No) fui a la biblioteca.
Fue a la biblioteca.
No fueron a la biblioteca.

6-9
(Answers will vary.)
1. Estudiamos... 2. Vimos... 3. Comomos...
4. Salimos... 5. Fuimos...

6-10
1. ¿Fuiste...?
2. ¿Te cortaste...?
3. ¿Compraste...?
4. ¿Comiste...?
5. ¿Completaste...?
6. ¿Aprendiste...?
7. ¿Llegaste...?
8. ¿Imprimiste...?
9. ¿Hablaste...?
10. ¿Buscaste...?

6-11
1. fue
2. Leí
3. Jugué
4. Almorcé
5. Fui, saqué
6. Llegué, llamó, invitó

6-12
(Answers will vary.)

6-13
1. Rosa los va a comprar. *o* Rosa va a comprarlos.
2. Mirta y Lidia la van a preparar. *o* Mirta y Lidia van a prepararla.
3. Alberto y su novia la van a cocinar. *o* Alberto y su novia van a cocinarla.
4. La profe lo va a limpiar después de la fiesta. *o* La profe va a limpiarlo después de la fiesta.

6-14
1. Rosa los compró.
2. Mirta y Lidia la prepararon.
3. Alberto y su novia la cocinaron.
4. La profe lo limpió después de la fiesta.

6-15
1. Sí, la está haciendo. *o* Sí, está haciéndola.
2. Sí, lo están limpiando. *o* Sí, están limpiándolo.
3. Sí, los está llamando. *o* Sí, está llamándolos.
4. Sí, las estoy preparando. *o* Sí, estoy preparándolas.

6-16, 6-17
*(No answers provided for **General review** exercises.)*

Copyright © 2008 John Wiley & Sons, Inc.

Capítulo 7

7-1

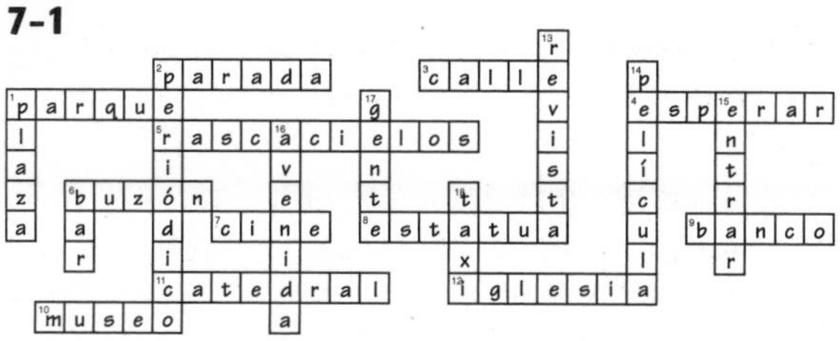

7-2

1. centro
2. se cierra
3. mejores, invitar
4. obra de teatro, averiguar, entradas
5. termina

7-3

1. entre
2. al lado de
3. delante de
4. detrás de
5. frente a

7-4

CELIA: Anita, en vez de estudiar, ¿quieres ir al cine?

ANITA: Sí, pero antes de salir tengo que enviar este mensaje eléctronico...

CELIA: Después de ver la película podemos caminar al Mesón para cenar.

ANITA: Está muy cerca del teatro, y la comida es excelente.

7-5

1. conmigo
2. contigo
3. ti
4. conmigo
5. nosotras
6. mí
7. ella
8. nosotros

7-6

1. Aquel
2. Esta
3. aquélla
4. Estos
5. Aquella
6. Esa
7. Esta
8. esa
9. ésta

7-7

2. Escribí la dirección en el sobre.
3. Compré un sello en la oficina de correos.
4. Eché la carta al correo.
5. Mandé también una tarjeta postal.
6. Recibí un paquete de mi familia.

7-8

USTED: hiciste

ELENA: hice, hicimos, hicieron

7-9

1. Repitió (Bueno)
2. Pidió (Malo)
3. Pidieron (Bueno)
4. Sirvió (Malo)
5. durmió (Malo)
6. se murió (Malo)
7. se divirtieron (Bueno)

7-10

(Answers will vary.)

1. Normalmente, Tina y Elena piden... Pero anoche pidieron...
2. Normalmente, el profesor de español almuerza... Pero ayer almorzó
3. Normalmente, yo juego al tenis por la tarde. Pero ayer jugué...
4. Normalmente, Carlos empieza... Pero ayer empezó...
5. Normalmente, Nicolás y Samuel duermen... Pero anoche durmieron...

7-11

1. viajero
2. firmar o endosar
3. cambiar
4. efectivo
5. cambio
6. contar
7. depositar
8. cobrar
9. gastar, ahorrar
10. encontrar

7-12

(No answers provided for reading exercises.)

7-13

1. nada
2. nunca
3. nadie
4. tampoco

7-14, 7-15

*(No answers provided for **Repaso general** exercises.)*

Capítulo 8

8-1

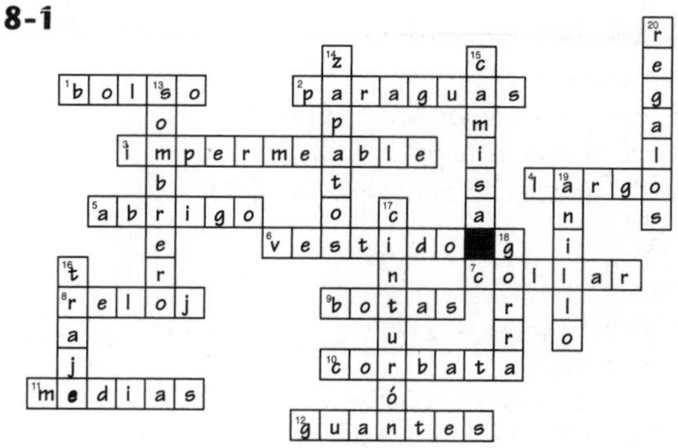

8-2

(No answers provided for reading exercises.)

8-3

1. talla
2. gafas, lentes de contacto
3. sucio
4. ropero
5. oro, plata
6. larga, corta

8-4

1. vemos
2. mira
3. buscar(la)
4. ver

8-5

1. Sí, es mío.
2. Sí, son mías.
3. Sí, es suyo.
4. Sí, es suya.
5. Sí, son nuestras.
6. Sí son nuestros.

8-6

1. Una amiga mía lleva mi chaqueta.
2. ¿De quién es este paraguas rojo? ¿Es tuyo?
3. No es mío. Es de Ana.
4. Su impermeable está aquí también.

8-7

Antonio: míos
Miguelito: tuyos, míos
Mamá: suyos

8-8

1. ¿Hiciste la tarea anoche? Sí/No hice...
2. ¿Pudiste hablar con la profesora ayer? Sí/No pude...
3. ¿Trajiste los libros a clase hoy? Sí/No traje...
4. ¿Estuviste en alguna fiesta el fin de semana pasado? Sí/No estuve...
5. ¿Tuviste que trabajar ayer? Sí/No tuve que...
6. ¿Supiste la nota que sacaste en el último examen de español? Sí/No supe...

8-9

1. hizo, Hicimos
2. vinieron
3. trajeron
4. Puse
5. pudo
6. Estuvimos
7. Tuvimos

8-10

(Answers will vary.)

8-11

1. Mi tía le regaló una chaqueta.
2. Mi tía les regaló botas.
3. Mi tía te regaló un reloj.
4. Mi tía le regaló una bolsa.
5. Mi tía nos regaló suéteres.
6. Mi tía me regaló un/a...

8-12

(The person to whom the activities were done will vary.)

1. Le(s) regalé una bolsa a...
2. Le(s) traje una Camiseta a...
3. Le(s) mandé unos regalos a...
4. Le(s) mostré las fotos a...
5. Le(s) devolví algo prestado a...
6. Le(s) conté mis aventuras a...

8-13

(Answers will vary.)

1. ...voy a regalar...
2. les voy a regalar...
3. te voy a regalar...
4. le voy a regalar...
5. le voy a regalar...

8-14

(The person who did each activity will vary.)

1. Me lo mandó...
2. Me la escribió...
3. Me los prestó...
4. Me la dio...
5. Me lo contó...
6. Me lo dijo...

8-15

1. Va a regalárselos a Elena y a Sonia.
2. Va a regalársela a su hermanita.
3. Va a mostrárselas a sus abuelos.
4. Va a mostrárselo a la profesora Serra.
5. Va a devolvérsela a Juan.
6. Va a devolvérsela a su mamá.

8-16

María: te
Juanita: me, las
María: (mostrár)selas
Juanita: se, las

8-17, 8-18

*(No answers provided for **Repaso general** exercises.)*

Capítulo 9

9-1

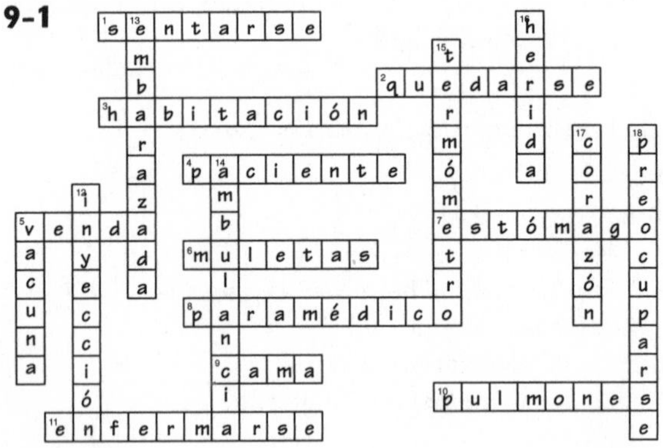

9-2

1. orejas
2. nariz
3. boca
4. dientes
5. labios
6. ojos
7. manos, pies
8. brazos
9. piernas, pies

9-3

1. tabaco
2. Modere su consumo de bebidas alcohólicas.
3. Protéjase durante la exposición al sol.
4. Evite un exceso de peso y coma frecuentemente fruta, cereales y legumbres.
5. Mantenga un comportamiento sexual sano y una adecuada higiene.

9-4

(Answers will vary.)

1. Vuelva a casa ahora.
2. Descanse mucho.
3. Beba líquidos.
4. Tome aspirinas.

Copyright © 2008 John Wiley & Sons, Inc.

5. Acuéstese temprano.
6. No venga a la universidad mañana.
7. Haga una cita con su médico/a.

9-5

1. Lleguen al trabajo a tiempo.
2. Traigan su almuerzo o...
3. ...almuercen en la cafetería del almacén.
4. Repitan: "No se puede fumar en el almacén".
5. Quédense en el almacén todo el día.
6. No salgan antes de las cinco de la tarde.
7. Pongan la ropa en los escaparates todas las mañanas.
8. Hagan su trabajo de una manera eficiente.
9. No se preocupen del salario.
10. Hablen conmigo si hay problemas.

9-6

1. dolor de estómago, diarrea, náuseas, vómitos
2. cansancio, congestión nasal, dolor de cabeza, dolor de garganta, escalofríos, estornudar, fiebre, tos
3. congestión nasal, dolor de garganta, estornudar, tos
4. congestión nasal, dolor de garganta, estornudar, tos, escalofríos, fiebre

9-7

(No answers provided for reading exercises.)

9-8

(Answers will vary.)

1. Siempre dormía...
2. Todos los días, mi hermano/a y corríamos... y jugábamos...
3. A veces nosotros comíamos...
4. Muy frecuentemente, mi mamá/mi papá llamaba...
5. El verano en este lugar siempre era...

9-9

(Answers will vary.)

1. Antes comía... Ahora como...
2. Antes tomaba... Ahora tomo...
3. Antes dormía... Ahora duermo...
4. Antes pasaba... Ahora paso...

9-10

(Answers will vary.)

1. hablaba... habló...
2. despertaba... despertó...
3. les tomaba... les tomó...
4. les ponía... le puso...
5. salía... salió...

9-11

1. Era
2. Hacía
3. Eran
4. caminaba
5. Llevaba
6. Iba
7. llegó, abrió, entró
8. estaba
9. tenía
10. tuvo, salió

La caperucita roja (Little Red Riding Hood)

9-12

1. hacía
   El lobo esperaba a la niña.
2. Dormía, llegó
   Sí, dormía cuando la niña llegó.
3. hizo, vio
   Salió de la casa corriendo.

9-13

1. Hace cuarenta minutos que Natalia ve videos.
2. Hace veinticinco minutos que hablamos por teléfono.
3. Hace tres días que estudio para un examen de biología el jueves.
4. Hace tres meses que estudian español.

9-14

(Answers will vary.)

1. ¿Cuándo te fracturaste la pierna?
   Me fracturé la pierna hace dos meses.
2. ¿Cuándo te puso el médico el yeso?
   El médico me puso el yeso hace dos meses.
3. ¿Cuándo aprendiste a usar las muletas?
   Aprendí a usar las muletas hace una semana.
4. ¿Cuándo te quitó el médico el yeso?
   El médico me quitó el yeso hace dos semanas.
5. ¿Cuándo te sacó el médico la última radiografía?
   El médico me sacó la última radiografía hace dos días.
6. ¿Cuándo empezaste el programa de fisioterapia?
   Empecé el programa de fisioterapia hace tres días.

9-15, 9-16

(No answers provided for ***Repaso general*** *exercises.)*

Capítulo 10

10-1

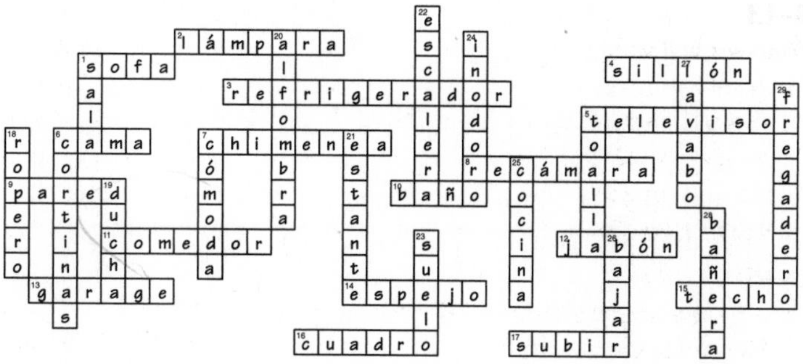

10-2

(Answers will vary.)

1. el vaso, ..., ..., ...
2. la taza, ..., ..., ...
3. el tenedor, ..., ..., ...
4. el cuchillo, ..., ..., ...
5. la cuchara, ..., ..., ...
6. la servilleta, ..., ..., ...

10-3

1. alquilar
2. dueña
3. mudarme
4. lavadora, secadora
5. jardín
6. muebles
7. ruidos
8. prendo

10-4

(Answers will vary.)

10-5

1. Pasé la aspiradora.
2. Hice las camas.
3. Saqué la basura.
4. Lavé y sequé los platos.
5. Puse la mesa.
6. Apagué el televisor (el estéreo).
7. Prendí el estéreo (el televisor).
8. Empecé a preparar la cena.

10-6

(No answers provided for reading exercises.)

10-7

(Answers will vary.)

1. Pasa tiempo con él...
2. Juega...
3. Léele...
4. Enséñale...
5. Ten paciencia...
6. Dile...

10-8

1. No te lo comas.
2. No las tomes.
3. No lo devuelvas.
4. No la laves.
5. No te vayas.

10-9

(Answers will vary.)

1. No te levantes... Levántate...
2. No apagues... Apaga...
3. No pongas... Pon...
4. No vayas... Ve...
5. No trabajes... Trabaja...

10-10

1. ¿Has ido... ?
2. ¿Has visto... ?
3. ¿Has comido... ?
4. ¿Has leído... ?
5. ¿Has bailado... ?
6. ¿Has hecho... ?

10-11

1. ¿Has sacado la basura?
   Sí, la he sacado.
2. ¿Has hecho la cama?
   Sí, la he hecho.
3. ¿Has terminado los ejercicios de matemáticas? Sí, los he terminado.
4. ¿Te has lavado las manos?
   Sí, me las he lavado.
5. ¿Te has cepillado los dientes?
   Sí, me los he cepillado.
6. ¿Te has puesto los zapatos?
   Sí, me los he puesto.

10-12

1. Mis amigos dijeron que nunca habían comido una paella.
2. Nosotros dijimos que nunca habíamos visitado el museo de Picasso.
3. Tú dijiste que nunca habías tomado sangría.
4. Yo dije que nunca había usado euros.

10-13

ARMANDO: tanta, tantas, tan, como

LUIS: tanto como

ARMANDO: tanto como

LUIS: tan, como

ARMANDO: tantos, como

10-14

1. está más cerca, que
2. tiene más habitaciones que
3. tiene menos baños que
4. tiene tantas salas como
5. es tan grande como
6. es más grande que
7. es más cara que

10-15

(Answers will vary.)

1. La persona mayor de mi familia es... Tiene... años.
2. La persona menor de mi familia es... Tiene... años.
3. La persona más interesante de mi familia es... Porque...
4. El/La mejor profesor/a de mi vida académica es... Porque...
5. La mejor/ peor experiencia de mi vida académica ha sido...
6. La mejor/ peor experiencia personal de mi vida ha sido...

10-16, 10-17

(No answers provided for Repaso general exercises.)

Copyright © 2008 John Wiley & Sons, Inc.

Capítulo 11

11-1

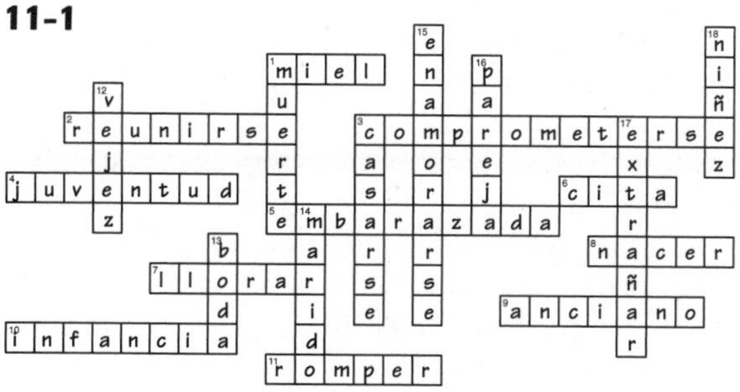

11-2

(No answers provided for reading exercises.)

11-3

1. viudo
2. soltera
3. amor a primera vista
4. se acuerda de
5. se queja
6. se ríe de
7. se olvida de
8. tiene celos
9. cariñosa
10. comprensivo
11. tratan de

11-4

2. ...por primera vez en el gimnasio del crucero.
3. Se encontraron por casualidad en la piscina.
4. Se pasaron toda la tarde hablando.
5. Bailaron a la luz de la luna.
6. Se besaron.
7. Exploraron juntos varias islas del Caribe.
8. Se despidieron con un fuerte abrazo.
9. Decidieron comunicarse todos los días.
10. Se van a reunir muy pronto en la ciudad de Nueva York.

11-5

ALEX: eran, se llevaban, Se querían
ELENA: se casaron, fue
ALEX: Se divorciaron
ELENA: tuvieron, se separaron, resolvieron

11-6

1. un mensaje
2. ¡Aló!
3. el código del área
4. el teléfono celular
5. la guía telefónica

11-7

(Answers will vary.)

11-8

1. Es difícil que seas tan inteligente como Einstein.
2. Es difícil que vayas todos los fines de semana a fiestas con estrellas de cine.
3. Es difícil que en tu carro haya espacio para 10 personas.
4. Es difícil que sepas cuáles son las capitales de todos los países del mundo.
5. Es difícil que des fiestas todos los lunes.
6. *Answers will vary.*

11-9

1. Les recomiendo que piensen en las causas del problema.
2. Les recomiendo que se reúnan.
3. Les recomiendo que se hablen y se escuchen.
4. Les recomiendo que sean flexibles.
5. *Answers will vary.*

11-10

(Answers will vary.)

11-11

1. Él quiere comprar el nuevo CD de Shakira.
2. No. Él quiere que yo lo compre.
3. Él me sugiere que lo escuchemos antes de comprarlo.

11-12

(Answers will vary.)

11-13

1. Se alegra de que haga sol, de que llegue Renato y de que se quede por una semana.
2. Quiere que lo conozcan. *o* Quiere que conozcan a Renato.
3. Espera que sus amigos puedan venir a su apartamento (mañana por la noche).

11-14

(Answers will vary.)

11-15

*(No answers provided for **Repaso general** exercises.)*

Capítulo 12

12-1

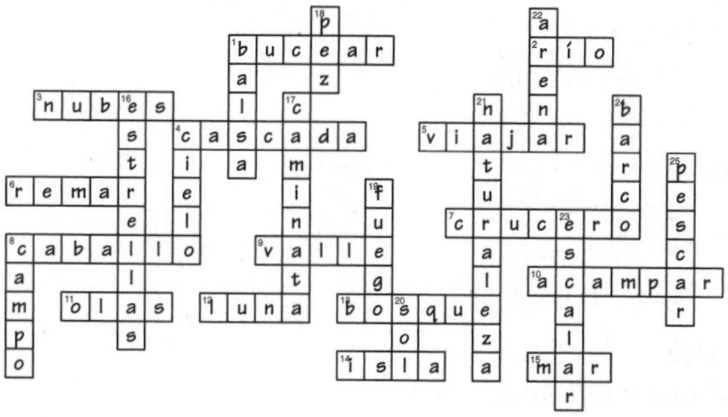

12-2

(Answers will vary.)

12-3

(No answers provided for reading exercises.)

12-4

1. la vaca
2. la hierba
3. la gallina
4. la araña
5. la mariposa
6. la serpiente
7. el pájaro
8. el mosquito

12-5
1. A Alfonso le fascinan las arañas.
2. A Anita y a su amiga Marta les encanta montar a caballo.
3. Nos molestan los mosquitos.
4. Me interesa estudiar los insectos y la vegetación de la selva.
5. A Camila le importa la conservación de la naturaleza.
6. *(Answers will vary.)* Me encantan *o* me fascinan...

12-6
(Answers will vary.)
1. Vamos a un valle al lado de un río para...
2. Vamos al mar para...
3. Vamos a las montañas para...
4. Vamos a una ciudad para...

12-7
1. para Pablo
2. para Lidia
3. para Anita
4. para, galletas, chocolate
5. 7.80 por
6. 9.75 por
7. 3.95 por
8. por

12-8
1. por
2. para
3. por
4. para
5. por
6. para
7. por
8. para
9. por
10. para
11. por, para
12. para

(Answers will vary.)

12-9
1. desperdiciar
2. deforestación
3. conservar
4. reciclar
5. proteger
6. contaminación
7. incendios
8. planetas
9. *(Answers will vary.)* El problema ambiental más serio de nuestro planeta es...

12-10
1. No creo que este río tenga pirañas.
2. Dudo que la balsa esté en malas condiciones.
3. No estoy seguro que me guste practicar el descenso de ríos.
4. Estoy seguro/a que me va a gustar la vegetación tropical.
5. Dudo que haya anacondas en este río.

12-11, 12-12
(Answers will vary.)

12-13
1. hayan hecho, haya visitado, haya pasado, haya hecho, haya visto
2. haya sacado, haya encontrado
3. ha divertido

12-14, 12-15
*(No answers provided for **Repaso general** exercises.)*

Capítulo 13

13-1
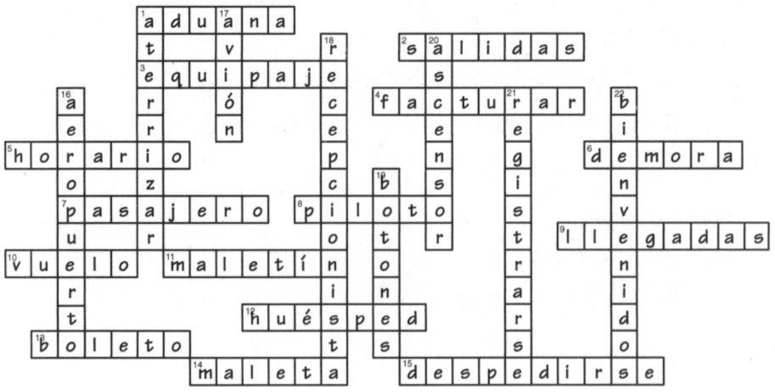

13-2
1. el pasaporte
2. conseguir
3. anticipación
4. azafata
5. auxiliar de vuelo
6. pasillo
7. abrocharse el cinturón
8. bajarse del avión

13-3
(No answers provided for reading exercises.)

13-4
1. Es fenomenal que el vuelo salga a tiempo.
2. Es necesario que lleve mis documentos.
3. Es extraño que mis compañeros no hayan llegado.
4. Es extraño que lleguen tarde.
5. Es horrible que no haya restaurantes abiertos en esta terminal.

13-5
1. sábanas
2. almohadas
3. mantas *o* cobijas
4. calefacción, aire acondicionado
5. servicio, habitación
6. propina
7. dejar
8. piscina

13-6
1. noveno
2. cuarto
3. sexto
4. séptimo
5. octavo
6. segundo
7. décimo
8. quinto
10. tercero

13-7
1. No hay ningunas cabinas de lujo.
2. No hay nadie en la playa.
3. No hay ni aire acondicionado ni piscina.
4. No hay ninguna guía turística.
5. No hay nadie para planchar la ropa.
6. *(Answers will vary.)*

13-8
1. Sí, conozco a alguien que ha viajado a la selva amazónica. *o*
   No, no conozco a nadie que haya viajado a la selva amazónica.
2. Sí, tengo amigos que exageran mucho. *o*
   No, no tengo amigos que exageren mucho. *(Answers will vary.)*
3. Sí, hay personas que comen insectos vivos. *o*
   No, no hay personas que coman insectos vivos.

Copyright © 2008 John Wiley & Sons, Inc.

4. Sí, he visitado un zoológico que tiene anacondas.
   o
   No, no he visitado un zoológico que tenga anacondas.
5. Sí, conozco un río donde hay pirañas. *o*
   No, no conozco un río donde haya pirañas.

13-9

1. sea, es, sea
2. llegue, llega, llegue
3. pueda, puede, pueda

13-10

TÚ: pueda
EMPLEADO: sabe
TÚ: haya
TÚ: esté
EMPLEADO: sirva

13-11

Montserrat llamará antes al parque nacional, comprará comida para el viaje y dejará un itinerario con los amigos.
Marta no buscará información acerca de los lugares para acampar, dejará el mapa en casa y no traerá ropa adecuada.

13-12

conoceré, conocerá, será, vendrá, tendrá, parecerá, trabajará, vivirán, invitará, seré, se enamorarán

13-13

*(No answers provided for **Repaso general** exercises.)*

Capítulo 14

14-1

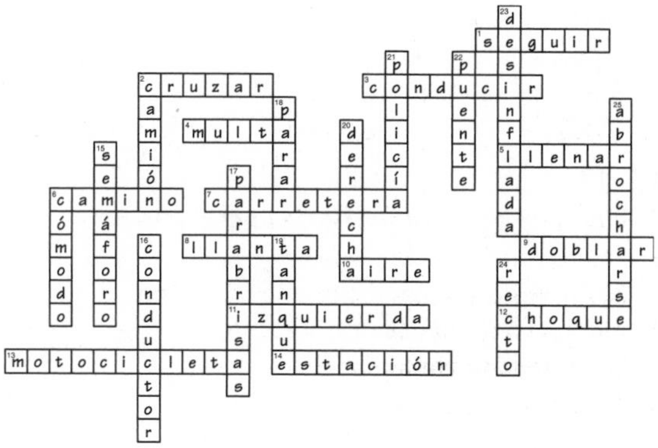

14-2

1. el taller mecánico
2. revisar
3. los frenos
4. la cuadra
5. estacionar
6. la esquina
7. el estacionamiento

14-3

1. ¡Socorro! ¡Auxilio!
2. ¡Qué lío!
3. ¡Claro! ¡Por supuesto!
4. ¡Ay de mí!
5. ¡Qué lástima!

14-4

(No answers provided for reading exercises.)

14-5

(Answers will vary.)

1. Revisémosle
2. Pongámosle
3. Reparémosle
4. Afinémosle
5. No conduzcamos

14-6

(Answers will vary.)
Acostémonos
Levantémonos
Desayunemos
Salgamos

14-7

1. para que
2. a menos que
3. en caso de que
4. con tal que

14-8

(Answers will vary.)

1. Voy a Cancún con tal de que consiga...
2. No puedo ir a menos que reciba...
3. Voy a llevar mi sombrero grande en caso de que haga...
4. Voy a mandarte una tarjeta postal para que veas...

14-9

1. estación, ferrocarril
2. perder
3. taquilla
4. ida, vuelta
5. primera, segunda
6. maletero
7. servicio
8. tatuaje

14-10

(Answers will vary.)

1. ...fuera a, le escribiera, le dijera
2. ...hiciéramos, escribiéramos, habláramos
3. ...me acostara, tuviera cuidado, no fuera a

14-11

(Answers will vary.)

14-12

(Answers will vary.)

14-13

1. Midas
2. Una gasolinera
3. Hertz
4. El cine
5. Miami

14-14, 14-15

*(No answers provided for **Repaso general** exercises.)*

Capítulo 15

15-1

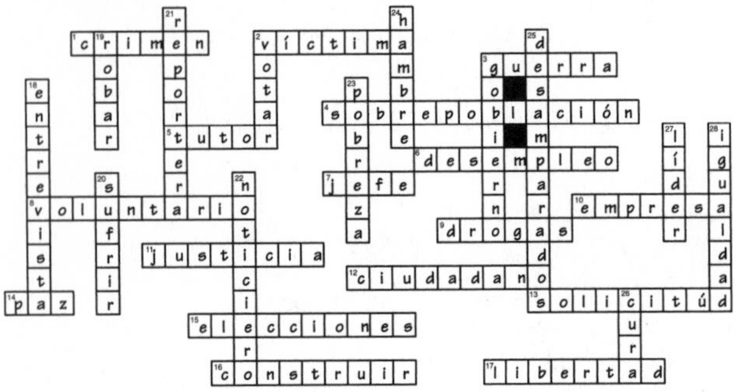

15-2

(No answers provided for reading exercises.)

15-3

1. luchar
2. en contra de, pena de muerte
3. eliminar
4. legalizar
5. narcotráfico
6. leyes
7. discriminación

15-4

1. Reduciré el desempleo tan pronto como la economía mejore.
2. Apoyaré esa causa con tal que ustedes me den más información.
3. No firmaré esa ley a menos que haya una emergencia.
4. Hablaré con los senadores después de que regresen a la capital.
5. Resolveré ese problema antes de que los ciudadanos se quejen.
6. Seré presidente hasta que mi periodo expire.

15-5

1. a) futuro
   b) pasado
   reciba, recibí
2. a) pasado
   b) futuro
   llegó, llegue
3. a) futuro
   b) pasado
   me digas, me dijiste

15-6

1. a) Los llamaré antes de salir.
   b) Los llamaré antes de que salgan.
2. a) Haremos las maletas después de lavar la ropa. *o* Empacaremos después de lavar la ropa.
   b) Haremos las maletas después de que laves la ropa. *o* Empacaremos después de que laves la ropa.

15-7

(Answers will vary.)

15-8

1. Le dijo que podría tener un horario flexible. No, esto no pasó.
2. Prometió que le daría un aumento de salario en dos meses. No, esto no pasó.
3. Le informó que trabajaría hasta las 10:00 de la noche los miércoles. Sí, esto pasó.
4. Dijo que haría una variedad de cosas interesantes en el trabajo. No, esto no pasó.
5. Le informó que no podría usar el baño excepto durante el almuerzo. Sí, esto pasó.
6. Dijo que le gustaría mucho trabajar para su compañía. No, esto no pasó.

15-9

(Answers will vary.)

15-10

(Answers will vary.)

1. Si tuviéramos el dinero, se lo daríamos a...
2. Si fuera presidente/a, resolvería...
3. Si trabajara en la ONU, lucharía por...
4. Si los científicos encontraran una cura para el cáncer, estaríamos...
5. Si todos los países protegieran el medio ambiente, salvarían...

15-11

(Answers will vary.)

1. Si mi novio/a me dejara por otra persona...
2. Si pudiera hablar con un extraterrestre...
3. Si fuera a las fiestas de San Fermín en Pamplona...

15-12

(Answers will vary.)

1. Ojalá que tuviera...
2. Ojalá que pudiera...
3. Ojalá que hablara...
4. Ojalá que fuera...
5. Ojalá que conociera bien...
6. Ojalá que estuviera en...

15-13

(No answers provided for ***Repaso general*** *exercises.)*

Copyright © 2008 John Wiley & Sons, Inc.

Notas

Notas

Notas

Notas

Notas

Notas

Notas

Notas